本书系浙江省哲学社会科学规划课题"马克思主义拉美化的探索历程、理论成就及其新进展（17NDJC271YB）"的阶段性成果。

浙江师范大学拉美马克思主义译丛

Latin American Marxist
Translation Series

拉美马克思主义文献选集
（1909-1990）
Le marxisme en Amérique Latine

［法］米歇尔·罗伊（Michael Löwy） / 编

冯昊青　陆宽宽　李伟伟　/译

中国社会科学出版社

图字：01-2018-5581 号
图书在版编目（CIP）数据

拉美马克思主义文献选集：1909-1990／（法）米歇尔·罗伊编；冯昊青等译.
—北京：中国社会科学出版社，2020.10
（浙江师范大学拉美马克思主义译丛）
书名原文：Le marxisme en Amérique Latine
ISBN 978-7-5203-6402-7

Ⅰ.①拉… Ⅱ.①米…②冯… Ⅲ.①马克思主义哲学—传播—研究—拉丁美洲—1909-1990 Ⅳ.①B773

中国版本图书馆 CIP 数据核字（2020）第 080738 号

Originally published in France as:
Le marxisme en Amérique Latine by Michael Löwy
© Michael Löwy
Current Chinese translation rights arranged through Divas International, Paris
巴黎迪法国际版权代理（www. divas-books. com）

出 版 人 赵剑英
责任编辑 喻 苗
责任校对 韩天炜
责任印制 王 超

出 版 中国社会科学出版社
社 址 北京鼓楼西大街甲 158 号
邮 编 100720
网 址 http://www. csspw. cn
发 行 部 010-84083685
门 市 部 010-84029450
经 销 新华书店及其他书店

印 刷 北京明恒达印务有限公司
装 订 廊坊市广阳区广增装订厂
版 次 2020 年 10 月第 1 版
印 次 2020 年 10 月第 1 次印刷

开 本 710×1000 1/16
印 张 21.25
字 数 327 千字
定 价 119.00 元

总　序
"拉美马克思主义"的探索
历程及其基本特征[*]

在众多国外马克思主义理论中，有一种理论对其策源地影响巨大却迄今仍未引起国内学界的足够重视，它便是"拉美马克思主义"。尽管拉美作为思想的"试验场"，各种理论走马灯似的在这片神奇的土地上粉墨登场，但马克思主义对拉美的影响，无论从持续时间，还是从影响的广度和深度上看，皆是其他思想难以比拟的。谢尔顿·利斯（Sheldon B. Liss）就在《拉美马克思主义思想》一书的导言中指出："对拉美知识分子的影响，没有任何学派（或许除了实证主义）可与马克思主义相匹敌。"[①] 对此，美国《拉美视界》的编辑理查德·L. 哈里斯（Richard L. Harris）博士也有着深刻的洞识，他认为"马克思主义不仅是当代拉美社会基本构成中的重要元

---

[*] 本序言曾以《"拉美马克思主义"的探索历程及其基本特征》为名，在《马克思主义与现实》2016 年第 4 期上发表，随后被《中国社会会科学文摘》2017 年第 1 期、人大复印资料《马克思列宁主义研究》2016 年第 11 期全文转载，被上海社科院编纂的《世界社会主义研究年鉴（2016）》全文收录（上海人民出版社 2017 年版，第 273—287 页）。这里略作改动，用以充当"浙江师范大学拉美马克思主义译丛"的总序言，亦可看做是"导论"，便于读者在阅读"译丛"时对拉美马克思主义思潮的整体概括有个大致了解。

[①] Sheldon B. Liss. *Marxist in Thought Latin America*. Los Angeles：University of California Press 1984，p. 2.

素，而且它已经以无意识的方式影响着拉美的思维与实践"①。而1990年诺贝尔文学奖得主，墨西哥文学家奥克塔维奥·帕斯（Octavio Paz）对此亦有深刻的体悟，他说，"我们的历史已经被马克思主义浸润，我们全都不自觉地成为了马克思主义者，我们的道德判断，我们关于现在和未来，以及正义、和平与战争的立场与观点，甚至包括对马克思主义的否定，都渗透着马克思主义。马克思主义已经融入我们的思维血脉与道德感觉之中了"。② 将这些体认与"马克思主义必须与具体历史条件相结合并通过一定的民族形式才能实现"③ 的基本原理联系起来，我们可以合乎逻辑地推知：既然马克思主义对拉美社会产生了如此巨大的影响，必定有拉美化的马克思主义理论形态，即"拉美马克思主义"的存在。从国内外已有研究成果看，拉美地区不仅有独具特色的马克思主义理论形态，而且还异常多姿多彩！哈利·E. 凡登（Harry E. Vanden）教授就曾在《拉美马克思主义参考书目》的导言中指出："拉美马克思主义丰富而有魅力，它像拉美人一样多元（diverse）。"④ 目前，学界围绕相关思想家或某个"理论成果"的专题研究陆续涌现并日益增多，例如对马里亚特吉（José Carlos Mariátegui）、卡斯特罗、切·格瓦拉、托莱达诺（Vicente Lombardo Toledano）、玛尔塔·哈内克（Marta Harnecker）等人的思想研究，以及对"解放神学马克思主义"和"马克思主义依附理论"等个别理论的介绍。但作为一个整体的"拉美马克思主义"本身尚未得到系统梳理、探讨。有鉴于此，我们对"拉美马克思主义"进行了认真研究，"浙江师范大学拉丁美洲马克思主义译丛"便是研究工作中最基础的部分，正是在大量翻译、阅读原始文献的基础上，我们

---

① Richard L. Harris. Marxism, *Socialism and Democracy in Latin America*. San Francisco：Westview Press 1992, p. 1.

② Richard L. Harris. Marxism, *Socialism and Democracy in Latin America*. San Francisco：Westview Press 1992, p. 1.

③ 国内学界认为，这条原理是毛泽东思想对马克思主义的发展，但谢尔顿·B·利斯（Sheldon B. Liss）认为，这是毛泽东采纳了列宁的看法，他说，"毛接受了列宁关于马克思主义必须适应历史条件和必须采取一定的民族形式才能实行的意见"。参见 Sheldon B. Liss. *Marxist in Thought Latin America*. Los Angeles：University of California Press 1984, p. 26.

④ Harry E. Vanden, *Latin American Marxism：A Bibliography*. New York：Garland Publishing, 1991, p. 1.

才能厘清"拉美马克思主义"的发展历程、主要理论成果及其特征，并对之作出实事求是的初步评价。

一 "拉美马克思主义"的探索历程

首先，国际共产主义或社会主义运动局势的发展变化，乃至兴衰成败直接影响着马克思主义的传播与发展，就其在拉美的传播和发展来看，它经历了一个跌宕起伏的过程，形成了五个具有明显时代特征的分期。世界知名拉美马克思主义研究专家，法国国家科学研究中心（CNRS）荣誉主任，米歇尔·罗伊（michael löwy）认为，拉美共产主义运动和马克思主义拉美化的探索与演进历程呈现出三个明显的分期：即从 1920 年代一直持续到 1930 年代中期的"革命时期"，从 1930 年代中期一直到 1959 年代的"斯大林主义时期"，1959 年代古巴革命之后的"新革命时期"。① 这一划分基本上是准确的，但还不全面，若从马克思主义传入拉美开始至今的整个发展历程看，还应该在"革命时期"前加一个"马克思主义在拉美的早期传播"，在"新革命时期"后加一个"苏东巨变"之后的"后革命时期"，这样拉美马克思主义的探索历程可以划分为这样五个存在明显差别与特征的分期，因为马克思主义拉美化历程在这五个时期呈现出不同的态势和特征。

马克思主义在拉美的传播大约始于 19 世纪 50 年代左右，从现有资料来看，大约在 1854 年就有马克思的《哲学的贫困》等著作在拉美书店出售，到 19 世纪末，马克思主义已经在拉美得到较为广泛的传播，并在与各种非马克思主义思潮的斗争中赢得了工人阶级的信赖。在这一时期，欧洲进步移民和拉美左翼人士对马克思主义在拉美的传播发挥了重要作用，他们成立共产国际分支机构和各种劳工组织与政治团体，通过办报、撰写文章、翻译原著、出版理论研究著作等等形式宣传和传播马克思主义。其中阿根廷的胡安·胡斯托（Juan B. Justo，1865—1928）、智利的雷卡瓦伦

---

① Michael Löwy, *Marxism in Latin America from 1909 to the Present.* New Jersey：Humanities Press，1992，p. Ⅷ.

（Luis Emilio Recabarren，1876—1924）、古巴的何塞·马蒂（José Julián Martí Pérez，1835—1895）等人可以作为这一时期的代表人物。胡斯托是第一个把《资本论》翻译成了西班牙文的拉美思想家，他于 1984 年创办了社会主义刊物《先锋》，1920 年出版了个人文集《社会主义》，他力图将马克思主义理论与阿根廷的现实结合起来，对马克思主义在拉美的传播甚至初期"拉美化"皆功不可没，许多拉美马克思主义者皆受惠于他。米歇尔·罗伊就认为胡斯托是拉美第一批接受马克思主义思想家中的"温和派"代表（雷卡瓦伦则是"革命派"代表）；[1] 罗纳尔多·孟克（Ronaldo Munck）则认为胡斯托是追求"拉美化"马克思主义知识分子中的杰出代表；[2] 但二者都认为胡斯托不是马克思主义者。一般认为，胡斯托受到了马克思、伯恩斯坦、饶勒斯，特别是斯宾格勒的影响。雷卡瓦伦作为拉美第一批接受马克思主义思想家中的"革命派"代表，被奉为"智利工人的良心"，以"爷爷"这一充满深情的尊称闻名于智利穷苦大众之中，是世所公认的拉美马克思主义者。雷卡瓦伦不仅善于传播马克思主义思想，而且更擅长把理论变为实践，他对拉美工人运动的影响就象马里亚特吉对该地区马克思主义政治理论家的影响一样大。[3] 何塞·马蒂虽然不是马克思主义者，却写了不少介绍和纪念马克思的文章，在工人中扩大了马克思主义的影响，《论卡尔·马克思之死》便是其中的代表。马蒂不仅对马克思主义的早期传播，而且对古巴革命与建设亦有着巨大而深远的影响，卡斯特罗就承认"7·26 运动"受惠于马蒂的思想，今天马蒂思想依然是古巴共产党的指导思想之一。同时需要注意的是，马克思主义在拉美从传播初期开始就是多元的。

其次，马克思主义在拉美的传播随着俄国"十月革命"的成功而达到高潮。"十月革命"对于拉美工人运动和知识分子产生了极为深刻的影响，

---

① Michael Löwy, *Marxism in Latin America from 1909 to the Present*. New Jersey: Humanities Press, p. xvii.

② Daryl Glaser and David M. Walker. *Twentieth-Century Marxism: A Global Introduction*. London & New York: Routledge press, 2007, p. 155.

③ Sheldon B. Liss. *Marxist in Thought Latin America*. Los Angeles: University of California Press 1984, p. 75 - 76.

一时之间，共产主义思潮在整个拉美扩散开来，拉美诸国的左翼政党或劳工组织纷纷转变成为共产党，拉美马克思主义探索与发展就此进入了"革命时期"。依米歇尔·罗伊之见，"革命时期"从1920年开始至1935年共产国际"七大"召开为止。马里亚特吉及其著述是这一时期最深刻的理论表达，而最重要的实践则是1932年的萨尔瓦多农民起义。① 这一指认非常准确，但在此期间发生的两件大事却需要交代，因为这两件事深刻地影响了拉美马克思主义的理论样态。第一件事是："20世纪20年代，"土著主义""作为使印第安人进入现代文明同时又保存其文化的运动，成了秘鲁知识界大部分人主要关切的事情，而且他们的意见很快就传遍拉丁美洲。"② 这里说的土著主义，也就是印第安主义，它是型塑马里亚特吉思想的核心要素之一，正因为它，马里亚特吉这位"拉美马克思主义教父"的社会主义常被称为"印第安人的社会主义"。当然，它的影响不仅限于马里亚特吉，而且已经融入那个时代拉美马克思主义理论界的血脉之中，成为马克思主义拉美化的基因，甚至渗入了整个拉美左翼的思维之中，即便时至今日它的影响依然不衰，"21世纪社会主义"就宣称自己是印第安人的社会主义。当然，这一影响是积极而正面的，它引导拉美马克思主义理论家们关注土著、农民和土地问题，乃至关注本国国情，为马克思主义拉美化提供了契机，敞开了正确的本土化路径。另一件事情是共产国际在1928年"六大"上提出完全脱离各国革命实际的"第三时期"这一极"左"理论。该理论认为，"第三时期"（即1928年以后）是资本主义进入全面崩溃，无产阶级夺权的时期。这一错误理论不仅因奉行"宗派主义"和"关门主义"对各国共产主义运动与左翼的联盟产生了极大的破坏作用，也对马克思主义拉美化产生了不良影响。在此背景下，马里亚特吉的正确主张不仅不被采纳，反而受到批判，甚至被斥为"小资产阶级的东西"。许多进步群众对这时期的极"左"策略无法理解，纷纷转向与共产党决裂的社民党或其他左翼组织，使共产主义运动遭受严重孤立与挫

① Michael Löwy, *Marxism in Latin America from 1909 to the Present*. New Jersey：Humanities Press，1992，p. Ⅷ.

② Sheldon B. Liss. *Marxist in Thought Latin America*. Los Angeles：University of California Press 1984，p. 127.

折。当然，总体上看，这一时期还是有利于马克思主义理论探索的，特别是在"第三时期理论"提出来之前，那是马克思主义拉美化的多元探索期，诸多左翼知识分子和工会领袖都为此做出了积极贡献，其间确实涌现了一大批颇具探索与创新精神的理论家、实干家，其中除马里亚特吉外，古巴的梅里亚（Julio Antonio Mella，1903—29）、智利的雷卡瓦伦、墨西哥的托莱达诺，以及《对巴西政治发展的唯物主义解释》（1933）的作者索德雷（Nelson Werneck Sodré，1911—1999）等皆是其中的杰出代表。

随着"第三时期"错误理论的恶劣影响不断彰显，再加国际形势的变化与法西斯的猖獗，1935 年共产国际在莫斯科召开"七大"，纠正了"第三时期"的极"左"错误，提出了建立反法西斯统一战线（"人民阵线"），拉美马克思主义就此进入"斯大林主义时期"。"斯大林主义时期"从 1935 年开始至 1959 年"古巴革命"为止，这一时期的特点是苏联支配着共产国际，而各国共产党成为了共产国际的一个支部，共产国际对各国共产党领导人握有"生杀予夺"的权力，它的决议各国共产党必须无条件贯彻，甚至共产国际和苏联还给各国共产党规定了一条清一色的路线，最终形成了斯大林主义和苏联官方阐释的"正统"马克思主义教条一言堂局面，完成了对拉美共产党的组织与思想控制。这种局面造成了两个截然相反的"效果"：一方面它整合增强了国际共运的力量，给予拉美各国共产党和左翼以极大的支援与指导，有力促进了马克思主义的传播；另一方面却既损害了拉美诸国共产党的自主性与创新精神，也几乎窒息了探索马克思主义拉美化的积极性，拉美马克思主义由此从多元探索发展期被迫转向一元教条期。这一时期，从总体特征上看，拉美共产党因在共产国际和苏共的组织与理论控制下丧失了独立自主性而显得党性模糊，理论创新乏力。阿根廷共产党总书记柯都维亚（Vittorio Codovilla，1894—1970）是这一时期的典型代表，而"白劳德主义"则是这一时期孕育出来的"怪胎"。柯都维亚们"从一种聪明的政治观点出发而与苏共及其操控的共产国际组织建立了更为直接的联系，无论苏共和共产国际如何转向，他们都紧紧跟随，毫不动摇。"①
而在本国马克思主义理论发展与实践上，却毫无建树。对此，有研究者
毫不客气的指出，柯都维亚们在几十年领导拉美共产党的过程中，留下
的东西只不过是"应景之作"②，却无任何理论创新。当然，拉美马克思
主义在这一时期也并非没有任何作为，二战以后，拉美诸国左翼理论界
加大了马克思主义研究，推进了马克思主义的学科化发展，尤其是马克
思主义经济历史理论的研究领域，围绕拉美殖民时期的社会性质是封建
主义的还是资本主义的争论非常热闹，这一争论有力地促进了拉美马克
思主义历史学发展，甚至1940年代末，阿根廷、巴西、乌拉圭、智利出
现马克思主义历史学派，对拉美马克思主义依附理论的形成作出了非常
重要的贡献。代表性学者有：《马克思主义与古巴历史》（1944）的作者
罗德里格斯（Carlos Rafael Rodriguez）、《殖民社会的经济》（1949）的作
者塞尔吉奥·巴古（Sergio Bagu）、《巴西经济历史》（1957）的作者小卡
约·普拉多（Caio Prado Jr.），以及马塞洛·西格尔（Marcelo Segall）、纳
维尔·莫雷诺（Nahue Moreno）和西尔维奥·弗朗蒂奇（Silvio Frondizi）
等人。

再次，古巴革命有力促进了马克思主义拉美化进程，将之推进到一
个充满活力的多元创新阶段。1959年古巴革命的成功才给拉美提供了
本土版本的更富吸引力的马克思主义，打破了斯大林主义的专制和苏共
一言堂的局面，使拉美马克思主义不再臣服于莫斯科意识形态权威与教
条，从而将拉美马克思主义发展和共产主义运动推进到"新革命时
期"。这一时期从1959年开始至1989年"苏东剧变"为止，"切·格
瓦拉—卡斯特罗主义"是这一时期最具代表性的理论成果，而古巴革
命是其中最为关键的历史事件，因为"无论是在拉美马克思主义发展
史上，还是在拉美的历史上，古巴革命都构成了一个重要转折。"它既
突破了"斯大林时期"在拉美形成的"苏联官方版正统"马克思主义

---

① Michael Löwy, *Marxism in Latin America from 1909 to the Present*. New Jersey：Humanities Press，1992，p. xxiii.

② 崔桂田等：《拉丁美洲社会主义及左翼社会运动》，山东人民出版社2013年版第128页。

一元独霸的局面，以及"革命阶段论"及其相应的"和平过渡""议会斗争策略"等"单一路线"的教条，又破除了"阿普拉主义""庇隆主义"等"拉美例外论"所宣扬的"马克思主义不适合拉美"的怀疑主义悲观论调，重新激发了拉美左翼人士和共产党人创造性地发展马克思主义的理论冲动与革命激情。对此，米歇尔·罗伊总结道："拉美马克思主义在 1959 年以后迎来了一个新的变革期——这一时期恢复了 20 世纪 20 年代'原初的共产主义（Original Communism）'的一些有力思想。虽然这两个时期之间并不存在直接的和意识形态上的连续性，但卡斯特罗主义重新强调了马里亚特吉的思想，并从历史的尘埃中解救了梅里亚，以及 1932 年萨尔瓦多革命（精神）。"[1] 谢尔顿·利斯也认为，中国和古巴对革命采取战斗的、非正统马克思主义的态度所获得的巨大成功，以及"中苏论战"打破了教条主义的束缚，促进了马克思主义拉美化的进程。到了 1960 年代，拉丁美洲的知识分子比以往更多地接受马克思思想的变种。他们把卡斯特罗、格瓦拉、列宁、托洛茨基、毛泽东和葛兰西的理论同民族主义、印第安主义、存在主义，甚至基督教神学的一些方面结合起来，[2] 进行创造性发展，因此从 20 世纪 60 年代开始，拉美出现了大量重要而新颖的马克思主义研究，这些研究所涉及的都是关于拉美现实的一些关键主题：依附性与欠发达、民粹主义、工会及其与国家的联系、工人和农民运动、土地问题、边缘性问题等等。[3] 同样，马克思主义历史学，乃至文学、艺术等学科的发展也被推进到一个新的阶段……。总之，这一"新革命时期"是马克思主义对拉美社会影响最广泛、最深刻的时期，更是拉美马克思主义探索发展历程中最丰富、最多元，甚至"最异端"的时期。尽管这一时期的游击运动以及其他形式的社会主义运动，像智利阿连德社会主义、秘鲁军事社会主义、尼加拉瓜

---

[1] Michael Löwy, *Marxism in Latin America from 1909 to the Present*. New Jersey：Humanities Press，1992，p. xliii.

[2] Sheldon B. Liss, *Marxist in Thought Latin America*. Los Angeles：University of California Press，1984，p. 38.

[3] Michael Löwy, *Marxism in Latin America from 1909 to the Present*. New Jersey：Humanities Press，1992，p. xlii.

桑解阵社会主义、圭亚那合作社会主义和格林纳达社会主义等最后基本都失败了,但由古巴革命所引发的拉美马克思主义新革命与新探索却影响深远,甚至还收获了一些独具特色的马克思主义拉美化的别样成就,其中最重要的成果就是"解放神学马克思主义"、"马克思主义依附理论",以及"切·格瓦拉—卡斯特罗主义"等。

最后,随着"苏东剧变",以及尼加拉瓜桑迪诺革命阵线在 1990 年因选举失利而交出政权,"新革命时期"伴随着这个"游击运动"仅存的硕果一起终结了。自此,拉美马克思主义进入了"后革命时期"。目前,"后革命时期"大致已经历了两个阶段,即 20 世纪 90 年代的"新自由主义实验期",这是拉美马克思主义探索发展的低潮期。但到了 20 世纪末,随着"新自由主义"露出败象,人们对马克思主义的兴趣开始升温,进入 21 世纪,拉美政坛更出现了"集体左转"的趋势,拉美马克思主义理论研究与实践探索又开始活跃起来,这是"后革命时期"的第二阶段。在这一阶段,由于拉美左翼政府的支持、资助,马克思主义著作被大量出版,甚至《共产党宣言》也于 2004 年被译成了盖丘亚语(南美地区最重要的土著语言),各种学术交流活动与社会运动论坛得以频繁召开,拉美马克思主义得到进一步传播与发展。总体上看,这一时期最为突出的特点是:拉美马克思主义的发展由原来主要被"革命家"和"社会活动家"推动的,以"改变世界"为旨趣的"革命化"发展为主的道路,转向以学理探索与历史梳理为主的"学术化"发展道路。这一转变当然有其深刻的背景:一方面,随着国际社会的深刻变革,"革命主体化危机"进一步加深,尽管 1994 年仍有墨西哥的萨帕塔起义,但显然大规模武装革命暂时已无可能;另一方面,苏东剧变打破了长期禁锢人们头脑的成见与教条思维,将人们带进一个"可读马克思"的新阶段,而随着"新自由主义神话"的破灭,当代资本主义弊端层出不穷,人们自然会也将目光投向马克思主义;同时,马克思主义作为一项智力成果,已经深深的根植到人类思想史之中,成为相关学科研究不可忽视的重要构成内容。当然,这一时期也不妨有一些马克思主义理论家,如玛尔塔·哈内克尔等不仅积极开展马克思主义理论研究,而且还积极投身于现实社会政治运动,甚至直接参与左翼政党和政府的政治活动,将马克思主义运用于拉美现实社会运动或变革实践之中，为其提供理论支持，"21 世纪社会主义"等各种颇具时代特色与拉美特色的"新社会主义"政治主张的提出，便包含着这些理论家的心血。另外，值得注意的是，马克思主义拉美化的前期成果，诸如马里亚特吉思想、切瓦格拉—卡斯特罗主义、"解放神学马克思主义"等也得到了更为广泛传播，其中的诸多元素被 21 世纪以来席卷拉美的各种社会主义运动所吸收。这一时期比较突出的代表有智利的玛尔塔·哈内克尔（Marta Harnecker）、约格·拉腊林（Jorge Larraín），德裔学者海因斯·迪特里希（Heinz Dieterich），墨西哥的卡斯塔涅达（Jorge G. Castañeda）、华西斯（Marco Vinicio Dávila Juárez），阿根廷的恩里克·杜塞尔（Enrique Dússel）、哥伦比亚的哈伊罗·埃斯特拉达（Jairo Estrada）、秘鲁的阿尼巴尔·魁加诺（Aníbal Quijano）等。

二 "拉美马克思主义"的主要理论成果

从以上结合历史背景对马克思主义在拉美的传播与发展历程的简略梳理中，可看出，尽管马克思主义拉美化的百年历程跌宕起伏，充满了艰难险阻，但从传播初期的胡斯托开始直到当今仍然活跃在拉美左翼理论与实践前沿的哈内克尔等人，始终有一批探索者努力克服"教条主义"的干扰，坚持探索将马克思主义基本原理与具体历史条件、本土思想资源和理论传统结合起来的民族形式，其间产生了诸多颇具拉美色彩的"马克思主义思潮"。当然，随着时间的流失，其中大部分思潮都湮没在历史的尘埃中去了，唯有少数几个成果经受了时间的考验，成为了马克思主义拉美化的活的遗产，成为了拉美社会主义运动，乃至左翼运动的精神食粮，继续在拉美左翼理论界和社会实践领域发挥着影响力。其中最重要，也是最具代表性的理论成果是：马里亚特吉思想、切·格瓦拉—卡斯特罗主义、"解放神学马克思主义"和马克思主义依附理论等。

首先，无论从产生时间上看，还是从影响力上看，马里亚特吉思想都是头一份马克思主义拉美化的成果，其他三项成果皆深受其影响，甚至可以在其中找到部分源头。也因此之故，马里亚特吉常被冠以"拉美马克思主义教父""解放神学先驱""拉美葛兰西"等称号。相较而言，马里亚特吉思想也是最受国内外理论家关注，因而被研究得较为充分的。他的思想集中体现在《关于秘鲁国情的七篇论文》（1928）和《捍卫马克思主义》（1934）两本著作，及其担任《阿毛塔》（Amauta）杂志主编时刊登的一系文章中。大多数研究者认为，马里亚特吉大致是在1919至1923年间游历欧洲时从空想社会主义者转变为科学社会主义者的，其间他广泛吸收了欧洲思想界的有益成分，特别受到克罗齐、乔治·索列尔和以皮埃罗. 戈贝蒂、葛兰西为首的意大利《新秩序》集团的影响；同时，他也广泛吸收了拉美思想的有益成分，特别是普拉达和卡斯特罗·波索等人的"土著主义"思想。因此，米歇尔. 罗伊认为，马里亚特吉思想"融合了欧洲文化最先进的方面以及土著共同体中的千年传统，并试着将农民群体的社会经验纳入到马克思主义的理论框架之中。"① 马里亚特吉思想内核可大致简略概括为3个主要方面：（1）对马克思主义的科学认识。一方面马里亚特吉认为马克思主义根本上是一种基于现实和事实基础之上的辩证方法，并非庸俗唯物主义和经济决定论；另一方面他认为马克思主义思想应当是开放的、可变化的、非教条的，应当根据新情况加以更新和发展，这一态度是避免其落入"欧洲中心主义教条"的泥潭，促成其走向探索马克思主义拉美化之路的关键。（2）用马克思主义基本原理来分析本土问题，并将之创造性地与本土理论传统、思想资源结合起来建构出适合解决本土问题的思想；例如，在《关于秘鲁国情的七篇论文》中，马里亚特吉用历史唯物主义方法分析得出秘鲁的根本问题不是理论界所认为的人种问题，而是经济社会问题，关键是土地问题，因为秘鲁乃至整个拉美独立后并没有解决土地分配问题，其中尤以印第安人因失去土地而受害最深，所以解决之道首先要恢复印第安人得到土地的权利，他建议通过成立农民组织恢复古代印加人的村社共有土地模式；总之，马里亚特吉认为，社会主义的斗争应当深深地根植于国家和民族传统之中，而拉美思想对欧洲的依附正

---

① Michael Löwy, *Marxism in Latin America from 1909 to the Present.* New Jersey：Humanities Press，1992，p. xxi.

是其政治经济依附性的根源之一，因此必须用本土的思想意识来取代后者以减少依附性。为此，他拒绝屈从于斯大林主义，以及共产国际和苏共强加的教条。也因为这一鲜明的内核，马里亚特吉思想一方面被称为"民族主义""土著主义"或"印第安主义"的马克思主义或社会主义，另一方面又不为"正统"马克思主义承认而被斥责为"小资产阶级的东西"。（3）凸出意识的主观能动性，重视精神力量，强调宗教神话的积极作用。马里亚特吉认为，"俄国的共产主义太唯物主义了，因而不适宜于秘鲁这样一个主要是印第安人的国家"，因为这样的"马克思主义中的决定论因素会抑制创造力，因而革命的神话不可以抛弃，否则与之一道失去的将是马克思主义的人道主义品质"①。他甚至认为，"革命者的力量并不在于其科学，而在于其信仰，在于其激情，在于其意志。这是一种宗教性、神秘性、精神性的力量。这是神话的力量……革命情绪乃是一种宗教情绪"②。这些思想在正统马克思主义看来显然就是"异端"，但这一鲜明的理论特质有其背景：一方面是对当时被"决定论化"了的"正统"马克思主义的"反动"，另一方面是对印第安人的神话传统和被高度"天主教化"了的拉美社会的理论体认，同时也要看到马里亚特吉既强调精神力量，又坚持历史唯物主义的辩证立场与方法。因此，我们应该看到，尽管因了这一颇为"异端"的理论特征，马里亚特吉时常被片面地称为"唯意志论者"，其思想也常被偏颇地称为"伦理社会主义"，但或许他始终是位"聪明"的"马克思主义者"。

马克思主义拉美化的第二个成果自然非"格瓦拉—卡斯特罗主义"莫属了。"格瓦拉—卡斯特罗主义"兴起并活跃于 1960 年代，是格瓦拉和卡斯特罗关于社会主义革命的理论。切·格瓦拉和卡斯特罗是古巴革命和建设的领导核心，两人的思想理论作为一个统一整体贯彻和体现在古巴革命与建设初期之中，因而其无论被称为"瓦格拉主义"或"卡斯特罗主义"，内涵基本是一致，故此将之合称为"瓦格拉—卡斯特罗主

---

① Sheldon B. Liss. *Marxist in Thought Latin America*. Los Angeles：University of California Press，1984，pp. 129 – 133.

② 叶建辉：《拉美马克思主义思想之父——马里亚特吉述评》，《马克思主义研究》2013 年第 3 期。

义"。从思想源渊上看，格瓦拉和卡斯特罗既受到马克思、列宁、斯大林、托洛茨基等欧洲思想家的影响，也吸收了毛泽东、武元甲、胡志明等亚洲革命家的独特理论，同时继承了马蒂、梅里亚、马里亚特吉等拉美革命先驱们的思想。他们对这些思想理论既借用又加以批判，因而格瓦拉—卡斯特罗主义是马克思子主义结合了拉美，特别是古巴的具体历史条件的创新与发展。① "格瓦拉—卡斯特罗主义"的内核概括为3个主要方面：（1）格瓦拉—卡斯特罗主义最基本的内核是"革命意志论"，即"它是某种站在所有消极的和宿命论的决定论的对面的政治上的和伦理上的'革命意志论'"②。这一思想内核显然受到马里亚特吉强调主观意志与精神力量思想的深刻影响。格瓦拉和卡斯特罗对革命雄心、意志与精神动力的倚重和强调贯穿在革命与建设过程之中。他们认为无论夺取革命胜利还是消灭贫困都有赖于牺牲精神和共产主义态度。因而在武装革命中，他们非常看重革命的主观条件，且不像列宁强调的那样只有主客条件成熟才能行动，而认为凭借游击队的革命意志与激情的"催化"作用，就能创造出革命条件，甚至认为"拉丁美洲人已看到了革命的客观条件，即遭受贫困、饥饿和压迫，因而他相信只要进行武装斗争就能具备主观条件，即意识到胜利的可能性"③。所以，他们积极输出和推动游击武装斗争。同样，在社会主义建设时期，古巴则积极开展塑造社会主义"新人"的运动，力图用精神鼓励取代物质刺激，鼓励人们不计报酬自愿奉献，其后虽不得已也采纳了物质刺激的方式，但对精神道德作用的重视却始终如一，卡斯特罗始终认为，"没有精神道德就没有社会主义"，"社会主义的最重要的价值是平等"。（2）格瓦拉—卡斯特罗主义最鲜明的标志是关于武装斗争的思想，他们拒绝社会主义革命可以通过"和平过渡"得以实现的方案，认为"武装斗争是这场社会主义革命的必

---

①　Sheldon B. Liss. *Marxist in Thought Latin America*. Los Angeles：University of California Press，1984，p. 256 – 265.

②　Michael Löwy. *Marxism in Latin America from 1909 to the Present*. New Jersey：Humanities Press，1992，p. xliv.

③　Sheldon B. Liss. *Marxist in Thought Latin America*. Los Angeles：University of California Press，1984，p. 258.

要条件，因为无产阶级的胜利意味着资产阶级军事机构的摧毁"。而且卡斯特罗认为，"不必等到所有条件成熟才去发动武装斗争，因为游击运动本身有助于创造这些条件。"格瓦拉认为游击战能起到革命"催化剂"的作用，且"乡村游击战是最可靠、最现实的武装斗争形式。"后来他们还提出了"诸如军事对于政治的优先性、游击运动中心作为政党的核心或替代物"，以及"农民将为土地战斗，从而构成第三世界革命的主要动力"等颇具特色的思想。① 这些以游击为中心的武装斗争思想也许是格瓦拉—卡斯特罗主义构成内容中国际知名度最高，也是国际输出最多的部分，甚至人们常用"游击中心主义/论"来指代格瓦拉—卡斯特罗主义。他们也因此而被批评者们贴上"布朗基主义"的标签。（3）彻底的社会主义革命。尽管古巴革命开端于带有资产阶级民族民主革命性质的"7·26 运动"，但在思想层面上，格瓦拉和卡斯特罗却主张摒弃"正统"马克思主义的"革命发展阶段论"，拒绝与民族资产阶级合作，追求彻底的社会主义革命，力图消灭一切资本主义成分。一方面，他们在被称为拉美左翼纲领与意识形态旗帜的《通过三大洲会议致世界人民的信》中主张：社会主义革命必须"将帝国主义者同当地的剥削者同时推翻"，因为"民族资产阶级完全丧失了抵抗帝国主义的能力——如果他们曾经有过的话——如今又成了帝国主义的帮凶"，所以"我们要么进行社会主义革命，要么成为革命的笑柄，除此之外，别无它途"②。另一方面，在社会主义建设中，他们力图快速剔除一切资本主义成分，认为革命者应坚持不断革命的原则，迅速消灭市场与商品生产，甚至消灭带有资本主义气息的货币和物质刺激，追求彻底而纯粹的社会主义；基于这样激进主张，他们还批判了苏联 1960 年代在一定程度上承认市场机制和个人利益的经济改革以及"和平过渡"与"和平共处"的路线。

当然，格瓦拉—卡斯特罗主义奉行"彻底社会主义革命"的激进主张，既于 1960 年代拉美掀起的"走社会主义还是资本主义道路"的民族

---

① Michael Löwy. *Marxism in Latin America from 1909 to the Present.* New Jersey：Humanities Press，1992，p. xliv.

② Michael Löwy. *Marxism in Latin America from 1909 to the Present.* New Jersey：Humanities Press，1992，p. xliii.

解放路径之争密切相关，亦于另一个马克思主义拉美化的成果，即马克思主义依附理论的警示性结论相关。因为马克思主义依附理论认为：落后国家的民族资产阶级没有能力领导民族解放进程，资本主义也不可能解决落后和不发达问题，社会主义是不发达国家唯一的革命性出路。①马克思主义依附理论作为马克思主义拉美化的具体理论成果之一，是在继承马克思主义经典作家关于落后国家对发达国家的从属关系以及帝国主义和新老殖民主义理论的基础之上，用马克思主义的立场、方法对"不发达理论""发展主义"等已有成果与拉美社会现实进行双重批判的基础上形成的，探讨不发达国家经济政治与社会发展的一种理论。"马克思主义依附理论"和"结构主义依附理论"合称为"依附理论"，依附理论是拉美理论家们在反对和批判欧美学者主导的现代化理论的基础上，结合本土客观条件和现实需要而建构出来的地道本土理论，② 亦可称为"拉美不发达理论"。马克思主义依附理论的主要代表人物及其成果有：多斯桑托斯（Theotonio Dos Santos）的"新依附理论"、瓦尼娅·班比拉（Vania Bambirra）的"依附性资本主义理论"、鲁伊·马里尼（Ruy Mauro Marini）的"超级剥削理论"、阿尼瓦尔·基哈诺（Anibal Quijano）的"边缘化理论"，以及费尔南多·卡多索（Fornado Henrique Cardoso）和恩索·法莱图（Enzo Faletto）的"发展型依附理论"等。国内研究者大多认为马克思主义依附理论的思想来源除了马克思主义经典作家的相关理论外，还极大受惠于劳尔·普雷维什（Roal Prebish）等人的"发展主义理论"、萨米尔·阿明（Samir Amin）和安德列·弗兰克（Andre Gunder Frank）等人的"不发达的发展理论"，而且主要从经济发展的角度探讨和阐释这一理论。但其实拉美社会的依附现象早已引起有识之士的思考，马里亚特吉早在20世纪初就深刻地将拉美"经济政治的依附局面归咎于思想上的依附"，而"美洲最知名的巴西马克思主义历史学家小卡约·普

---

① 袁兴昌：《依附理论再认识》，《拉丁美洲研究》1990年第4期。
② ［英］莱斯利·贝瑟尔主编：《剑桥拉丁美洲史》第六卷（上），当代世界出版社2000年版，第395页。

拉多"也早就"以其经济分析和敏锐地发掘依附性主题著称"①。当然，从中也可看出拉美对欧美的依附不仅仅是经济依附，还有更深层的"知识依附"②"思想依附"，因而依附理论也不应该也不能只关注经济问题，例如费尔南多·卡多索就"对依附的经济基础不甚重视，而对依附的社会政治方面很感兴趣，尤其对阶级斗争、群体冲突以及政治运动感兴趣。"③ 基于以上认识，我们把马克思主义依附理论的主要内容概括为3个主要方面：（1）认为对发达国家的"依附"或"从属"关系是阻碍落后国家不发达的根源。马克思主义依附理论实际上就是为了弄清楚拉美国家发展障碍而产生的。欧美现代化理论一般把落后国家不发达的原因归之于这些国家缺乏合适的现代化观念、社会结构、人力与财力资源，以及缺乏对发达工业国的完全开放，而马克思主义依附理论则认为拉美诸国的落后与不发达恰恰是因为它们对发达国家完全开放而导致的依附关系所造成的，④ 即发达国家对落后国家的控制、盘剥、压迫并使之边缘化是阻碍其发展，导致其落后、贫穷的根源。（2）落后国家对发达国家的依附不仅是产业、金融和技术的依附，而且还包括更深层的知识与思想依附；这种依附不仅作为一种外部力量，通过经济分工导致产业结构失衡来制约落后国家的发展，而且还通过与当地资本和利益集团勾结形成政治联盟，从而成为影响这些国家的"内部力量"，当然还包括通过思想理论的输入形成的深层观念控制。（3）在如何摆脱依附道路的问题上，马克思主义依附理论形成了新老两个派别的不同答案。传统马克思主义依附理论认为：在依附关系下，落后国家不可能发展，而资本主义也不可能摆脱依附关系，因此社会主义革命是唯一出路。但以卡多索（Fornado Henrique Cardoso）和法莱图（Enzo Faletto）为代表的新一代"发展型

---

① Sheldon B. Liss. *Marxist in Thought Latin America*. Los Angeles：University of California Press，1984，pp. 134、116.

② 张建新：《从依附到自主：拉美国际关系理论的成长》，《外交评论：外交学院学报》2009 年第 2 期。

③ 周长城：《新依附理论：卡多佐对传统依附理论的挑战》，《社会科学研究》1997 年第 4 期。

④ 周长城：《新依附理论：卡多佐对传统依附理论的挑战》，《社会科学研究》1997 年第 4 期。

依附理论"则认为，在依附关系下，落后国家也能获得发展，因为"外国企业的利益在某种程度上和依附国家的内在繁荣是相协调的"。但这种发展需要有一个"强力政府"存在为前提条件，即"在强力政府存在的前提下，与发达国家利益群体建构一种相互关系，寻求'和依附相联系的发展'"。当然，这种发展要付出诸如"收入分配倒退""劳工遭受剥削""政府集权专制"与"政治生活封闭"等代价。①

　　受到马克思主义依附理论深刻影响，并与之一道产生于 1960 年代，活跃于 1970 年的另一个马克思主义拉美化成果是"解放神学马克思主义"，它也许是马克思主义发展史上最为"异端"的"奇葩"。"解放神学马克思主义"是解放神学中最进步、最激进的派别，而解放神学是 20 世纪 60 年代，在拉美人民争取解放的革命斗争日趋激烈，天主教出现危机和马克思主义广泛传播的背景下产生的，一种将马克思主义和基督教信仰调和起来的基督教社会主义思潮。马克思主义对解放神学的影响十分明显，它在历史观和人道主义问题上吸收了某些马克思主义流派的观点，对拉美社会进行具体分析基本上采用了马克思主义依附理论的方法和结论。但解放神学家们对马克思主义接受的程度是不同的，有一些派别甚至排斥马克思主义。② 因此不能将解放神学与"解放神学马克思主义"混为一谈。从思想渊源上看，"解放神学马克思主义"所吸收的是常被其称为"新马克思主义"的西方马克思主义。它对苏共及其规制下的拉美各国共产党的正统马克思主义不感兴趣，它认为这种正统马克思主义代表的是一种教条的、否定人的自由的马克思主义。③ 同时，它还吸收了马里亚特吉思想、格瓦拉—卡斯特罗主义和依附理论等马克思主义拉美化的成果。米歇尔·罗伊在其为《当代马克思主义词典》撰写的"解放神学马克思主义"词条中将之称为"新马克思主义"，但同时又认为它

---

　　① 周长城：《新依附理论：卡多佐对传统依附理论的挑战》，《社会科学研究》1997 年第 4 期。

　　② 徐世澄主编：《拉丁美洲现代思潮》，当代世界出版社 2010 年版，第 455 页。

　　③ 杨煌：《马克思主义与基督教神学能统一吗？——拉美解放神学的尝试》，《马克思主义与现实》2000 年第 5 期。

比西方马克思主义更具实践精神。①"解放神学马克思主义"主要代表人物有被称为"穿着教士袍的切"的卡米洛·托雷斯（Camilo Torres Restrepo）神父，曾担任过尼加拉瓜"桑解阵线"革命政府文化部长的埃内斯托·卡德纳尔（Ernesto Cardenal）神父，以及塞贡多（Juan Luis Segundo）、博尼诺（Jose Miguez Bonino）、古铁雷斯（Gustavo Gutierrez），莱奥纳多·博夫（Leonardo Boff）以及杜塞尔（Enrique Dussel）等人。综合已有研究成果，可大致将"解放神学马克思主义"的核心内容概括为4个要点：（1）用马克思主义改造神学，使之革命化，同时对马克思主义的宗教观进行"去""无神论化"的重新阐释，将两种理论融合起来；宣称共产主义的深刻含义与基督教精神是一致的，信仰马克思主义与信仰基督教并不矛盾，并且"马克思主义者无须是无神论者"，而"每个基督教徒的义务是做一个革命者"②。（2）"解放神学马克思主义"不仅像解放神学一样把马克思主义方法当做分析社会现实的工具，更将之作为改造社会现实的实践；它将投身革命与践行基督教精神结合起来，甚至认为只有投身"人民争取解放的革命"才能践行基督的"拯救"精神，成为真正的基督徒，卡米洛·托雷斯神父甚至认为，"作为天主教徒而不革命，就是过着罪大恶极的生活"③，埃内斯托·卡德纳尔神父认为，"一个基督徒要想成为真正的基督徒，就必须是个马克思主义者"，"解放神学其实应该叫革命神学"④。（3）解放神学马克思主义另一个突出内容是对资本主义的道德批判，其灵感来源是宗教性的和伦理性的，但表现得更为激进，且毫不妥协；它认为贫穷、饥饿、疾病、死亡是资本主义这棵罪恶之树上结出的果实，⑤"资本主义是犯了死罪的社会"，必须消灭

---

① ［法］雅克·比岱主编：《当代马克思辞典》，社会科学文献出版社2011版，第242—250页。

② Sheldon B. Liss. *Marxist in Thought Latin America*. Los Angeles：University of California Press，1984，pp. 136、159.

③ Sheldon B. Liss. *Marxist in Thought Latin America*. Los Angeles：University of California Press，1984，pp. 134、159.

④ 吉力：《革命，以父之名》，《经济观察报》2011年2月11日。

⑤ ［法］雅克·比岱主编：《当代马克思辞典》，社会科学文献出版社2011版，第242—250页。

它。(4) 认为只有"社会主义"才能使拉丁美洲得到真正的发展，并主张建立一种民主的、公正的，"爱神爱人""富于人性"的"人道主义"的，与基督教精神相容的社会主义。①

三 "拉美马克思主义"基本特征

以上对"拉美马克思主义"发展里程及其主要代表性成果的简要梳理和勾勒，虽然既不能囊括马克思主义拉美化的所有"思潮"或理论成果，也不能穷尽这四个颇具代表性思潮或成果的所有内涵，但还是能够看出拉美诸国的马克思主义思潮及其相应的实践运动总是同气连枝的，它们在相互影响和相互渗透中形成一个信仰共同体，共享着某些一脉相承的传统。因此，尽管拉美马克思主义从传入之初开始到本土化思潮与成果的形成过程，走的都是一条多元分化的发展道路，但却仍然形成了作为一个理论整体的自我认同与自我辨识的一些基本特征，大致可归纳为以下 4 个方面。

第一，"拉美马克思主义"为了解决拉美地区普遍面临的时代任务而生，因而具有深刻的内生性与鲜明的时代特征。"拉美马克思主义"是其创始人在用马克思主义基本原理来分析和解决拉美诸国普遍面临的时代问题的过程中产生的。因而，它一方面具有深刻的内生性原因，另一方它的内容反映着时代主题，深深打上了时代主题的烙印。拉美诸国自摆脱宗主国的殖民统治独立以来，因为对原有经济社会结构未进行深入革命，因而普遍面临着"对外的经济政治依附"和"对内的社会排斥"问题。"对外依附"意味着拉美诸国经济社会依然没有独立自主性，依然遭受着"中心国家"、帝国主义和国际资本的盘剥；对内的"社会排斥"则意味着广大民众仍然被排斥在现代化进程之外，依然遭受着极端不公的歧视与压迫；前者导致拉美经济对外高度依赖而严重受制于人，后者导致拉美贫富极度分化，社会被严重撕裂。不言而喻，"对外依附与对内排斥"既是拉美经济社会发展最大障碍，亦是拉美诸国贫困落后与动荡不

---

① 王谨：《"解放神学马克思主义"的兴起及其特征》，《教学与研究》1996 年 05 期。

安的总根源。因此，摆脱"依附"实现经济自主，消除"排斥"实现社会公平，既是拉美人民必须争取的"第二次独立"斗争，亦是拉美诸国必须完成的历史任务。拉美马克思主义正是其创始人自觉承担起这一历史任务，在将马克思主义创造性地用来解决拉美诸国普遍面临的这一时代问题的过程产生的。因此，我们看到这一时代主题在前面归纳总结出来的四个具体成果之中都得到了非常集中而鲜明地反映，甚至还成为了马克思主义依附理论的中心议题。当然，这也说明"拉美马克思主义"具有内生性特征，因为它是应拉美社会面临的时代任务的内在要求而产生的。诚如斯言，"理论在一个国家实现的程度，总是决定于理论满足于这个国家的需要的程度"①，正是"拉美的经济社会状况，如不发达、依附性和贫困逼迫人民走向激进革命"②，而革命需要革命的理论，马克思主义拉美化的过程正是其在满足革命需要的过程中被吸收内化为拉美独特的革命意识形态的过程。因而通过坚决彻底的社会主义革命，摆脱依附，实现经济社会的自主发展，消除社会排斥，现实社会公平，自然成为了拉美马克思主义各个理论成果的中心诉求，并由此构成其鲜明特征。当然，反帝、反殖民主义，甚至反美也自然成为其摆脱依附的题中应有之义了。

第二，"拉美马克思主义"根植于拉美历史文化传统之中，具有鲜明的地域文化特色和独特的民族形式。由于拉美历史文化和社会结构的特殊性，无论是在坚持普遍主义的诸如卡佩罗（Alejandro Martinez Cambero）之流正统马克思主义者看来，还是在坚持特殊主义的"拉美例外论"的阿亚·德拉托雷（Haya de la Torre）之流看来，马克思主义都不适合拉美地区。③ 然而，马里亚特吉等拉美马克思主义创始人始终坚持辩证地看待普遍性与特殊性问题，既避免将马克思主义普遍原理教条化，又避免绝对化拉美的特殊性，创造性地将二者融会贯通起来，既将马克思主义根

---

① 《马克思恩格斯选集》第 1 卷，人民出版社 1995 年版，第 11 页。

② E. Bradford Burns. At War in Nicaragua: *The Reagan Doctrine and the Politics of Nostalgia*. New York: Harpercollins Press, 1987, p. 7.

③ Michael Löwy. *Marxism in Latin America from 1909 to the Present*. New Jersey: Humanities Press, 1992, p. xiv - xv.

植于拉美民族文化传统之中，使之以易于被拉美人民接受的本土化形式出场；同时又将拉美历史文化传统融入到本土化的马克思主义之中，使之具有鲜明的地域文化特色和独特的民族形式。毫无疑问，其中最为突出的就是它将宗教神话纳入到社会主义运动中，使之成为社会主义的精神和伦理维度而从属于人类解放事业。也许，这在正统马克思主义者看来是"大逆不道"的，但这恰恰是马克思主义与拉美具体历史条件相结合的必然产物。拉美是个高度天主教化的地区，90% 以上的民众皆是天主教徒，毫无疑问，如果教条而僵死地坚持马克思的宗教观而不加以"变通"或发展，马克思主义就不可能在该地区获得任何发展。也许正是基于这样正确的体认，马克思主义在拉美化过程中对宗教持开放态度。同时，拉美基督教基层教会在支持和领导广大贫苦信众参与社会斗争的过程中，形成了激进的基督教左翼思潮。由于相近或相似的"穷人优先"的劳苦大众立场，基督教左翼与马克思主义在参与社会斗争的过程中形成了对话，马克思主义批判性地接受了基督教的某些元素，基督徒被允许入党，左翼基督徒也接受了马克思主义，社会主义成为他们尘世的奋斗目标，切·格瓦拉被称为"尘世中的基督"，而卡米洛·托雷斯神父被称为"穿教士袍的切·格瓦拉"。随着相互影响和渗透的不断加深，基督教左翼与马克思主义从联盟到有机统一，不仅产生了解放神学马克思主义这样的理论成果，而且还有大量神职人员直接参与社会主义革命运动，甚至成为武装游击队员，为共产主义事业献出了生命；米歇尔·罗伊就发现，拉美左翼基督教已经成为革命运动的重要成分，在某些情形中，它甚至是革命的先锋，因为他们的主张比同时期受苏共遥控的拉美共产党还要激进，因而如果不考虑马克思主义对基督教左翼的吸引及其激进化，拉美的许多民族解放运动和革命活动就不能得到很好的理解。① 同样，马克思主义在拉美化过程中对印第安神话传统的处理也是成功的。从中可以看到，拉美马克思主义具有一种别样的宗教神话色彩，而宗教乃是古老的印第安美洲人生命的全部，从中已经可以隐约看到切·格瓦

---

① Michael Löwy. *Marxism in Latin America from 1909 to the Present*. New Jersey: Humanities Press, 1992, p. lvi – lvii.

拉"新人"的大致轮廓。由此可知，共产主义之于拉丁美洲并不是一群谵妄青年热情的无端发作，而是深不见底的古老传统的回声，是拉丁美洲寻找自身认同的脚步。①

第三，"拉美马克思主义"的理论发展具有一个非常突出的特点：它不像西方马克思主义那样，通过从理论到理论的抽象演绎来实现理论发展与创新的，而是在对现实的批判和干预中完成的。因此，"拉美马克思主义"的理论议题和时代主题具有高度关联性，其理论诉求与实践目标基本是一致的。这使得它的研究成果具有一种极为可贵的现实性和实践性品格。在前面的分析中我们已经指出，"拉美马克思主义"接纳的主要是西方马克思主义，而对苏共及其遥控下的拉美共产党所阐释的正统马克思主义则兴趣不大，因而有些研究者就此简单地认为，拉美马克思主义所"接纳"的主要是西方马克思主义者所鼓吹的人本主义思潮，它所崇尚的，说到底是一种人道主义。但事实并非全然如此，"拉美马克思主义"之所以对苏联版马克思主义之所以"兴趣不大"，是因为苏联版"正统马克思主义"的机械决定论和经济还原论倾向，遗忘了马克思主义的"实践原则"；同样，"拉美马克思主义"对西方马克思主义的"接纳"也只是批判性的吸收其强调意识的能动作用等方面的思想元素，而对其缺乏实践性的一面也毫不留情的予以批判；古铁雷斯就认为，阿尔都塞等西方马克思主义者遗忘了马克思主义的实践品格，只醉心于对马克思主义的纯粹抽象理论化阐释的做法"阻碍了（人们）去研究马克思作品的深层统一性，因而妨碍了人们本应理解的其启发激进持久革命实践的能力"。② 其中的缘由在于，"拉美马克思主义"理论发展走的是一条与西方马克思主义"学院化"的理论抽象发展道路截然不同的现实批判与实践介入的道路，它不是停留在书斋中的"解释世界"的学问，而是旨在"改变世界"，"使现实世界革命化"的理论武器。从我们对"拉美马克思主义"发展里程的梳理中可以看出，其创建者基本上都是实干家，

---

① 叶建辉：《拉美马克思主义思想之父——马里亚特吉述评》，《马克思主义研究》2013 年第 3 期。

② ［法］雅克·比岱主编：《当代马克思辞典》，社会科学文献出版社 2011 版，第 242—250 页。

甚或是社会活动家和革命家，他们的理论直接针对现实问题，大部分灵感源于对实践的批判与总结。因此，这些理论成果具有一种极为可贵的现实性和实践性品格。

第四，"拉美马克思主义"的发展是多元化的。拉美各国思想界具有相互影响、相互渗透的传统，由此形成一个多元共识的自我认同与自我识别的整体，即在多元并存的表象下存在作为自我识别与认同的交叉（重叠）共识这一深层根基。此特征在"拉美马克思主义"领域里体现的尤为突出，但"拉美马克思主义"之所以形成这一突出特征却不仅仅是拉美自身的思想传统使然，还有其深层原因：一方面，这自然是马克思主义既强调坚持普遍原理，又强调必须与具体历史条件相结合，既强调国际主义，又强调民族形式等充满辩证思维的基本原理的体现；另一方面却是由马克思主义拉美化的特殊情形所使然的。首先，从源头上看，马克思主义在拉美的传播始终是多元并存的，拉美对各种流派的"马克思主义"始终是开放的，第二国际版的马克思子主义、苏联官方版的马克思子主义、被称为"新马克思主义"的西方马克思主义、托洛茨基主义、毛泽东思想等，几乎马克思主义发展史上出现过的任何一种版本或派别的"马克思主义"，甚至是相互矛盾或敌对的，都在拉美获得"合法"的传播与存在，由此也就形成了相应的不同派别的拉美马克思主义理论和政党，进而演化成多元"马克思主义思潮"并存的局面；其次，拉美大部分国家没有像欧洲那样的成熟而数量庞大的无产阶级，占绝对多数的是农民，而且受压迫，被盘剥最深重的是土著和亚非少数族裔，因而从不同群体的立场出发，对马克思主义的接受自然会出现一些分歧，进而导致马克思主义的多元化发展；再次，尽管拉美诸国有着大体相似的处境，面临大致相同的历史任务，但每个国家的具体情况还是有些差异的，因而基于不同国情，自然会形成具有本国特色的"马克思主义"。例如，以苏联官方马克思主义教条为圭臬的"马克思主义政党"就与马里亚特吉等具有浓厚本土色彩的"拉美化马克思主义者"不同，"大都采用教条的革命手册和还原论的观点，蔑视印第安人和农民"；同样在那些印第安人很少的国家就不可能像秘鲁、玻利维亚、委内瑞拉等深受印加文明影响的国家一样，发展出具有浓重土著色彩的马克思主义和社会主义理论。正是基于对拉美马克思主义这种多元化发展的深刻体认，奥马尔·阿查（Omar Acha）和德波拉·安东尼奥（Débora D'Antonio）才警告：尽管任何一个国家在马克思主义拉美化中取得的成功经验，必然会对拉美其他国家和民族产生一定的积极影响，并促进马克思主义在整个拉丁美洲的传播与发展，但"任何地域性的经验都不能成为整个大陆的效仿模式"①。

除了以上特征外，"拉美马克思主义"也还存在一些瑕疵，乃至缺陷。首先，尽管在"拉美马克思主义"的演进历程中，产生了一些具体的理论成果，但这些理论成果显然缺乏体系化的理论表达，还显得比较粗陋，"理论不足"或许是"拉美马克思主义"领域，乃至整个左翼的缺陷；玛尔塔·哈内克尔（Marta Harnecker）就准确指出，"拉美马克思主义左翼面临着理论危机、实践危机和组织危机"，而理论危机是结症所在，因为"理论危机必然导致实践危机与组织危机"；② 其次，"拉美马克思主义"或许还存在一定的主观化倾向；尽管"拉美马克思主义"反对、批判机械决定论和经济还原论无疑是正确的，但它显然有矫枉过正之嫌，且在本土化过程中又过于迁就本土思想资源和理论传统中的主观化倾向，因而导致其存在着过分强调主观能动性，过分重视精神作用，特别是对待宗教神话作用的主观化倾向，显然已经偏离了马克思主义"无神论"；甚至我们还可以指出其还存在着一定的"民众主义"色彩等等不一而足的"瑕疵"和缺陷。当然，这些简洁概括，也许不足以全面反映"拉美马克思主义"的特点，而且我们不否认基于不同立场与视角概括出来的其他结论或说法；例如，索布瑞诺（Francisco T. Sobrino）就认为，对马克思主义进行拉美式的解读具有异端性、反帝国主义、文化关切、唯意志论、自我批评和拒绝欧洲中心主义等特征。③ 但我们认为简单而绝对化地判定"拉美马克思主义"是或不是正真的马克思主义都是

---

① Francisco T. Sobrino. *Marx in Hispanic America. Socialism and Democracy*, Vol. 24, No 3, November, 2010.

② 袁东振：《拉美地区的当代马克思主义研究》，《社会科学报》2007 年 11 月 29 日。

③ Francisco T. Sobrino. *Marx in Hispanic America. Socialism and Democracy*, Vol. 24, No. 3, November, 2010.

不恰当的，在此我们不想陷入带有"宗派主义"唯我论色彩的繁琐争论之中，我们相信"拉美马克思主义"肯定存在某些偏离马克思主义基本精神的成分，但也同样有很多创造性发展是符合马克思主义精神的。对此，或许谢尔顿·利斯的看法可以给我们提供某种启示。他在《拉美马克思主义思潮》一书中借用赖特·米尔斯（C. Wright Mills）的见解将"拉美马克思子主义者"分成四类："僵化的"（dead），即将马克思主义当成神圣不可侵犯的神谕；"庸俗的"（vulgar），即将马克思的某些思想当作整体来加以应用；"迂腐的"（sophisticated），即把马克思主义体系定型化，以教条主义来代替思考与探究；"朴实的"（plain），即相信马克思主义但不把马克思主义教条化，且总是像马克思本人一样开放灵活而又实事求是的工作。① 另外，他还猜想，马克思本人并不会赞成只存在一种唯一正宗的马克思主义的狭隘观念，而且马克思本人也不会按照其后继者制定的所谓正宗马克思主义教条体系来思考。因为马克思深谙"理论是灰色的，只有生命之树长青"的道理。

　　以上对"拉丁美洲马克思主义"的探索历程及其基本特征的简单勾勒，是为"浙江师范大学拉美马克思主义译丛"总序言。

冯昊青　郑祥福

2020 年 8 月 25 日

---

① Sheldon B. Liss. *Marxist in Thought Latin America*. Los Angeles：University of California Press，1984，p. 2.

目 录

I 马克思主义传播初期代表性文献节选

1914 年前的社会主义文献节选 ……………………………………………（3）

自由贸易 ……………………………………… 胡安·胡斯托（3）

富人和穷人 ……………………………………… 雷卡瓦伦（5）

II "革命时期"代表性文献节选

列宁时期共产国际文献节选（1921—1923）………………………（11）

论美洲革命 ……………………………………………（11）

致南美洲工人和农民 ……………………………………（17）

十月革命影响时期的文献节选 ……………………………………（21）

俄国革命与智利劳动者 ……………………………… 雷卡瓦伦（21）

十月革命与阿根廷的知识分子 ………………… 阿尼巴尔·庞塞（23）

拉美马克思主义伟大先驱的文献节选 ………………………………（27）

古巴的阶级战争 ……………………… 胡里奥·安东尼奥·梅里亚（27）

无产阶级和民族解放 ………………… 胡里奥·安东尼奥·梅里亚（31）

《安第斯山风暴》序言 ………………… 何塞·卡洛斯·马里亚特吉（34）

拉美的土著问题 ……………………… 何塞·卡洛斯·马里亚特吉（40）

拉美的社会主义革命 ·············· 何塞·卡洛斯·马里亚特吉 (44)

反帝国主义立场 ·············· 何塞·卡洛斯·马里亚特吉 (46)

萨尔瓦多的红色革命（1932）文献节选 ·················· (53)

埃尔·萨尔瓦多共产党 8 份文件 ·················· (53)

1935 年巴西起义的文献节选 ·················· (61)

国民革命政府纲领 ·················· (61)

所有权力归民族解放联盟 ········ 路易斯·卡洛斯·普列斯特斯 (65)

Ⅲ 斯大林主义时期代表性文献节选

拉丁美洲人民阵线文献节选 ·················· (75)

智利人民阵线 ·············· 卡洛斯·孔特雷拉·拉瓦尔卡 (75)

左翼对智利人民阵线的批判 ·············· 汉贝托·门多萨 (80)

古巴：人民阵线与巴蒂斯塔 ·············· R. A. 马丁内斯 (83)

苏德条约及其在拉美的反响文献节选 ·················· (87)

帝国主义及其民族解放 ·············· E. 朱迪西 (87)

"二战"后期文献节选 ·················· (91)

为了墨西哥的工业化 ·············· 维森特·隆巴尔多·托莱达诺 (91)

人民党 ·············· 维森特·隆巴尔多·托莱达诺 (94)

阿根廷共产党和庇隆主义 ·············· 维托利奥·科多维拉 (96)

劳资公约 ·············· 墨西哥共产党 (99)

普拉卡约纲领 ·················· (103)

冷战时期文献节选 ·················· (118)

为了民主的反帝国主义民族阵线 ·············· 墨西哥共产党 (118)

巴西反帝国主义 ·············· 巴西共产党 (120)

厄瓜多尔社会主义革命 …………… 曼努埃尔·奥古斯丁·阿吉雷（123）

危地马拉：共产党的自我批评 ……………… 危地马拉劳动党（126）

危地马拉：托派分子的立场 ……………… 伊斯梅尔·弗里亚斯（135）

苏共二十大后的文献节选 …………………………………（138）

为了巴西资本主义经济的发展 ……………… 巴西共产党（138）

阿根廷革命左派的论题 ……………… 希尔维奥·弗朗蒂奇（142）

马克思主义经济史文献节选 ……………………………（150）

殖民经济 ……………………………… 塞尔吉奥·巴古（150）

热带殖民化的经济性质 …………………… 小卡约·普拉多（153）

智利资本主义的发展 ……………… 马塞洛·西格尔（156）

殖民地经济的综合发展 ……………… 米尔西亚德斯·佩纳（159）

拉美的封建经济 ……………… 罗德尼·阿里斯门迪（161）

Ⅳ "新革命"时期文献节选

古巴革命文献节选 …………………………………………（167）

人民社会党与古巴革命 ……………… 迪亚兹（A. Díaz）（167）

古巴社会主义民主革命 ……………… 菲德尔·卡斯特罗（174）

从马蒂到马克思 ……………… 菲德尔·卡斯特罗（175）

卡斯特罗主义与格瓦拉主义文献节选 …………………（185）

游击战：一种方法 ……………… 欧内斯特·切·格瓦拉（185）

致三大洲会议的信 ……………… 欧内斯特·切·格瓦拉（195）

委内瑞拉游击运动 ……………… 道格拉斯·布瓦洛（199）

致基督徒 ……………………… 卡米洛·托雷斯（202）

拉美团结组织宣言 …………………… 拉美团结组织（206）

图帕马罗城市游击队 …………………………………（210）

萨尔瓦多、地峡与革命 ……………… 罗克·道尔顿（215）

左翼革命运动原则宣言 ············ 智利左翼革命运动 (221)

失败的原因 ················ 米格尔·恩里克斯 (224)

革命协调委员会 ···························· (226)

尼加拉瓜的桑地诺阵线 ······ 卡洛斯·丰塞卡·阿马多 (228)

尼加拉瓜农民的桑地诺纲领 ··········· 杰米·韦洛克 (232)

土著人民与革命 ················ 危地马拉贫民军 (235)

革命民主政府纲领 ····· 埃尔·萨尔瓦多群众革命协调委员会 (238)

社会主义论述文献节选 ···························· (243)

委内瑞拉的社会主义 ········· 特奥多罗·佩特科夫 (243)

智利的社会主义之路 ············ 萨尔瓦多·阿连德 (246)

共产党论述文献节选 ···························· (250)

大陆革命 ················ 罗德尼·阿里斯门迪 (250)

人民联合政府 ············· 路易斯·科尔瓦兰 (258)

革命史学文献节选 ···························· (261)

拉丁美洲：封建主义还是资本主义？ ·········· 路易斯·维塔勒 (261)

墨西哥：被中断的革命 ············ 阿道夫·吉利 (269)

托洛茨基主义文献节选 ························ (277)

民兵组织还是游击运动？ ············ 雨果·布兰科 (277)

论墨西哥革命 ················· 革命工人党 (281)

"新趋势"文献节选 ···························· (287)

我们的社会主义 ················ 巴西工人党 (287)

基督教和马克思主义 ············ 弗雷·贝托 (295)

拉美左翼圣保罗宣言 ···························· (300)

后 记 ···························· (306)

I

马克思主义传播初期
代表性文献节选

1914 年前的社会主义文献节选

自由贸易[*]

［阿根廷］ 胡安·胡斯托

　　胡安·胡斯托（Juan B. Justo，1865—1928），医生，记者，阿根廷社会主义党（1896）的创始人，《资本论》第一卷的西班牙语翻译者（1895）。尽管他堪称马克思主义在拉丁美洲的第一批传播者，但事实上，从其著述里透露出来的实证主义社会学（孔德、涂尔干、斯宾塞）气息比马克思的气味浓郁多了。胡斯托加入了"一战"后的第二国际温和派（他参加了1910年的哥本哈根会议）和社会党国际，一度是拉美社会民主思潮的主要领导和理论家，但这一思潮除了在阿根廷，或某种程度上还包括乌拉圭之外，从未能够成为拉美大陆的一支重要政治力量。

　　胡安·胡斯托最主要的著作是《历史的理论与实践》（1909），它是马克思主义、自由主义和实证主义思想的折中混合物。此文节选自他主张阿根廷贸易自由的著作。胡斯托是位充满激情的贸易自由主义者。他参加了1919年的伯尔尼社会主义会议，他主张将国际贸易自由作为防止未来战争的唯一措施，同时，为促进"世界经济一体化"而取消关税[①]。胡斯托的思想被阿根廷绝大多数马克思主义者当作为帝国主义所作的一

---

　　* Juan B. Justo, *Theoría y práctica de la historia*, 1909 (Buenos Aires: Ed. Libera, 1969), pp. 485 – 486. (Most of the titles for the selections were chosen by the editor.)

　　① See Juan B. Justo, *Internacionalismo y patria* (Buenos Aires: Ed. La Vanguardia, 1933), pp. 26 – 27.

种变相辩解，以及对拉美民族问题的一种严重误读而给予最为严厉的批判。

将劳动人民从税收中解放出来是劳工民主组织（Workers' democracy）的另一个伟大任务。

政府把富人为维护其利益而应承当的必要赋税，当成公共支出，以税收的形式转嫁到民众肩上，从而增加了他们的生活与劳动负担。1907年，西班牙从民众头上征收了4亿比塞塔（西班牙加入欧元区前的货币——译者注）的消费税。其中，只有1.6亿真正按其用途进入了国库（Public treasury），其余的就被耗费在复杂的财政机构征税的工作过程中了。而阿根廷的关税极大地提高了工薪阶层日常生活所需购买的进口日用品的价格，从大米、食盐、糖、咖啡到纺织品和日常衣物，以及用来照明的燃油和盖屋顶的镀锌板。（由此可见），每增征一税皆意味着（民众的——译者注）实际收入的减少！（意味着）对民众工作所必需的劳动工具——从工匠的器具到裁缝的针线——增征赋税，对那些自食其力的人——从面包师到助产士——收费。在布宜诺斯艾利斯大都区（The province of Buenos Aires）①，难道不就是只向为市场提供（生鲜）产品的蔬菜园征收赋税，而不向富人的乡村别墅和公园征收赋税吗？新民主主义国家必须废除这些资产阶级国度用来压迫人民的可憎负担。

在布鲁塞尔全球总部庆祝"五一国际劳动节"的劳工党（Workers' party），无论其天然本质还是构想，都是国际主义的，不应该被工业民族主义和保护主义欺诈愚弄。因此，对我们（这些劳工党人——译者注）来说，依然在继续的贸易障碍就如同150年前在省与省之间设置贸易障碍一样愚昧。对于那些一旦失败就会伤及其雇员的公司，只要是其存续发展所需，我们都应给予鼎力支持。

劳工党用这一相同的准则去评判国家要求劳动阶级为了军事目的而奉献的时间与血汗。

———————————

① 布宜诺斯艾利斯（Buenos Aires，西班牙语意为"多新鲜的空气啊！"），阿根廷的首都和联邦区所在地，拉美第三大都会区，阿根廷最大城市。——译者注

国际劳工党联合会强化（巩固）世界和平。真实的国际（情形），就如同奥地利帝国一样，是一个充满种族、语言与宗教的永恒争斗的多元异质混合体，（但）伴随着社会民主的成长而被凝聚成为一个团结而稳定的共同体。它既不信任资本主义的军国主义行动，也不信任融入堕落、无能且走向没落的寡头统治的爱国主义精神。劳工民主组织只支持反对野蛮外敌的防御战争，以及向人们的理性行动开放物理和生物环境的新领域之战。（除此之外），在文明人之间，一切问题都要通过协商解决。因此，新政治组织（即劳工民主组织——译者注）坚持致力于减少战争开支（这仍然占了公共财政支出的一大份额），坚持致力于推进军事机构的民主化，并限制其加诸个人的强制义务。在法国，军营已经开始推行国民的专业训练、实习培训和公民教育。

富人和穷人 *

［智利］ 雷卡瓦伦

雷卡瓦伦（Luis Emilio Recabarren，1876—1924），跟胡安·胡斯托不同，他不仅例示了拉美大陆新诞生的社会主义运动的革命潮流，而且还是拉美第一位马克思主义思想家。但与其说雷卡瓦伦是一位理论家，毋宁说是一位颇具影响的教育家和宣传家。当然，他还是 1921 年建立的智利工人社会党（后改为共产党，1922 年成为第三国际智利支部）的创始人。1916 年至 1918 年间，雷卡瓦伦在阿根廷社会主义党内积极反对胡斯托引领的改良主义倾向，并且参与创建了国际社会主义党（后来的阿根廷共产党）。

下文节选自雷卡瓦伦 1910 年 9 月在智利独立 100 周年之际的一次演讲。它第一次尝试用马克思主义理论，从劳动人民的立场来分析西班牙殖民下的美洲解放进程及其结局。文本值得注意的是它所体现的阶级斗

---

* Luis Emilio Recabarren, "Ricos y pobres," September 3, 1910, in *Obras* (Havana: Ed. Casa de las Americas, 1976), pp. 74 – 76, 79 – 80.

志，以及拒绝接受资产阶级的爱国神话，但它缺乏反帝国主义的维度。

这篇演讲，写在所谓人民政治解放的第一个百年华诞之际，在此我将精确地分析这个国家的政治局势。

资产阶级总是通过为其代言的作家，一再向我们申言，"伟大人物铸就了我们的祖国（homeland）和自由"。他们试图将这句"箴言"镌刻在人民的心中，并让人民相信它关乎每个人。

但回想我走过的34年人生路，再检视我们的阶级袍泽（the members of my class），我自己却没能找到一个能够令我确信（convinces）我曾经拥有祖国和自由的事实（circumstance）……

我的祖国在哪儿？我的自由在哪儿？过去，当我在本该上学的孩童时期，却不得不去车间将我稚嫩的劳动力出卖给贪得无厌的资本家时，我的祖国和自由在哪儿呢？今天，当资本家干干净净地攫取了我辛劳创造的全部产品时，我的祖国和自由又在哪儿呢？

我相信，祖国意味着美满的家庭和令人满意的生活，也只有实现了这样的生活，自由才存在。生活在城市和乡村的广大民众拥有这样的生活吗？他们甚至还没有家！他们连家都没有！而任何一个没有家的人都没有自由。所有伟大的政治经济学创始人都肯定了这一原则："没有家的人没有自由！"谁能反驳我呢？

那些在战场上击败了西班牙殖民统治的独立英雄们，考虑过一丁点儿人民的自由吗？那些独立英雄们，逐鹿的是属于自己的国家，追求的是君主国的独立，他们为了自己而追求国家独立，却绝不是为了人民。

因此，所谓的庆祝人民政治解放！我认为是一个充满嘲讽意味的口号，或者说是一个充满反讽的笑话。这情形，就好像我们的资产阶级看到衣衫褴褛、生活无着、四处流浪的民众时，轻佻地赞一声"哦，独立自主的人儿！"一样讽刺。让这些独享国家财富的资产阶级来庆祝他们的政治解放吧！只有这样，看起来才更合理。

那些早已明白我们其实与这所谓的民族独立周年纪念毫无关系的人觉得，我们必须向人民解释这一天的真正重要意义。在我们看来，它只应被资产阶级纪念，因为1810年的这一天是他们奋起反抗西班牙人的殖民统治的日子，是他们征服并独享这片土地独立后所能获得的一切好处的日子。尽管这片土地从西班牙统治下获得了解放，人民、工人阶级，却一无所获，绝对一无所获地仍然生活在水深火热之中。一旦战争结束，独立得到巩固，我们所谓的国父们——在独立战争中曾带领来自乡村的普通士兵将西班牙人从这片土地上驱逐出去，他们的名字叫资产阶级——就希望福禄永享，罔顾无产阶级曾为他们取得了独立战争的胜利，他们竟不考虑给予无产阶级和资产阶级相同的自由，致使无产阶级依旧一如既往地生活在曾经的奴役状态之下……

正是这种卑鄙的精神和道德缺失致使资产阶级无能创建共和国——它是通过劳苦大众艰苦卓绝的努力而创生的。国父们本应以正直崇高的光辉显示他们无愧为一代伟人。但时至今日，对于我们来说，他们何其渺小！

直到 1823 年，即第一个宪法年之前，没有一条法律向人民展示他们的慷慨，或者承认人民的任何一项权利，抑或把人民当作值得尊重的社会成员。

在这里我们看到人民在革命岁月中失去了一切：它把管理这个星球的自然和社会财富的那部分权力赋予资产阶级，却将人民置于饱受磨难的痛苦深渊之中。

如果这一切都是真实的，人们在这个周年纪念日要庆祝什么呢？在资产阶级的驱策下，人们在这一天真正在做的是把钱花在滚滚的酒精饮料上，而资产阶级正是通过售卖这些酒精饮料将资金回笼到欲壑难填的金库里。

倘若在国家独立之初，人民都得不到应有的对待，那么今后的遭遇就可想而知了。人民被排除在第一次选举之外，我们甚或可以说，选举舞弊和政府干预与共和国一道诞生了。让我们看看保守党领袖伊拉拉萨瓦尔（M. J. Irarrázaval）在 1889 年 11 月 11 日参议院会议上讨论社区自治法时所说的：

我这里有政府干预的第一案例。我很遗憾，是奥希金斯（O'Higgins）开始这一系列的可耻行为。尽管这种干预还因愧疚而带着些许谦卑的礼貌气息，但他隐瞒了事实，以免任何方式的妥协而致其失去影响力。

伊拉拉萨瓦尔就奥希金斯让自己的一些朋友当选议员的那封信做出以上这番评论。但是，同一个伊拉拉萨瓦尔，曾经慷慨激昂地承诺代表人民的利益和权利的，在 1874 年 8 月 5 日的参议院关于"累积投票法"（The Law of Cumulative Voting）的辩论中却宣布："我向本次会议指出，我没有说或宣布任何少数民族都有代表权。"

伊拉拉萨瓦尔以此表明，他根本不在乎人民的利益。同时，他也不想为了护航"累积投票法"通过而宣布维护民众阶层的利益。即伊拉拉萨瓦尔支持"累积投票法"，以便让资产阶级的所有社会利益在国会里得到表达，而人民的利益根本不在其考虑之列。倘若这是从 1810 年至今，反复上演的事情，那么工人阶级根本没有理由为这个固定日子（智利国庆日——译者注）庆祝。

人民获得解放的美好日子尚未到来，大众阶层的日子仍然活得像奴隶：被薪酬链条拴在经济制度上，这是他们生活苦难之源；被贿赂、欺诈与暗箱操作绑架的政治，阻断了他们的参与和表达；被自己的无知与恶习之链捆绑在社会制度之上，致使他们无缘被看成我们社会的有益成员。

一个生活在被不公正、不道德的念头和组织化的社会犯罪控制下的老百姓，庆祝 9 月 18 日（智利国庆日——译者注）对他还有什么意义呢？当然是毫无意义的了！人们应该主动缺席，不应该参与这个刽子手和暴君为资产阶级庆祝的独立日，它既无法代表人民群众的集体独立，也不能代表个人的独立。

Ⅱ

"革命时期"代表性文献节选

列宁时期共产国际文献节选

（1921—1923）

    我在这儿节选的两份文件，是第三国际文件中最为有趣的。我不知道它们是谁起草的，也不知道有哪些拉丁美洲人参与了它们的编辑。将之拿来与20世纪30年代拉丁美洲共产党撰写的文本进行比较后，我们将探析拉丁美洲共产主义运动和国际共产主义运动中的取向、文风和问题域的复杂变化。

论美洲革命*

    这篇文本的中心思想是：革命的工农联盟反抗美帝国主义和当地的资产阶级。依照20世纪60年代卡斯特罗主义的夙愿，革命在美洲大陆蔓延的设想将在这儿实现。但另一方面，南北美洲工人统一的问题，相较于其在革命高潮时的美国工人运动中曾扮演过的重要角色来说，似乎"已不合时宜"了。

南美洲：北美帝国主义的殖民基础

    美帝国主义的野心是将整个世界纳入其掌握之中。但正如英帝国主义依赖于它的殖民体系一样，北美帝国主义的基础源于其对南美的剥削

---

    * "Sur la révolution en Amérique. Appel á la classe ouvrière de deux Amériques，" L'Internationale communiste，No. 15，January 1921，pp. 3311 –3314，3321 –3324.

和统治。

南美人民说自己拥有独立主权纯属自我愚弄。帝国主义时代，小国没有独立主权可言，只能被迫屈尊成为大国的附庸。北美帝国主义在经济领域通过商业和资本渗透征服南美人民，而在政治领域则屈之以门罗主义。（因此）这些民族何曾有过独立主权？美国政府有时直接通过武力，有时通过难以启齿的外交压力和血腥的阴谋（如在墨西哥），将这些国家纳入其掌控之下，而他们（南美诸国——译者注）的工业发展也就只能任由北美金融资本的摆布（at the mercy of）。

其实，南美是美国的殖民地，以及廉价劳动力和原材料的来源地，当然，还是巨大的利润神话的创生地。它广袤而尚未开发的疆域，似乎是专门为北美出口机械和资金而准备的，似乎是专门为北美的剥削敞开的一片新天地。

南美毫无悬念地沦落为美国的殖民地，并不是世界大战的必然结果。相反，它只不过是美国之前一系列处心积虑的行为所必然导致的结局。

虽然早在世界大战爆发之前，英国、德国和法国都曾是美国在拉丁美洲的强大竞争对手，但门罗主义却已成功地确保了美国（在南美）的政治霸权（以及因此而致的经济霸权）。

门罗主义的历史生动诠释了马基雅维利主义和资本主义的盗贼本质。

门罗主义，（作为）近百年前制定的（战略），虽然声称以保卫两个美洲（南美洲、北美洲——译者注），反对君主专制和欧洲殖民阴谋为宗旨，但它实际上反映了英、美两国之间的竞争。随后，它根据美国资本主义的发展需要不断得到补充发展，最终成为今日之所是——北美帝国主义用来称霸南美洲，反对其帝国主义竞争对手的一个有力武器（工具）。

五十年前，格兰特（Grant）总统给门罗主义拟出了一个帝国主义内容的粗略框架，克利夫兰（Cleveland）总统则在盎格鲁—美利坚争夺委内瑞拉控制权的过程中将之明晰化。到了孟浪（impetuous）的西奥多·罗斯福（Theodore Roosevelt）总统执政期间，门罗主义已成为北美帝国主义最为赤裸的表达。罗斯福总统之后，再经威尔逊（Wilson）总统的充实完善，门罗主义乃臻于完善。故今日之门罗主义更为确切的称谓应该是罗斯福—威尔逊主义。1913 年，威尔逊总统通过阐释门罗主义，宣布美国有权反对英国资本对墨西哥石油储备量的支配权。泛美主义虽然被看作是统一南北美洲人民民主政治的策略，但它本质上只不过是一种确保美国霸权的战略。恰在威尔逊总统捍卫门罗主义原则之时，美国副国务卿兰辛（Lansing）坦承，门罗主义是美国构思和维护其国家利益的产物。这难道不是帝国主义对民主联盟赤裸裸的否弃吗？

恰恰是打着门罗主义的旗号，美国废除了中美洲诸个共和国的独立主权，正是以此教义的名义，它们继续在尼加拉瓜、洪都拉斯、海地和多米尼加共和国保有一定规模的占领军，继续残害那些被废除了独立主权的小国人民（这些行动尤以威尔逊统治期间为烈）。美国依然以门罗主义为基，保持其在南美的经济和金融霸权。

战争（第一次世界大战——译者注）允许征用德国在南美洲的财产。从经济和金融的视角看，德国已经不能在中、南美洲市场上扮演任何角色。法国（的作用）也已跌落谷底，即便英格兰的重要性也已经下降到第二位，且已经没有夺回第一位的任何希望。南美洲的市场正在迅速落入美国之手。

南美人民铸就了北美帝国主义的基础。一方面，南美洲吸收了（北美帝国主义的——译者注）数量庞大的资本和机器（以及所有普通的冶金工业产品）；另一方面，美国获得了梦寐以求的南美异常丰富的原材料。

南美霸权对于美国的极端重要性，通过其对国际联盟（因其有充分理由废除门罗主义）的排斥，以及威尔逊总统急切要求泛美联盟永远不能通过公约（即国际联盟的公约——译者注）被废止或修改的命令中赤裸裸地暴露了出来。它这南美霸权也在巴拿马运河的政治角力中得到了展示（如同其争夺太平洋之主的斗争一样）。最近，美国计划收买和驻防靠近运河的一些加勒比群岛，这种举动暴露了美国图谋侵略的狼子野心；同时它向英国提议清算其国债，并以割让其在南美洲的利益的方式予以偿还的做法，也暴露了美国的政治取向（即图谋更大的南美霸权——译者注）。虽然美帝国主义还没有确立其在南美的经济霸主地位，但这已是其刻意为之的目标了。恰如从经济、金融与政治上将欧洲与德国连为一体，是德意志帝国主义珍视的目标一样，美帝国主义也追求将南美洲与美国锁定为一体，将两个美洲整合成一个单一的帝国主义集团。就如同中欧霸权充当着德国征服世界的基础和动力一样，相同的侵略意图担当起美国称霸两个美洲的基础。

一个地大物博、资源丰富、财富充盈的美洲帝国，将拥有比以往任何一个帝国都更加无限的权力（力量），它将成为一种征服和破坏的可怕力量。美国（力量）权力的发展（增强）对世界的安全、人民的自由、无产阶级的解放构成了最大威胁。

两个美洲的工人们，这是你们必须避免的威胁。

南美洲迫切的革命任务

在墨西哥、委内瑞拉，以及其他国家定期上演的革命不直接关心群众。但是，如果我们要有效地发动群众革命运动，表达无产阶级和贫苦农民的利益，就必须关心他们。只有这样的革命运动才能够将南美人民从本国剥削者的魔爪和北美的帝国主义的控制之中解放出来。

在南美洲，现在所谓"社会主义"只是一个可悲的改良主义混合物，一个狭隘的小资产阶级民主玩物，或者像在墨西哥那样是一小撮冒险家［难道不是奥布雷（Obregòn）及其"也是社会主义者"（"Socialists too"）的同盟？］半军事、半革命的运动。这种所谓的"社会主义"没有做任何有益于发展群众革命运动的事情，而且还可耻地背叛了人民群众的利益。因此，去质疑这种"社会主义"，摧毁其影响力，将具有革命性质的社会主义分子吸纳进共产主义（队伍）是一项紧迫而重要的革命任务。

在这项任务中，当务之急是要在南美诸国组建一个自觉的、坚定的、目标清晰的共产党。这个党的创生未必需要强大的力量，它只需要一个清晰而确切的计划，毫不动摇的革命信念与革命策略，以及无情打击那些误导和背叛人民群众之徒（的斗争精神）。它必须设计出一个忠诚于革命的行动规划，完全将自己奉献给群众运动，坚忍不拔地沿着宽阔的道路将革命进行到底。

革命的清醒与忠诚，只有通过与共产党的合作才能被引介到南美的（群众）运动之中。只有以这样的方式，南美群众运动才能将自己同共产国际与美国的革命运动统一起来，并在世界革命队伍中找到自己合法的位置。

土地问题是首要的（革命）课题。因为农业在南美洲依然居于首要地位（即便在阿根廷这一在资本主义看来最为发展的国家，产业工人也只有40万，与其800万总人口来比，也还很少）。

在令人发指的盘剥与奴役的重轭下，作为军事冒险的最佳炮灰，农民的生活暗无天日。墨西哥农民的经验既悲哀又典型。农民曾经起而革命，并取得了革命的胜利，但却眼睁睁地看着资本家、剥削者、政治冒险家和"社会主义"鼓吹者窃取了胜利果实。被压迫和愚弄的农民应该立即采取革命行动，建立革命组织。他们应该接受这样的教训：若不与反抗资本主义的无产阶级结盟，谁也无法获得解放。

共产党应该带着能够动员农民反抗大地主和资本主义的现实方案，而不是公式化的抽象理论，走到他们之中去。贫苦农民和工人阶级的革命联盟是不可或缺的；只有无产阶级革命才能打烂资产阶级政权，解放农民；只有通过土地革命才能粉碎反革命复辟，保卫无产阶级革命。

在南美洲，部队官兵主要由贫苦农民组成，因而是比较有益于我们革命的助力（agitation），这一助力必须通过联合士兵、工人和农民参与反抗地主、资本家和政府的活动中被系统地组织起来。

那些未能组织起大批量工业企业（像在美国一样）的工会，尽管也是倾向革命的，但这些工会的领导却往往是叛徒。墨西哥就有一个典型案例，在那儿（工会领导）摩罗内斯之流（Morones and his ilk）不仅盘剥工人，而且还利用工会组织来谋求个人的私利。我们必须唾弃这些领导，并将工会组织从这些敲诈勒索者的反动影响下解放出来。我们必须摧毁美国劳工联合会，其领导人是反革命分子；我们必须在美国和南美洲抵制美国劳工联合会（AFL），并重建阶级斗争的工会，同时立即加入动员全世界工会起来反抗帝国主义、参与世界革命的红色国际工会和共产国际。

每个工会都应该创建一个共产党核心。而且在积极团结、整合工人的同时，应该与有觉悟的政治运动携手进军。与共产国际和当地共产党携起手来，加入工会组织的工人们将重获新生，成为美洲革命的强大力量。

在实施上述所有措施的同时，作为题中应有之义，我们必须清除其工团主义方面的南美（群众）运动。工团主义（特别是其无产阶级样式）（虽）反映了革命的愿望，但缺乏将之付诸现实的途径与措施的必要知识。对于工团主义，革命党人在去其糟粕的同时，也要取其精华。世界革命的理论和方案源自马克思主义，而非工团主义。工团主义是政治反动的政党。共产主义分子是工团主义中清洗了小资产阶级无政府主义，并明确与真正无产阶级革命斗争的劳动群众连为一体的，具有现实想法的"少数觉醒者"。工团主义分子是议会政治的反对者。社会党的议会政治则是对工人阶级和革命的一种背叛。与此相反，共产党的议会政治建基于这样的革命体认，即只要我们还没有组织起横扫议会的群众运动，我们就必须利用一切手段，甚至议会论坛。工团主义分子是无产阶级专政的反对者。但生活本身给出了无产阶级专政的必要性证明；拒绝无产阶级专政意味着拒绝革命。以上所述来自生活与革命经验的这些问题，不可辩驳地要求民众用共产主义理论与行动予以解决。

南美革命运动的团结将通过与美国革命运动的联合而得以完成。这是个生死攸关的问题。美国应立即撤销对南美任何国家无产阶级和贫苦农民革命的武装干涉。作为一个结果，这势必要求美国无产阶级进行革命介入。这样的运动必将蔓延到南美洲的其他国家，成为通往美洲革命道路的一个步骤。

我们国家的革命和美国无产阶级的革命：这是南美无产阶级和贫苦农民的革命口号。

俄国无产阶级革命的政治经验具有国际意义。它例示了无产阶级权力斗争的形式：群众运动、工人委员会和无产阶级专政。共产国际既是这种经验的表达，亦是其直接成果。

两个美洲的劳动者将要学会如何将这些经验应用于他们自己的斗争。他们的革命气节和经验会教会他们本能地将理论应用到实践，将实践上升为理论。

资本主义的崩溃和世界革命的到来是我们时代的决定性事件，他们（南北美洲的工人——译者注）必须对无产阶级国际斗争的形式和目标做出决断。

两个美洲的劳动者联合起来！共产国际号召你们行动！

世界革命万岁！

共产国际执行委员会

致南美洲工人和农民^①

此文件公开发表于 1923 年初，是 1922 年 11 月共产国际第四次代表大会通过的一项决议，这可能是第三国际专门针对拉丁美洲劳动者颁布的第一份文件。

这份文件坚持认为，首先，拉丁美洲当权者与美帝国主义的亲密联盟，必然促成拉丁美洲反帝国主义与反资产阶级斗争的战略联盟。另外，在 1921 年的文本中，只有工人阶级和农民被看成是革命阶级。

同志们：

共产国际第四次代表大会，在纪念俄国革命五周年之际于莫斯科召开了，会议号召南美所有工人和农民为阶级斗争做好准备，并支持全世界无产阶级的革命行动。

美利坚合众国的角色

欧洲战争代表着资本主义最后危机的爆发。国际资产阶级之间的矛盾导致了有史以来最可怕的屠杀，而这仅仅只是为了在两个帝国主义集团之间决出哪个集团能够强加其霸权这一目的。数以百万计的无产阶级为了资本帝国主义的利益战死沙场，而试图解决这一严重危机必然导致其破产。

---

① "Aux ouvriers et paysans de l'Amérique du Sud," *La Correspondance internationale*, n. 2, January 20, 1923, pp. 26 – 27. Cf. "To the Workers and Peasants of South America," *Inprekorr* (Berlin), v. 3, n. 9, January 23, 1923, p. 74.

战争不可能解决这场危机。欧洲资本主义内部的危机与日俱增，且与此同时，阶级斗争亦愈演愈烈。凡尔赛条约是冲突的新根源。广大无产阶级群众逐渐认识到，只有革命能够消灭资本主义之间的对抗。今天，我们见证了令人难以置信的压制，以及资产阶级无情进攻所导致的国家危机。

在战争期间，只有北美帝国主义增强了它的实力。美国是目前实力最为强大的帝国主义。但是，这场战争却在帝国主义之间播下了产生新争斗的种子。英、美、日之间的对抗，再次威胁着世界和平。美帝国主义正在成长，正在为未来冲突积蓄力量，广大劳动群众必将为此再次流血牺牲。美国已经成为与无产阶级对抗的国际反动资产阶级中心。

美帝国主义的扩展

美帝国主义正在尝试将其影响力扩展到世界各地。在亚洲、非洲，以及太平洋沿岸，它正在搜寻能够开发的新疆域。美帝国主义以某种隐蔽的经济形式或公开的政治手段，首先在拉丁美洲树立并维护其统治。在南美洲，它为出口谋求一个安全的市场，而欧洲资本主义却因其社会基础的腐蚀，对此已无能为力。

门罗主义能够确保北美帝国主义对拉丁美洲的经济征服。北美资本通过在工业、商业、金融业的贷款投资，以及铁路和航运的特许经营、油田收购——美国经济渗透的这些形式多样的扩展——展示了北美资本主义希望如何将南美转化成其工业强国的基础。

经济保护措施亦导致各国资产阶级介入中美洲、巴拿马、哥伦比亚、委内瑞拉和秘鲁的帝国主义斗争。美洲所有资产阶级都是通过吁请"国际警察集合会"（international police congresses，指充当国际警察的美国国会——译者注）来奠定其反对无产阶级的基础的。当南美工人反对美国资本主义的犯罪行为时，如在萨科和万泽蒂的诉讼过程中，统治阶级镇压了那些游行示威的无产阶级，不仅暴露了他们的自私自利，还向北方帝国主义表达了忠顺。资产阶级的泛美联盟俨然成为事实，维护阶级特权和高压统治是它的目标。

南美无产阶级的责任

南美洲的工人农民们！资本帝国主义将把在欧洲导致最血腥战争并引起欧洲人民极大反抗的（同样的）国际对抗强加给你们的国家。是时候去团结无产阶级的革命力量了，因为所有的美洲资本家正在联合起来反对劳工阶级。

同志们，南美工人和农民依然缺乏阶级斗争的组织纪律性和必要的统一行动。你们的统治阶级在美国强大武力的支持下，榨取你们的血汗，压制你们的解放，镇压你们被鱼肉的袍泽的任何革命运动。

工人农民们！共产国际号召你们，不要忘了美国共产党随时准备帮助你们的革命斗争。美洲工人阶级反对美洲资本家联盟的斗争，是反对剥削阶级的共同斗争的一个必不可少的环节。这是通向自我救赎的唯一道路。倘若你们仍对资本家日益加剧的剥削无动于衷，那么，俄国革命向国际资本主义发起的激烈斗争的英雄事迹，将有助你理解等待的命运。世界范围内的高级别的工业与金融对抗正在你们国内加剧。世界性的帝国主义冲突的威胁不仅将拖累他们，也拖累你们，甚至将（把所有人送）进屠宰场。

同志们，请用无产阶级的团结反抗资产阶级的进攻。组织起来，以你们的实际行动加入美洲工人和农民，乃至全世界所有国家的（革命）行动中去。反抗你们自己的资产阶级，必将反抗美帝国主义，（因为）它体现了资本主义的最高阶段。团结在俄国革命旗帜周围，它奠定了世界无产阶级革命的基础。你们应该像俄国革命一样，把任何一个战斗设想转变成劳工阶级反抗资产阶级的公开斗争。同样，把反对帝国主义的行动进行到底，为将要摧毁整个美洲的资产阶级专政（而到来）的无产阶级专政做好准备。如果你们仍然组织混乱，一盘散沙，那么，美洲资产阶级将会吃掉你们，浇灭你们的活力，通过荡平你们过去的成就并征服你们来强化资本主义剥削。反抗你们自己的资产阶级的斗争必将逐渐成为反对世界帝国主义的斗争和反抗一切剥削及其剥削者的战斗。

同志们！组织起来！壮大你们的共产党，在还没有共产党的地方创建它。以你们的实际行动加入美洲所有的共产党。将无产阶级斗争整合进红色国际工会，在全美洲创建共产国际和红色国际工会组织。

　　红色国际工会万岁！共产国际万岁！苏联万岁！美洲和世界无产阶级革命万岁！

十月革命影响时期的文献节选

俄国革命与智利劳动者[*]

［智利］ 雷卡瓦伦

时近 1922 年年关，雷卡瓦伦动身去莫斯科参加共产国际第四次代表大会和红色国际工会第二次大会。1923 年返回智利后，他出版了《俄罗斯的工农》一书，其中含有此次苏联之旅，以及列宁和托洛茨基的有关内容。在下面的节选内容里，他在体验苏联工人阶级力量的光芒中批评了智利资本主义民主。本文阐述了十月革命的方式被拉丁美洲最激进的工人运动接受，并代表了马克思主义对拉丁美洲资产阶级议会政治进行分析的早期尝试。

认为俄罗斯仍未建立起一个共产主义政权的意见，既不严肃，也完全没有理性。任何认真读过托洛茨基报告的人都明白，在资本主义政权废墟上建立一个劳工国家意味着什么。（这里所说的）资产阶级政权消失于曾困扰人类、席卷全世界的最伟大战争——从 1914 年至 1918 年席卷全世界的欧洲战争。在战争期间，资本主义政权创造了一座（压垮自己）的大山，并且直到 1922 年为止，资产阶级反革命一直为重新夺回权力而战斗。然后，全然不顾所有由战争、反革命、饥饿、人民缺少

＊ Luis Emilio Recabarren, "La Rusia obrera y campesina," 1923, in *Obras escogidas* (Santiago: Ed. Recabarren, 1965), vo. 1, pp. 182 – 185.

文化，以及来自其他国家工人阶级合作的渴望所导致的困难——全然不顾所有这些，工农的俄罗斯正在一路胜利向前，苗壮成长。

罔顾旧政权遗留下来的那些破坏和混乱问题，以及外国资本主义制造的新问题，乃至在此书中找到的其他问题，而要求共产党迅速建立一个新政权，（这样的要求只能）表明读者是多么的不近情理。（因为）拒绝相信和承认这些问题，就是否认现实（reality）。

我们已经例示，一旦全体劳动人民能够选择和撤销（国家）权力的各个组成部门，他们就是国家权力的源泉。如果选举就在工作的地方举行，且苏维埃会议的委员是在真正的会议上被选举出来的，那么，这些选举就与其他国家的选举完全不同。它是真的——这是一个活生生的现实——即人民选举自己的管理者。在俄罗斯，人民有了真正的选举权。

在智利，我们没有选举权。开放选民登记的时候，公民们皆被所谓有影响力的政治家推荐烦得不堪其扰。（而且）选民登记是在最大纳税人心血来潮时，在绝大多数公民工作的时间段里完成的。尽管，有人反对作为大庄园租客而存在的大量选民登记，事实上只是对城市选民的虚假情报的一种平衡。但是城市里确实存在买卖选举权（的现象），缺席和死亡选民的签名是伪造的，而且是根据资产阶级政治领导们的需要来篡改伪造的。

这些在智利已是一个习以为常而不可否认的事实。这些行为取消了法律赋予我们的权利，并且使任何关于权利和自由的话语成了谎言。（因而）说智利是一个建立了民主制度传统的国度，恰恰就是一个谎言。智利目前没有民主。政府被组建起来专为大资本家的利益服务，从未以任何方式考虑过其他国民的利益。任何人，只要真诚地检视政府的行为，就不得不承认这就是现实。

为了欺骗人民，他们说："难道劳工民主党是联合执政者不是真的？"我们问："劳工民主党和谁执政？"每个人都知道，劳工民主党要么在国内大资本家授意下执政，要么与资本家的代理人一起执政。立法既然在这些大资本家的公司里进行，他们必定要为自己的特殊利益服务。因而他们必然会背叛劳工阶级的利益，因为一国政府不可能同时为这两种（对立的）利益服务。这是真理。

较为聪明的那些资本家会让民主党人进入国会，甚至进入政府，但这是以只能为资产阶级利益服务为条件的。但将民主党人带入政府，却助长了（劳动）人民的幻想，即他们也会承诺有一天通过改良（使劳动人民）走上这条道路。因此，劳动人民收起武器、不再斗争，静等这些承诺的履行，而资产阶级则继续平安无事地压迫和剥削劳动人民。

这就是民主取得的成就：它让劳工阶级怀揣甜美而动听的故事进入梦乡。

民主就像一个资本主义剥削者，为了安抚人民的愤怒，误导（转移）其注意力，而用来蛊惑和愚弄他们的玩偶。从民主党进入政府以来，在这个国家，有什么弊端得到根除吗？……国家警察的专横与滥用停止了吗？股票支付劳工薪资的制度和禁止矿产业的自由贸易办到了吗？对有组织的劳工的诽谤审讯停止了吗？对劳工新闻界和劳工联盟的迫害终止了吗？那些侵害（人权）的法律——反对周末工作的法律，关于工伤事故的法律，以及抑制酗酒的法律——都被废除了吗？

我们最想知道的是：民主党在与资产阶级的合作交易中到底出卖了什么？他们为少数几个朋友谋求到了一些工作，并且获得了自我满足的权力虚荣——其实，他们（的这种权力）仅仅只是为资本家的利益服务，而不可能为那些劳动人民服务。

俄罗斯的劳动人民从来不相信民主的谎言，他们直接走向更快（短）更安全（shorter and more secure）的革命道路。这使他们取得了我们今天正在庆祝的胜利。

十月革命与阿根廷的知识分子[*]

阿尼巴尔·庞塞

阿尼巴尔·庞塞（Aníbal Ponce，1898—1938），阿根廷马克思主义思

---

[*]　Aníbal Ponce, José Ingenieros, su vida y su obra, 1926, in Obra Completas（Buenos Aires: Ed. Héctor Matera, 1957），pp. 83 – 90.

想家，著名的社会学家何塞·印吉尼尔洛斯（José Ingenieros）的弟子。布宜诺斯艾利斯大学的心理学教授，有多部颇具原创性和理论深度的社会学著作面世，其中最为知名的是《资产阶级和无产阶级的人道主义》（1935），1936 年曾因被指控进行"颠覆统治体制和社会秩序的共产主义宣传"而被阿根廷政府解除教席。下面的文字节选自他撰写的《何塞·印吉尼尔洛斯传》，它描写了第一次世界大战后异见知识分子群体的氛围，即使在布尔什维克"最高纲领"（maximalism）和无政府工团主义之间的区别还很不明朗之际，也对十月革命表现出了很大的热情。

一场始于旨在反抗过时落伍之学校的大学改革运动，迅速演变为真正的学生革命（1918 年 5 月）。新生代步入（社会）生活，大声宣布他们渴望革新的躁动。而此时，整个国家都将注意力转移到其他事情上，害怕回应他们的热情与活力。随着激情被冒险的政客和媒体激发，科尔多瓦的青年学生引发了保守堡垒最强悍的反击风暴。

同时，国家明显的中立性无法阻止遥远的悲剧触动我们。敌对的派别之间用相互仇恨以及将家庭、学校和党派卷入其中的战争来毒害精神。资产阶级新闻界的谎言、英国新闻代理机构的宣传、我们永远爱戴的法兰西，以及威尔逊总统浅白的理想主义——所有这些似乎都把保卫革命理想的任务赋予了盟军。

而晚近孤立的声音来自罗曼·罗兰（Romain Rolland）、巴比塞（Barbusse）、弗兰克（Frank）、拉兹科（Latzko）。他们目光如炬，言辞饱含深情，这些先知们当头棒喝地向我们揭露那些狡诈谎言的丑恶——不是为了权利或正义的战争：一边是企业家，另一边也是企业家；焦炭和钢铁 vs. 煤炭和石油。数百万穷人像牲畜一样死去，而另一些人却获得了荣耀与尊严，以及成百倍增长的财富。

不过，谁都没有意识到，我们二十岁的心脏在这决定性的历史时刻如何跳动。这几年，在混乱和不确定性中，我们生活得很亢奋。我们如饥似渴地打探来自远方的消息。是的，我们确定无疑地知道封建社会已经坠入地狱，在被打碎了的世界废墟上，未来的城市正在规划设计之中。作为一个具有多重意蕴的伟大丰碑，一堆炽热的烈焰（篝火），（犹如闪电）带着无声的惊雷，正从遥远的俄国传来。这是多么令人震撼和目眩的事件！它如此深刻地撼动了世界理论的解释框架，以至于，对于我们来说，它如此巨大地拓展了可能性的疆域。恰如弥尔顿（Milton）诗歌所写的那样，我们在午夜里，看到了破晓的曙光。

但是，在这嘈杂喧嚣之中，我们如何能够听到为我们指引道路的声音？谁又将肩负起为我们保驾护航的重任呢？轮到他们（政客和知识分子——译者注）登场了，然而我们却目睹这个庄严时刻的不屑场面：职业政客们缩身阴暗之中，国家知识分子缄口不言。恐慌无处不在——言不由衷的恐慌总是背叛遭受屈辱的故国家园，这种恐慌马上会在《大搜集》（Great Collection）里读到它的滑稽描述，在《一周刊》（January Week）里看到其悲催（tragic）的面庞。

只有一个人将要（敢于）发言，我们的眼睛转向他。在那个值得纪念的会议的晚上（1918 年 11 月 22 日），成千上万的学生和工人温暖了新剧院礼堂里参会的观众，就好像激烈的愿望通过每一位观众发出了强烈的共鸣。何塞·英杰聂若斯（José Ingenieros）最后赶到了会场，带着他一贯简单而真诚的步调走向舞台，就好像它就是他的讲坛一样。凭借渊博的学识，他扼要勾勒了战前的革命图景，及其明确的迹象：政治变革、劳动立法、伦理观念再造。出现在车间、学校、议会里，以及路障上的诸多迹象预示着决定性危机的紧迫性。所有人都已经意识到，欧洲最大的资本主义国家之间的战争即将来临，而作为其逻辑必然，左翼最根本的诉求必将获得确定无疑的胜利。但是，全世界将鲜有能够逃脱伴随"大战"而来的集体疯狂。战争的迷雾扑朔迷离。大多数国家都在卷入其中忙于选边站，仿佛战争的真正结束取决于武装胜利似的。直到 1918 年初，一个决定性的转变才在俄罗斯发生。俄国苏维埃第五次全国代表大会通过了一部新宪法，为获得解放的人民，以及政治权力的哲学基础开创了新篇章——赋予共和政府崭新、国有化生产工具、消灭游手好闲的寄生阶级。尽管那些自私自利的政府发出的谎话连篇的电报充斥世界，但何塞·英杰聂若斯仍坚称，俄国暴力革命者代表了战前所想象的社会革命的真正含义，因而它代表了雷克吕斯（Reclus）垂死之眼中的一线希望。

在不可避免的误解、早期措施中的明显矛盾，甚或是极端的宗派主义和恐怖手段（等因素）的干扰下，可能会（对俄国革命——译者注）做出困乏或恐怖的判断。但对于那些不拘泥于小节，而是从大处着眼，具有全景式历史视角的人来说，俄罗斯革命标志着正义社会降临人间，让我们做好迎接它的准备，让我们在集体的灵魂深处树立起这种新志向的清晰意识。"而这种新意识，"何塞·英杰聂若斯总结道，"只能在一部分社会中树立起来——在年轻人中，在创新者中，在受压迫者中，在每个村社有思想、有生气的少数民族（minority）中，并且仅仅在那些能够理解和创造未来的人中。"

那天晚上，何塞·英杰聂若斯赢得了我们无与伦比的爱戴（dearer）。

拉美马克思主义伟大先驱的文献节选

古巴的阶级战争 [*]

胡里奥·安东尼奥·梅里亚

胡里奥·安东尼奥·梅里亚（Julio Antonio Mella，1903—1929），古巴共产党创始人。他是最早分析了帝国主义统治美洲大陆诸国的现象，并据此为劳工运动制定了相应战略的拉美马克思主义先驱之一。他的古巴革命后的著作《发现》（discovered），体现了非凡的坚强意志和毫不妥协的革命志向。下面这篇1925年的文献涉及（古巴）独裁统治者马查多（Machado）的特务对几位工人领袖和激进分子的暗杀事件。这个时期的特征是：在共产党人的心目中，反对帝国主义的斗争和阶级斗争是紧密相连的。

这本小册子是对我们的独裁暴君及其主子（美帝国主义）血腥进攻的反击。谨以此文向那些为了捍卫自由而甘愿献出生命的古巴革命脊梁（cadre）致以崇高的敬意，向那些勇敢直面独裁暴君血腥进攻的工人、农民，以及部分学生和知识分子致以崇高的敬意。这是悼念牺牲者的丰碑。对于那些尚未死去，仍在斗争的人来说，这是给予那些尚未牺牲，仍在战斗和复仇的袍泽的一个鼓舞。

---

* Julio Antonio Mella, "Elgrito de Jos mártires," 1926, in Hombers de larevolución：Julio Antonio Mella（Havana：Ed. Imprenta Universitaria, 1971），pp. 17 - 24.

— 27 —

（噩耗）一个接一个，多得已经毫无指望，以至于听到再多的死亡，我们已经没了感觉。作为身在战场的士兵，我们知道牺牲的名单与日俱增（长）。我们已经失去了人性。仇恨支配着我们的手——渴望变为利爪的手；复仇伴随着逐渐增长的疯狂充斥我们的目光——渴望死亡杀机的目光。所有这一切可能杀死了那些依旧还生活在被压迫境地的人们。

我们没有祖国，我们只有阶级敌人。

阶级战争已经爆发——野蛮、残暴、血腥。抚平恐惧与尖叫！讥笑哭泣的懦夫！惩治拒绝战斗的猥琐者！赞美勇敢站出来的先锋。不要（耽于迂阔的）理论争论和愚蠢的拜占庭主义（Byzantinism，这里意指繁文缛节——译者注），让行动以其犀利的言辞说话。

阶级英烈引导和鼓舞着我们的勇气。牺牲在 1871 年公社沟壑中的英灵的呼喊声、1905 年烈士们的呼声、被沙俄独裁者掩埋在冰雪下面的牺牲者的呐喊声、1917 年暴动传遍全世界的激越之音：这是我们自豪的斗争进行曲。那些为了独立斗争而撇下工作毅然走入丛林的英雄们，那些在共和国初期的第一个总罢工中被杀害的先烈们，那些在古巴帝国主义非法迅猛工业化期间慨然赴死的无产阶级史诗中的英雄：就是他们，开山祖师！先锋！迪亚斯·布兰科（Díaz Blanw），你将你的鲜血喷洒在哈瓦那的临时路障上。你倒下了，被我们同样剥削的兄弟——麻木地为我们共同的主子们，即帝国主义、资本主义及其独裁暴君服务的凶手——射杀了。你，无产阶级的革命家，是我们的先锋。你流过哈瓦那街头的鲜血，书就了带血的信笺，劳工们无论走向监狱还是回家都在饱含深情地将它阅读。它的全部内容是："正义！正义！正义！"

瓦罗纳（Varona），各位战友，谁能够预料得到你们的悲惨结局？伟大的领导者，心灵与精神的巨人，你们生来就是无产阶级的先锋队。战神一样伟大，连死神也畏惧你们。你们（令反动者——译者注）不得安宁的言辞，诸如在古巴乡村的斗争，象征着一个新纪元的先声。你们在糖厂领导的充满力量的罢工，给那些渴望新政府的无产阶级以希望。古巴的年青一代，古巴的红军，向你们致以问候。随着时间的流逝，无产阶级必得毁灭所有社会的暴政，你们必将成为先知。

你们作为一场奸邪谋杀的牺牲品，总统府派来的残暴帮凶准确无误地找到并杀害了你们。官方法庭用仅存的一丝正直为你反驳了恐怖分子的无端指控。但是，之后哪个暴君能凭个人"正义"原谅你？对他（对暴君个人而言——译者注），你们死得其所；你们是饱受压迫的劳动者，你们代表阶级袍泽的利益为反抗境外帝国主义而斗争，独裁暴君永远不会原谅（你们）这种"罪行"。

你倒下时脱口而出的呐喊，依然回荡在古巴无产阶级的耳畔："复仇！复仇！复仇！"

库克亚特（Cuxart），卑微而不幸的工人，你对阶级战争一无所知，你对富人及其残暴的爪牙施加于我们的暴政毫无恨意。你活得快乐，"因为你尽职尽责"，你按部就班地工作，仅此而已……谁又能猜得到你会成为这些无法无天的哈巴狗的（攻击）对象呢？

我们（国家）的领导人，是集权的，戏剧化的，他既是演员，亦是暴君，他安全地处在自我陶醉之中，一个个"阴谋"和"罪状"被捏造出来。你，不幸的工人，成了这场闹剧的玩物。然而炮制出所谓"袭击闹剧"的"怪物"，却得到了新闻界大肆宣扬的褒奖，获得了升迁，以及其他奖励。

虽然你是囚犯，也是我们的一个兄弟，作为替独裁者卖命的士兵，却被（当局）以《叛逃法》（the Law on Fugitives）课以刑罚。这是多么的讽刺啊！

库克亚特同志！你倒下了，但暗杀你的士兵却被可怕的噩梦折磨。每个夜晚，他都看到你的身影像拉卡巴纳（La Cabaña）纪念墙上的幽灵一样出现。他看到你的面容浮现在那些烈士中间，那些掩映在桂冠之中，为捍卫古巴的独立，抗击西班牙老宗主的独裁统治（而牺牲）的烈士中间。这个愚蒙的士兵为此忧心忡忡。尽管他不明白，为什么你的面容与革命烈士同在；他不知道杀一个"卑贱如狗的工人"是一种犯罪行为；但是他召集了他的朋友，并告诉他们自己的噩梦。

［被马查多的独裁暴政压迫着的，古巴的士兵、工人和农民们，你们什么时候才能像被沙皇独裁暴政压迫着的俄国（工农）一样懂得，你们是兄弟，你们有着共同的上司，你们共属一个阶级，而且工厂、田野和政权都是你们自己的？工人和农民创造了财富，你和士兵供养着剥削者

和国内外资产阶级。你们什么时候才能明白，寄生在你们身上的官吏只是为美国人的种植园和铁路公司老板服务的工具，并且他们还一起鱼肉你、士兵、你的兄弟，以及工人和农民。]

深夜，在离美国缅因号沉船不远的海边（缅因号沉没于哈瓦那港——译者注），一小队武装分子将宣誓一个夺取古巴的冒险行为，士兵们聚拢过去倾听。尽管他们无法理解这些（一小队）幽灵们的行为，但士兵们却听到了他们发自肺腑而整齐划一的呐喊声："造反！造反！造反！"

格兰特（Grant），尽管你的祖国是无所不能的美国人的家园，但却没有什么能够拯救你。在这个国家（即美国——译者注），就像在古巴和其他许多国家一样，不会仅仅因为你在其领地出生而让你成为其公民（而享有公民权利——译者注）。只有那些作为征服者来到古巴，即通过大使馆发布命令保护其利益的富人，才是美利坚合众国的公民。你只是一个工人，一个战士，所以你得不到你的政府的保护。一点也不（难理解）！这件事发生在那个史诗般的，伴随着死亡、伤害和失踪，长达一个月的铁路罢工之后。一天晚上，一个被资产阶级报纸称为"不明身份的人"，用一支冰冷的左轮手枪抵住了你的胸膛。子弹结束了你的生命，我们的事业又多了一位先烈。

北美的工人，或许，你诡异地死于帝国主义企业间谍之手——间谍可能像公司雇用的保卫一样，容易成为士兵——唤醒了林肯的国度。他们或许明白了，通过华尔街统治世界的金融寡头是美国人民最为恶劣的敌人。

在卡马圭（Camagüey），从你尸体旁走过的数千同志，都听到你汩汩流血的伤口正在发出充满救赎的呐喊："打倒帝国主义！"

洛佩兹（Lopez），伟大的战士，面对你我无语凝噎！作为这些词句的作者现在感觉自己就像是一个孤儿。作为一个参与抗争的新手，通过你的榜样，在你的行为中，获得了自己的体验。

哦，你的无产阶级话语，你的团结工作，你的组织才能！尽管哈瓦那劳工联合会、全国劳工联盟、卡马圭和西恩富戈斯的代表会（the Congress of Camagüey and Cienfuegos）都是阶级斗争的强有力组织机构，但是你，斗士，却是它们的灵魂。尽管你已经离我们而去（disappearance），但你依然是古巴无产阶级的导师。

（导师，向你献上的敬重，既不是眼泪，也不是这些词句，即必不可能是文学，而是革命行动。我向你献上的是：我郑重承诺，沿着你的道路，继续你未竟的事业，并且与新一代无产阶级团结协作，努力超越老一辈的斗争。）

没有人知道你的确切下落。我们革命者能选择我们的死亡方式吗？不管敌人的子弹何时找上我们，我们都要死得像战士。你是被劫持了吗？那还活着吗？倘如此，你必将带着更加饱满的激情重新回到斗争的战场。你被谋杀了吗？倘如此，正如圣如斯特（Saint-Just）在一个世纪之前说过的那样："对于革命家来说，没有比坟墓更好的休憩之地了。"

导师、兄弟、同志，你的壮举是纪念你的无声的丰碑。当我们的胜利时刻来临，我们——被压迫阶级，将在你开启的道路上取得丰厚的胜利果实。在资产阶级的城市里，必然没有以你的名字命名的街道，公园里也不可能有你的塑像。但是，每个无产者都必将记得你创立的组织，这就是纪念你的最好的丰碑。

我们向你致敬，斗士！你给我们留下的组织就是我们的红色军营。用不了多久，他们将会发出反对全天下的暴君、帝国主义、民族资本及其盟友的怒吼："要攻击！攻击！攻击！"

你们，还活着的同志们（请原谅，假如我没点你的名字，就意味着你还没被独裁暴君的怒目凶光击中），受迫害的同志们，像我们一样在斗争中随时准备牺牲的全体同仁，让我们一起呐喊唯一的一个词："前进！"

无产阶级和民族解放[*]

胡里奥·安东尼奥·梅里亚

梅里亚也是第一批分析和批判民粹的民族主义（Populist Nationalism）

---

[*] Julio Antonio Mella, "La lucha revolucionaria contra el imperialismo," 1928, in *Hombres de la revolución: Julio Antonio Mella* (Havana: Ed, lmprenta Universitaria, 1971), pp. 76–78.

的拉丁美洲马克思主义者之一。这篇文献节选自梅里亚于 1928 年在墨西哥出版的，旨在反驳阿亚·德拉托雷（Haya de la Torre）的阿普拉（APRA，即 American popular revolutionary alliance，美洲人民革命联盟）的小册子。

梅里亚在不排除战术支援资产阶级民族主义运动的前提下，坚决认为美洲大陆的民族资产阶级和帝国主义之间具有同谋关系，并且坚决主张阶级矛盾是首要的。

梅里亚这篇论文源于对无产阶级将拉美从帝国主义统治下解放出来的历史任务的思考，具有早期拉丁美洲共产主义的性质。

共产党人将有助于民族解放运动，他们在墨西哥、尼加拉瓜等国的所作所为就是铭证，尽管他们具有资产阶级民主革命性质。但只要有利于解放和革命事业，没谁会否定与资产阶级民主革命合作的必要性。列宁在共产国际第二次代表大会上就曾建议说："共产国际只要在这个条件之下，即当一切落后国家中未来无产阶级政党（不仅是名义上的共产党）分子组织起来，并且认识到同本国资产阶级民主运动作斗争这些特别任务的时候，就应当援助这些殖民地和落后国家的资产阶级民主运动。共产国际应当同殖民地和落后国家的资产阶级民主派结成临时联盟，但是不要同他们混为一谈，甚至当无产阶级运动还处在萌芽状态时，也绝对要保持这一运动的独立形式。"①

这就是由最忠诚于马克思，且最具实践精神的阐释者列宁明确提出来的，我们的马克思主义统一战线。阿普拉党（The Apristas）尚未证明他们能够更好地理解马克思，尽管他们企图让我们觉得他们理解得更好。

这不仅仅是个"理论"，而且是我们生活其间的美洲的现实。

墨西哥共产党始终支持革命的资产阶级为了自由、民主而反抗帝国主义及其盟友——天主教神职人员和反动而阴险的职业军人——的斗争。

---

① V. I. Lenin, "Preliminary Draft Theses on the National and Colonial Questions," in *Theses, Revolutions, and Manifestos of the First Four Congresses of the third International* (London: Ink Links, 1980), p. 80. （参见中文版《列宁全集》第 31 卷，第 129 页——译者注）

尼加拉瓜共产党也一直做着墨西哥共产党所做的同样事情。古巴共产党尽管因坚持无产阶级运动的独立性而一直未跟国民党融合，但假如国民党能够真正将为了争取民族解放的斗争坚持到底，那么它也会支持这个政党的。在反抗"权力延期"（prorogation of powers）这个直接针对美帝国主义的政治问题的斗争中，他们支持所有反抗者，不论这些反抗者是不是工人或共产党人。在智利，强大的共产党是为了争取反抗伊班涅兹（Ibáñez）帝国主义专政的统一战线。并且他们既从来没有考虑过将工人阶级置于被孤立的境地，也从来没有考虑过抛弃其他阶级——因为一旦条件发生变化，就像他们在墨西哥遭遇的时刻一样，工人们可能会因被孤立而群龙无首。相反，阿普拉的"统一战线"却真正这么做的，它没有具体说明无产阶级的地位，呈现给我们的是一个抽象的统一战线，因而它无非是一个资产阶级代表的统一战线，所有真正的民族解放运动的阶级叛徒。按照列宁的说法，"从苦痛教训中获得的经验是：殖民地和被压迫民族的解放运动只有通过苏维埃政权的胜利才能获得救赎，除此之外别无他途"。换句话说，每个国家的工人革命的胜利必须通过战胜帝国主义来实现。

之所以被民族资产阶级和小资产阶级背叛，有一个被整个无产阶级知晓的原因，即他们反抗外来帝国主义不是为了废除私有财产，相反，而是为了保护他们拥有的财产才起来反抗帝国主义的盗窃企图。

尽管在反抗帝国主义（外贼）的斗争中，资产阶级（家贼）将无产阶级团结起来，并让无产阶级充当了优质炮灰。但最终资产阶级明白，他们最好跟帝国主义结盟，因为他们追求的根本利益是一致的。于是他们从进步阶级转变为反动阶级。当劳工阶级前进的步伐同时危及外贼和家贼的时候，他们背叛了站在无产阶级一边的承诺。这就是他们声色俱厉地反对共产主义的原因。

另外，美国这个典型的金融帝国主义，并不想掠夺和摧毁拉美统治阶级的全部财产，而宁愿去租借它们的服务，改善它们的处境，前提是它可以利用它们为自己的目的服务。美国期望每个拉美国家都是一个良好的资产阶级国家，皆有一个稳定的政府——民族资产阶级在这个政权中的地位就像大企业中的小合作伙伴一样。作为交换条件，美国承认他们的"执政"特权，并且他们可以拥有自己的国歌、国旗，甚至军队。因为这种压榨形式更加合算。

尼加拉瓜的蒙卡达（Moncada）、中国国民党（一个被阿普拉党模仿的党组织）、墨西哥小资产阶级的新政治，以及自称为自由国度的许多国家都在哈瓦那会议上展开了玫瑰色的外交，但它们最终都与帝国主义狼狈为奸：所有的这一切最终证明了我们的分析是多么的正确！

归根结底，只有无产阶级才能获得绝对的民族解放，而且必将以工人革命的方式出现。

《安第斯山风暴》序言[*]

何塞·卡洛斯·马里亚特吉

何塞·卡洛斯·马里亚特吉（José Carlos Mariátegui，1894—1930），秘鲁共产主义的奠基人，或许也是拉丁美洲产生的最重要的马克思主义思想家。除了哲学和社会学著作《捍卫马克思主义》（1928—1929）和《关于秘鲁的七篇论文》（1928）外，自从接触拉丁美洲工人运动的基础议题以来，马里亚特吉还以极大的兴趣起草了超乎想象的大量政治文案。

下文是从马里亚特吉思想中最具特色的部分选出来的，不仅是因它借鉴了索雷尔（Sorel）（为了反对"平庸的实证主义"）的思想，而且他试图将土著问题作为社会主义的一部分融入马克思主义视野中。他对古老印加的赞誉远非为"复辟"敞开大门，因为他已经意识到"西方文明的征服"具有不可逆转的特性。这个文本的一个重要段落可能会导致他被误解，即当他声称社会主义的职能之一是"实现资本主义"时。但他随后通过直接的背景段落来澄清了这个充满悖论的说法：只有社会主义革命才能够通过彻底执行资产阶级民主革命的土地改革任务来清算封建主义。

---

[*] José Carlos Mariátegui，"prólogo a Tempestad en los Andes," in La polémica del indigenismo (Lima: Ed. Mosca Azul, 1976).

路易斯·E. 瓦尔卡索（Luis E. Valárcel）的《论印加生活》（*On Incan Life*）一书给我们提供了一个塔万廷苏尤（Tawantinsuyu）地区的历史纲要，而《从阿柳村社到帝国》（*From the Ayllu to the Empire*）一书则向我们呈现了土著现状的动态视野。这本书宣告并描绘了正在来临的印第安新世界的图景，因而它不可能是客观的批判和中立的分析，而必定是充满崇高激情的断言与构想。

瓦尔卡索（Valárcel）之所以能够清晰地预见到土著的复兴，是因其对此深信不疑。一个尚处于萌芽状态的历史运动，因其过度超前而很难被（一般的局外人——译者注）理解，只能被那些为了实现它而奋斗的人理解，就如同社会主义运动只能为其激进分子所充分理解一样。同样，一个运动不会因其被认识到而为真。资本主义现象就从未被任何人，包括社会主义者们充分而准确地理解和解释。

倘若可以像乌纳穆诺（Unamuno）一样对之做出评价的话，我们认为，瓦尔卡索在这个事业中充当的不是教授的角色，而是先知（预言家）。他的意图并不只是简单地确认这些事实，即宣告或确认新的土著意识的讯息，而是将他们逗留其间的历史意蕴转译出来，从而使之得以自我解蔽，并与土著意识来照面。在这种情况下，也许除了通过解释来创造，似乎别无它途了。

尽管《安第斯风暴》（*Tempest in the Andes*）并不是以学术理论著作的面貌出现的。但瓦尔卡索感受到了盖丘亚（Quechua）种族的复兴，这种复兴是其作品的主题。一个人不可能通过推理和理论化的方式证成一个族群的活泼生气，但是可以通过将之展现出来的方式予以确证。这就是瓦尔卡索遵循的程式，他一心想通过真实的证据向我们展示这个族群的活力，而不是通过扩充和梳理土著复兴的文献来确证。

《安第斯风暴》的第一部分包含着一种政治强调，瓦尔卡索把自己对印加复兴的情感和理想灌注进充满激情的散文之中。这不是印加帝国的复兴，而是印加人民的复兴，是这个族群沉睡四个世纪之后的觉醒，他们再次开始命运的征程。谈到瓦尔卡索的第一本书时，我曾写道：无论是西方文明的征服，还是殖民时期与共和时期的重要结果都应该被抛弃。瓦尔卡索意识到，这些结果抑制着他的思乡之情。

本书的第二部分是一个色彩饱满而动感十足的图片集。它向我们展示了土著乡村的生活。瓦尔卡索的散文用田野牧歌式的语调，简单质朴的画面，展示了塞尔拉（sierra）村社的淳朴魅力。而激越的情绪则在描写"混血村民"之时再次被点燃，他不屑地描绘出一个混合着西班牙人和印加人气质的，寄生、颓废、病态、迷醉、腐朽堕落的群体的污秽形象。

在第三部分，我们身临其境地感受到印加戏剧特色的插曲。同样的山水，却有不同的色彩和声音，原本春耕秋收，歌舞升平，田园牧歌般的塞尔拉（sierra）转瞬成为被大庄园主（gamonal）和米达制（mita，一种轮流征调壮年男子建造公共设施和宗教工程的劳役制度——译者注）蹂躏的悲惨塞拉利昂。大农场主（latifundistas），以及文书、公证人（kelkere）和警察的残暴野蛮统治沉重地压在农民村社"艾柳"（ayllu，印第安土著公社——译者注）之上。

第四部分，山地觉醒了，孕育着希望，在这儿生活的族群不再沉浸在顺从和颓废之中。一股新异的风拂过塞尔拉的田野和村庄。"新印第安人"出现了：这里有老师和鼓动者，那里有劳动者，以及与以往不同的牧羊人。虽然这些人的出现与基督复临派传教士不无关系，但是瓦尔卡索只对这些传教士的工作表示了谨慎的赞赏。之所以如此，是因为正如阿尔弗雷多·帕拉西奥斯（Alfredo Palacios）警告的那样，这些（传教士的）工作亦可能造就盎格鲁－撒克逊帝国主义的前哨站。"新印第安人"并非只是一种被先知信仰赋予了生命的神话般的抽象存在。在这幅"塞尔拉图景"的结尾，我们感受到他们（"新印第安人"）的鲜活、真实与生机勃勃，这也正是作者阐明自己著作的方式。区分"新印第安人"的不是教育，而是精神（仅靠识字并不能挽救印第安人）。"新印第安人"等待着，因为他们有了一个目标。这是他们的秘密，也是他们的力量，其余的因素都是次要的。我也在曾经来过利马（Lima）的族群中不止一次地看到过他们。这让我回想起四年前，当时我在普诺（Puno）遇到的一个名叫埃塞基耶尔·乌维奥拉（Ezequiel Urviola）的印第安鼓动者，这个人真是令我大吃一惊且印象深刻。这次偶遇可以说是自打我从欧洲回来后，秘鲁带给我的最大惊喜。乌维奥拉代表着即将到来的第一个火种。

这个患有结核病且驼背的人，在经历了两年不知疲倦的工作后，最终病倒了。今天，乌维奥拉虽已不在人世，但他贡献得已足够多了。正如瓦尔卡索所说，今天的塞尔拉（sierra）正孕育着"斯巴达克斯"（Spartacuses）。

"新印第安人"解释并绽露了土著人的真正本质，而在瓦尔卡索看来，这些土著人是最有激情的福音传道者之一。他们对于土著人复兴的信念，不是来自在盖丘亚土地上实行物质的西方化进程。唤起印第安人心灵的不是文明，不是白种人的字母表，而是神话，是社会主义革命的思想。土著人的希望完全是革命的希望；这种神话，这种思想也是其他古老的人民，其他正在衰落的古老种族（如印度人、中国人等）觉醒的决定性动因。今天，世界历史空前趋向于受同一种思潮范导。建立了最发达、最和谐的共产主义制度的印加人民，为什么一定要成为唯一对世界大势无动于衷的人民呢？土著主义运动与世界革命潮流之间的亲缘关系是如此明显，以致无须引经据典加以说明。我已经说过，通过社会主义途径，我终于做到了理解和正确评价土著人问题。瓦尔卡索的案例正好证实了我的个人经验。瓦尔卡索由于受过多种文化教育，受到他那传统主义爱好的影响，在各种研究著作的引导下，从政治上使他的土著主义变为社会主义。除此之外，他还在书中告诉我们："土著无产阶级在等待着自己的列宁的到来。"这话与一位马克思主义者的语调并无二致。

土著居民恢复权利的要求，只要仍停留在哲学或文化层面上，就不会有历史性的结果。而要取得这种结果，即使之成为现实和有形的东西（corporeity），这种要求就必须落实为恢复经济和政治权利的要求。社会主义教导我们要用新的方式提出土著人问题。我们已不再抽象地认为它是一个社会、经济和政治问题。于是我们第一次感到，这个问题已得到澄清和明确。

那些尚未摆脱资产阶级自由教育束缚，且站在抽象派和文献派立场上，热衷于把这个问题的各个种族面向搞乱的人，忘记了这个问题根本上是受政治因而也受经济支配的。他们使用假理想主义的语言来偷换现实，在他们的一些概念推论下掩盖现实。他们用一种含混不清和莫名其妙的评论来反对革命的辩证法。按照这种评论，土著人问题的解决办法不能从改革或政治行动出发，因为这种改革或政治行动不会对复杂、繁多的风俗和恶习立即产生效果，而这些风俗和恶习只能通过合规律的缓慢进化才会改变。

幸亏历史解决了所有的疑问并消除了所有的误解。西班牙的征服作为一种政治事件，虽然粗暴地打断了盖丘亚民族的自主发展进程，但并不意味着征服者立刻置换掉土著人的法律和习俗。然而，这一政治事件却在一切生活领域——无论是精神还是物质领域——开启了一个新时代。制度的改变就足以从根本上改变了盖丘亚人民的生活。独立是又一个政治行动。尽管它也未能彻底改变秘鲁的经济和社会结构，但它还是开创了我国历史的一个新时期；而且尽管由于它几乎没有触动殖民地经济的基础结构，因而实际上没有改变土著居民的地位，但它还是改变了他们的法律地位，并开辟了他们政治和社会解放的道路。如果说共和国没有走这条道路，那么不走这条道路的责任完全在于篡夺了解放者们从事的本来富有创造意义和原则的事业的那个阶级。

土著问题不能再任由一群有意无意地与大庄园的利益联系在一起的律师和文人长期糊弄下去了。土著族人的精神和物质上的苦难显然纯粹是由几个世纪以来压在他们身上的经济和社会制度造成的。只要在这个被称为"头领制"（gamondlismo）的，作为殖民地封建主义的继承者的政权的统治下，就谈不上印第安人的真正救赎。

"头领制"一词不仅指一个社会的经济阶层，即大庄园主或大地产主阶层，而且是指整整一种现象。不仅表现在真正意义上的头领身上。它包括一个由官员、中间商、代理人和寄生虫等组成的人数众多的统治阶层。一个有文化的印第安人由于他为"头领制"效劳，就可以变成自己种族的剥削者。产生这种现象的根源，就是半封建的大土地所有者掌握着国家政治和机构中的领导权。因此，如果想彻底击败这种邪恶（有些人顽固地只注意这种弊病的偶然或次要的表现），就必须对这一根源采取行动。

铲除头领统治或封建制，本来可以由共和国按照自由和资本主义的原则来实现。但由于我已指出的原因，这些原则未能充分有效地指导我国的历史进程。由于遭受负责实行这些原则的那个阶级的破坏，一百多年间，这些原则一直未能将印第安人从农奴制中解放出来，这种农奴制的现实与封建制的现实有着绝对关联。在这些原则世界性地陷入危机的今天，不能指望这些原则突然间会具有罕见的、创造性的生命力。

革命的思想，甚至改良主义思想，已经不可能再是自由主义的了，而只能是社会主义的。社会主义在我国历史上之所以出现，不是像只看表面的人所设想的那样是由于偶然、模仿或时髦的原因，而是由于历史的必然。现在的事实是：一方面，我们信仰社会主义的人，理所当然始终如一地主张在社会主义的基础上重建国家；而且，鉴于我们所反对的那种经济和政治制度，已经逐步变成一种使帝国主义国家的资本主义把我国变成殖民地的力量，因此我们宣布我国历史已进入这样一个时刻：要真正做一个民族主义者和革命者而又不是社会主义者，已是不可能的了。另一方面，秘鲁现在没有，而且过去也从未有过一个信仰自由和民主，并按照这种学说的基本原则制定政策的进步的、具有民族感的资产阶级。除了传统的保守主义分子外，在秘鲁任何尚有些许诚意的人都会明确主张社会主义。

缺乏足够深刻的批判性思想的理论家可能会认为对封建主义的清算是一种再清楚不过的典型的自由主义的、资产阶级的历史任务，而非社会主义的。因而试图将之转化为社会主义任务的想法只不过是对历史规律的一种异想天开的曲解。这些肤浅的理论家用一个简单的标准来反对社会主义，即他们唯一的论点是：资本主义在秘鲁还没有穷尽其可能性。这种思想的拥趸无法理解的是，社会主义夺取政权后自然会根据历史规律和这个国家所处的历史阶段来调整自己的任务，那将在很大程度上实现资本主义，或者更好地实现资本主义的历史可能性，从某种意义上说，这是符合社会进步的利益的。

瓦尔卡索并不是从任何先验的意识形态立场出发的（正如我自己或被认为跟我最相似的年青一代那样），而是在探索和研究土著问题中水到渠成地发现了同样的道路。他的著述不是理论性、批判性的，而是略带布道性质的，甚或是启示性的。尽管人们在这些著述里找不到能够使土著种族恢复其在国家历史中的地位的确切革命原则，却能找到关于它的神话。这种神话，我们清楚地认识到，自从乔治·索雷尔（George Sorel）以其高瞻远瞩的精神在反对左右他那个时代的"社会主义者"的平庸的实证主义的同时，揭示了它在创造伟大的民众运动中的永恒价值，便成了完全现实的存在，成了我们不可忽视或低估的可资斗争的一个方面（的资源）。

安第斯山的风暴来得正是时候。它的声音会打动所有敏感的良心。这是一个充满激情的预言，它昭示着一个新的秘鲁。尽管对某些人来说，重要的是创造预言的事实，而对另一些人来说，创造事实的是预言，但这些（争执）皆已经不再重要了。

拉美的土著问题 *

何塞·卡洛斯·马里亚特吉

1929 年，马里亚特吉（José Carlos Mariátegui）写信给拉美共产主义大会讨论有关土著农民以及他们参与阶级斗争的问题。下文是这份报告的一些节选。马里亚特吉充分肯定了安第斯山脉地区农民群众的印加（Incan）集体主义传统作为支持共产主义发展的一个因素的重要性。然而，如果就此将他的立场概括为"民粹主义"（populist）则未免有失公允；对于马里亚特吉而言，无产阶级的政治领导权仍然是过渡到社会主义的前提（the condition）。

马里亚特吉是拉美第一个讨论土地问题及其与土著问题之间关系的共产党人，他试图以一种创造性的方式将马克思主义运用到拉美的一个具体现象上来。值得注意的是，这一问题在马里亚特吉之后仍被提出，尤其是被拉美马克思主义运动的"异端分子"和异见人士，以及随后的卡斯特罗主义潮流所提出。

---

* José Carlos Mariátegui, "El problema de la razas en América Latina", in *El movimiento revolucionario latinoamericano*, *versions de la Primera Conferencia Comunista Latinoamericana*, June 1929 (Buenos Aires: La correspondencia sudamericana, 1929), pp. 277 - 279, 290 - 291.

共和政体的到来并没有从实质上改变国家的经济。只是在阶级中出现了一个简单的变化：地主、领主（encomenderos）和本地专家的政府继承了西班牙贵族的威严统治。梅斯蒂索（Mestizo，混血儿，即印第安人与欧洲人的混血儿——译者注）贵族攫取了政权，但他们既缺乏经济理念，也没有政治视野。脱离大都市的解放运动并没有引起这个国家四百万印第安人的注意。他们的奴役状态自被征服之日起便开始持续，尽管法律打算"保护"他们，但是，由于我们的社会体制仍然保留着那种以封建土地所有权残余为基础的经济结构，因此，这些法律是不可能得到实施的。

新的统治阶级对于财富相当贪婪，它用属于土著村社——在很多地方，这些村社甚至都已经消失了——的土地来扩大它的庄园（latifundios）。由于艾柳（ayllu，印第安村社——译者注）中成员家庭的共有土地被窃走，他们就不得不出去寻找工作，从而成为那些通过暴力手段而使得他们变得无依无靠的大庄园主的亚纳科纳（yanacones，又译"雅纳科纳"，是一种从事特殊差役的苦役，类似奴隶——译者注）或劳工。

在那些先前构成"小王国"或者 curacazgo（位于安第斯山脉的小王国——译者注）的无数村社中，除了能发现一两个身体（physical）或种族方面的特征、习俗、宗教或社会惯例之外，古代的土著村社几乎一无所剩。但即便所有的强制性和团结性元素都从这后一种制度（即村社——译者注）中被清除了，作为土著村社和帝国之间的政治中介，这些村社也已经在某些欠发达地区保持了其特殊身份和非正式特征，而在这些欠发达地区，社会整合的重要元素自征服之日起便已经得到了维持。

这些村社建基于对土地的共同所有权之上，人们通过协议和那些用以团结各个家庭（正是这些家庭构成了土著村社）的血缘纽带来维护和耕种这些土地。田地和牧场属于村社并构成了集体的世袭财产（patrimony）。村社成员在土地上生活并靠庄稼来养活自己。为了不让他们的土地被强邻或其他村社夺走，他们做出了不断的努力，而这些努力又为使他们组成一个单一性的组织提供了充足的动力。甚至在今天，公共土地也仍属于整个土著村社，或者属于构成村社的家庭群体。一些土地被分掉了，而另一些土地则仍然是公共的，对这些土地的管理主要是由村社代理人来执行。每个家庭都有一块耕地，但他们不能对土地进行买卖，因为，土地并不属于他们，而是属于村社。

总之，有两种土地：一种是由一些"圣徒"或村社共同耕种的，另一种是由每个家庭分别耕种的。

但是，土著的集体主义精神并不仅仅表现为这些村社的存在。这种以集体劳动（minka）而著称的长期习俗在秘鲁、玻利维亚、厄瓜多尔和智利仍然存在：一个小农（parcelero）（即便他并不是村社中的一员）如果没有得到帮助，或是由于生病或类似原因，他就无法完成他的工作，而这些工作是要在邻近的小农们的协作和帮助下才能完成的，反过来，这些小农们会得到一部分收成（如果收成足够多的话），或者他们自己会在晚些时候得到额外的帮助。

这种甚至在村社之外也存在的合作精神在玻利维亚以一种特殊的方式表现出来，在那里，穷人、土著以及小地主们之间达成了有关共同耕种土地并分配产品的共同协议。在玻利维亚，还能见到另一种合作，即那些除了在城郊拥有一小片土地之外便一无所有的印第安人和那些住在城市中作为一名待遇相对优厚的工人或手工业者的印第安人之间的合作。后者没有空闲的时间，但他们能得到其他人所需要的种子和生产工具；前者提供他们的土地和他们的个人劳动，并在收获的时节，按照先前的约定将收成分成不同的份额。

这些以及其他形式的村社外合作（extracommunitarian cooperation），再加上现存的许多村社（在秘鲁，大约有1500个村社和三千万公顷的土地，有大约150万成员在这些土地上耕种，秘鲁和玻利维亚的村社数量相当，只是人数略少，因为有很多人已经被迫离开土地而到矿场去工作了），生产出了比某些地区的大庄园更高的产量，由此证明了原始印加集体主义的生命力。如果这种集体主义能获得用于大庄园的那些必要的耕种和机械化手段，它就能够迅速提高其生产力。

共产国际第六次代表大会已经一再指出，那些具备基本经济体系的民族可以直接转向一种有关经济组织的集体方法，而不必经历其他民族所走过的漫长进化过程。我们相信，在所有的"落后"民族中，在结合这些有利条件从而（在无产阶级的领导下）把他们原初的土地共产主义

（它既保留在具体的结构中，也保留在一种深层的集体主义精神中）转变成马克思主义共产主义所预见的集体主义社会的一个最坚实基础这个方面，没有任何组织能比得上土著印加人民。

只有被剥削的土著群众的一场以阶级为基础的革命运动才会给该民族带来一次摆脱剥削的真正解放，从而有利于其政治自决的可能性。

在大部分情况下，土著问题与土地问题是一致的。土著的无知、落后与不幸只不过是他们屈服（subservience）的结果。封建大庄园通过地主阶级维持着对土著民的剥削和绝对控制。印第安人的斗争总是集中在保护他们的土地不受大地主（gamonales）的强占和吞并。如此便有了一种本能而深刻的土著需求：对土地的需求。给予该需求一种组织化、系统化以及确定性的特征乃是一项任务，在此基础上，工会运动和我们的政治宣传必须展开积极的合作。

"村社"已经被证明在极端压抑的条件下具有一种令人相当震惊的反抗水平和持久性，这些村社代表了土地社会化的一种自然因素。印第安人有一种固有的合作习惯。纵然共同财产成了个体财产（不仅在山区，海滨地区也是如此，而且，那里的文化融合程度更高，也更不利于保持土著风俗），但合作仍然得到保留，繁重的劳动也仍然是共同完成的。"村社"成了一种需要最少努力的合作。把大庄园的土地分给"村社"是解决山区土地问题的必要手段。在海滨地区，大地主仍然是全能的（all-powerful），但共同财产不再存在，其解决方案无可避免地指向了土地私有化。受到无情剥削的苦役，也即亚纳科纳，应当在反地主的斗争中得到支持。这些亚纳科纳的自然需求就是可耕作的土地。至于那些在大庄园中受他们的主人直接剥削的劳工，因为他们中有一部分是从山区招来的，缺乏同土地的地方性（local）联系，所以斗争的方式是不同的。他们必须为之而奋斗的需求乃是自由组织、制止强制征兵、增加工资、八小时工作制、实施劳动法。只有当劳工赢得了这些需求，他们才会走上最终的解放之路。

工会或者政治宣传想要渗透到大庄园中去是十分困难的。海滨地区的每一个大庄园都是一个封地。如果不接受业主和管理部门的任免（patronage）和监护，任何组织都是不被允许的，那里所能创办的只有运动或娱乐协会。但是，汽车运输的增加逐渐为突破这种障碍（即大庄园对宣传所进行的封锁）打开了一个缺口。这也就是为什么在动员工人阶级的过程中，组织并积极动员运输工人十分重要的原因。当大庄园中的劳工知道他们可以依靠工会中兄弟般的团结并认识到这种团结的价值时，那种在今天所缺乏的斗争意志就会很容易被唤醒。在大庄园中逐渐形成的工团主义（trade unionism）信徒的核心成员将承担起这样的任务，即用抗议（无论抗议什么）来自我解释，并且，当环境允许之时，一旦有机会，就要利用这个机会来建立他们自己的组织。

为了对土著群众进行先进的思想教育，工人先锋可以自行选择印第安民族（该民族与矿场或城市中心的工会运动有过接触）的那些激进分子，让他们消化工人先锋的原则，并证明他们自己能在他们民族的解放中发挥作用。来自土著环境中的工人常常会暂时或者永远地回到那些环境中。土语（idiom）会使得他们像他们的同族兄弟和阶级兄弟的导师一样有效地完成任务。印第安农民只会真正理解来自他们中间、说他们自己语言的人。他们总是不相信白人和梅斯蒂索人；反过来，如果让白人和梅斯蒂索人承担起到土著环境中去做阶级宣传这一艰巨工作，他们也会遇到极大的困难。

拉美的社会主义革命[*]

何塞·卡洛斯·马里亚特吉

下文选自马里亚特吉所编的一份代表一组利马激进分子（未来共产党的核心）利益的文件，也是该组织同阿普拉党（APRA）之间一次论辩的一部分。它深刻而彻底地描述了大陆革命（它是替代被北美帝国主义所统治的唯一现实选择）的社会主义特征。

---

[*] José Carlos Mariátegui, "Carta colectiva del grupo de Lima", June 1929, in *El proletariado y su organización* (Mexico City: Ed. Grijalbo, 1970), pp. 119–121.

在这个有着如此众多小型革命的美洲，革命这个词乃是相当模糊的。我们必须严格且毫不妥协地还原其本意。我们必须恢复其严格而准确的含义。拉美革命乃是世界革命的一个不折不扣的阶段和时期。它仅仅且纯粹是一个社会主义革命。你可以根据特殊情况而在这一词汇前加上任何你喜欢的形容词："反帝国主义的""土地的"或者"民族革命的"。但社会主义假定、先于并包含了所有这一切。

与一个有钱有势的帝国主义北美相比，我们实际上只能是一个社会主义的拉丁或伊比利亚美洲。资本主义经济的自由竞争时期已经在各个领域和方面完成了。我们所生活于其中的，是垄断时代，或者更好一点，是帝国时代。在资本主义的竞争中，拉美国家来晚了，内车道（inside lanes）已经分好了。在资本主义的秩序中，这些国家的命运只能是被殖民。不同的语言、种族和精神绝对没有决定性的权重。仍旧谈起一个唯物主义的盎格鲁－撒克逊美国和一个理想的拉丁美洲之间的差别，谈起一个金发碧眼的罗马和一个苍白的希腊之间的差别乃是十分可笑的。所有这些都是不可原谅、不足为信的话题。罗多（Rodó）的神话不再以一种有用或根本性的方式触及人的灵魂，而且它也从未如此过。让我们无情地把所有这些思想和地理的漫画与外表抛开，严肃而真诚地考虑现实。

社会主义肯定不是印度美洲的（Indo-American）理论。而且也没有任何理论、任何当代的制度，是或可能是印度美洲的理论。社会主义虽然诞生于资本主义的欧洲，但它既不明确地也不特别地是欧洲的。它是一个世界范围内的运动，任何进入西方文明轨道的国家都无法逃避这场运动。这种文明带着任何其他文明都不曾拥有过的力量和手段走向普遍性。在这种世界秩序中，印度美洲能够而且必须拥有它自己的个性和风格，而不是它自己的文化或独特命运。一百年前，我们把我们民族的独立归功于西方历史的节奏，从殖民化时代以来，这种历史的节奏无可避免地会对我们产生影响。自由、民主、议会以及人民主权：那个时代的人所能说出来的所有伟大字眼都来自欧洲。然而，历史并不是根据这些人的思想独创性，而是根据这些思想的有效性和智慧（genius）能在多大程度上为其服务，来衡量他们有多么伟大。在我们的大陆上，走得最远的民族是那些在那里扎根（took root）最早和最好的民族。尽管那时各民族和大陆之间的依赖和团结远比现在要少。但说到底，社会主义符合美洲传统。印加文明乃是历史上所知的最先进的原始共产主义组织。

我们肯定不希望社会主义是绝对的、抽象的，并且对事实和流动多变的现实漠不关心；它应当是发展的、具体的、辩证的、有效的、强大的，并且是能变动（movement）的。《阿毛塔》（*Amauta*）① 既不是一种消遣，也不是纯粹知识分子的游戏。它表示的是一种历史理想，它肯定一种积极的人民理念，并且服从于一场当代的人民运动。在两种体制、两种理念之间的斗争中，它既不会做旁观者，也不会去开辟第三条道路。独创性如果走到极端就会成为一种文字上的无政府主义执着（anarchic preoccupation）。在我们的旗帜上，铭刻着一个单一的、简单的、伟大的字眼——社会主义（有了这一标语我们便可以断言，我们绝对独立于一个小资产阶级民主民族主义政党的理念）。

反帝国主义立场*

何塞·卡洛斯·马里亚特吉

这篇文章选自一份由马里亚特吉起草的文件，该文件由秘鲁代表团呈递至拉丁美洲第一届共产主义代表大会（布宜诺斯艾利斯，1929 年 6 月）。它提出了阶级斗争和反帝国主义斗争之间的辩证关系这一关键问题，并简要地对北美大都市与当地资产阶级和地主之间的联系和矛盾进行了非同寻常的深刻分析。它是马里亚特吉最著名的政治文本之一，并在古巴革命之后被许多拉美革命组织一再发行。

1. 拉美共和国的情形在何种程度上类似于半殖民地国家的情形？这些共和国的经济条件无疑是半殖民的，它们经济上的这种特征容易随资

---

① Amauta，秘鲁古代印加人的祭司、贤人和学者，马里亚特吉所创办的杂志《阿毛塔》正是以此命名。——译者注

* José Carlos Mariátegui, "Punto de vista anti-imperialista", 1929, in *Obra política* (Mexico City: Ed. Era, 1979), pp. 273 – 278.

本主义的发展而得到加强，因此也容易受到帝国主义的渗透。但是民族资产阶级（他们把同帝国主义的合作视作他们利益的最佳来源）觉得他们自己作为权力的主人（mistresses of power）（而且并不过分专注于国家主权）乃是足够安全的。尚未面临美国人（Yankee）军事占领（除了巴拿马）的南美资产阶级并不打算承认斗争对于他们第二次独立的必要性，正如阿普拉党人（Aprista）的宣传所天真地以为的那样。政府，或者说得更好听些，统治阶级，似乎并不觉得他们需要一个更大或者更安全的民族自治。独立革命相对而言太近了，它的神话和象征还活在资产阶级和小资产阶级的意识中。有关国家主权的幻想依然存在。如果声称这一社会阶层仍然具有革命的民族主义意识，就像这一阶层在那些被帝国主义所奴役了的半殖民地国家（如近几十年的亚洲）中确实代表了反帝国主义斗争的一个要素那样，那么，我们就犯了一个严重的错误。

一年前，在跟阿普拉党人领袖的讨论中，我们拒绝了他们想要建立一个拉美国民党的提议，我们提出了以下论点来避免欧洲中心论的抄袭主义（plagiarism），并使我们的革命活动同我们对自身所处现实的准确理解相一致：

中国在反帝国主义斗争中同资产阶级甚至许多封建元素的合作可以根据那些与我们无关的种族和民族文化来加以解释。一个中国的贵族或资产阶级会觉得他自己是个彻底的（to the core）中国人。他用自己的歧视来回应白人对他那等级分化的衰老文化的轻视，并对他那数千年的传统感到骄傲。反帝国主义因此能够在这种情感和这种中华民族主义意识中找到支持。这和印度美洲的情形并不相同。在拥有一个共同的历史和文化方面，当地的贵族和资产阶级并不觉得他们要同人民团结一致。在秘鲁，白人贵族和资产阶级看不起人民和国家。他们把自己是白人这一点看得比什么都重要。小资产阶级的梅斯蒂索人也以他们为榜样。在乡村俱乐部、网球俱乐部和大街上，利马资产阶级同美国人（Yankee）资产阶级，甚至同他们的雇员都亲如兄弟。美国人（Yankee）可以同当地的小姐（senonrita）结婚而没有任何种族或宗教差异的不便，如果她愿意同入侵民族的一员结婚，她也不会有什么民族或文化上的担忧。在这方面，中产阶级的女孩也没有什么不安。如果一个女孩能够捕获一个在格蕾丝公司或基金会（the Grace Company or the Foundation）上班的美国人（Yankee），那么她就会那么做，而由此带来的社会地位的提升也使她感到满意。对这些无可避免的客观原因来说，民族主义在我们的环境中既不是反帝国主义斗争的决定性因素，也不是基础性因素。只有在像阿根廷（那里拥有一个对他们国家的财富和力量感到骄傲的庞大而富有的资产阶级，而且由于这一原因，那里的民族性轮廓要比那些更加落后的国家更为清晰）这样的国家，（或许）形成渗透着资产阶级元素的反帝国主义斗争。但是，这是由于资本主义的扩张和发展的缘故，而不是像在我们的情形中，是由于社会正义和社会主义理论的缘故。

中国资产阶级的背叛以及国民党的失败并没有得到全方位（full magnitude）的理解。他们的民族主义（与社会正义或理论无关）资本主义作风（style）证明了我们绝对不能相信资产阶级的革命民族主义情感，甚至在像中国这样的国家里也是如此。

只要帝国主义能够"顾及"这些国家的主权的情感和形式（formalities），而不必诉诸武装干涉或军事占领，他们就肯定可以指望同这些国家的资产阶级合作。虽然他们可能要依赖帝国主义经济，但这些国家，或者干脆说它们的资产阶级，仍然会把自己看作是自己命运的主人，就像罗马尼亚、保加利亚、波兰以及欧洲其他"依附性国家"那样。

政治心理学的这种因素在准确估计拉美反帝国主义行动的可能性方面不应当打折扣。对于这一问题的忽略成为阿普拉党人理论的一个特征。

2. 作为秘鲁国内最先接受阿普拉（作为团结阵线的一种设计，而绝不是作为一个政党，甚至也不是作为一个有效的斗争组织）的人，我们同秘鲁之外的那些随后将阿普拉定义为一个拉美国民党的人之间的根本区别就在于，我们对反帝国主义的革命性社会经济观念仍然充满信心；而那些人则将他们的立场解释为："我们是左翼分子（或社会主义分子），因为我们是反帝国主义者。"由此，反帝国主义被提升到了一个纲领、一种政治态度、一场运动的水平，它不仅自身是有效的，而且自然导向社会主义，导向社会革命（至于如何导向，我们并不清楚）。这种想法过分高估了反帝国主义运动，夸大了为"第二次独立"而斗争的神话，并且浪漫地以为我们已经生活在一个新的解放时代。这导致了用政党代替反帝国主义联盟的观点。从最初把阿普拉设想为一个团结阵线、一个人民联盟、一个受压迫阶级的联盟，到后来，我们逐渐转到把阿普拉定义为拉美国民党。

对我们而言，反帝国主义没有也不可能单凭自身就构成一个能取得政权的群众运动的政治纲领。纵然反帝国主义能够动员民族资产阶级和小资产阶级支持工农运动（我们已经明确否定了这种可能性），但它既不能消除阶级对立，也不能压制不同的阶级利益。

无论是资产阶级还是小资产阶级上台，都不能实施反帝国主义政治。为了证明这一点，我们可以举出墨西哥的经验，那里的小资产阶级刚好已经同美帝国主义结盟。就其与美国的关系而言，一个"民族主义"政府可能会使用与秘鲁的莱古亚（Leguía）政府不同的语言。这个政府显然是不知羞耻的泛美洲主义（pan-Americanist）和门罗主义（Monroeist）。但是，任何其他的资产阶级政府都会实施同样的有关借贷和让步的实用政策。在秘鲁，国外资本投资的增长同国家的经济发展、同对国家自然资源和人口的剥削以及同国家交通路线的改善之间有着直接而紧密的联系。最民主的小资产阶级怎么能够反对这种资本主义的渗透呢？除了言辞之外，别无其他；除了进行一种快速的民族主义修正（fix）之外，别无其他。反帝国主义的上台，即便可能，也不能代表无产阶级群众和社会主义上台。社会主义革命会通过对秩序的呼唤而在掌权的小资产阶级中发现革命最残忍和最危险的敌人［之所以危险是因为他们会混淆视听（confusionism）和蛊惑人心］。

虽然我们并不排斥使用任何类型的反帝国主义煽动（agitation）或者任何动员那些最终可能会加入到斗争之中的部分社会行为，但我们的任务是向群众解释和表明，只有社会主义革命才能最终真正阻止帝国主义的扩展。

3. 这些因素把南美洲国家的情况同中美洲国家的情况区别开来。美帝国主义毫不犹豫地诉诸武装干预的做法确实激起了一种爱国反应，而这种反应又很容易争取到一部分资产阶级和小资产阶级接受反帝国主义的视角。由阿亚·德·拉·托雷个人所指挥的阿普拉党人的宣传在这里取得了比在美洲任何其他地方都要好的结果。他那混淆视听和救世主式的（confusionist and messianic）夸夸其谈号称是与经济斗争有关，但实际上诉诸的却是种族和情绪因素，因此满足了令小资产阶级知识分子印象深刻的必要条件。阶级政党以及强大而清晰的阶级意识联合组织在这里并不像在南美洲那样注定会同样快速发展。在我们这些国家，阶级因素更具决定性，也更为成熟。我们没有理由诉诸模糊的民粹主义方案（这样只会让反动趋势变得繁荣）。此时的阿普拉主义（Aprismo）正像宣传的那样，只局限于中美洲；在南美洲，作为民粹主义、"工头主义"（bossist）以及小资产阶级偏差（即将阿普拉主义视为拉美国民党）的一个结果，它已经遭到了彻底清理。接下来在巴黎召开的反帝国主义代表大会（这次大会不得不统一反帝国主义组织并将反帝国主义的纲领与煽动阶级政党和工会的任务区别开来）则会彻底了结这一问题。

4. 帝国主义的资本主义利益必然且无可避免地会同我们国家地主阶级的封建、半封建利益相一致吗？反封建主义的斗争会不可避免地同反帝国主义的斗争完全一致吗？当然，帝国主义的资本主义把封建阶级视为政治上的统治阶级并利用它的权力。但它们的经济利益并不相同。即便最具煽动性的小资产阶级（如果它能在实际上淡化其最为显著的民族主义冲动的话）到最后也可能与帝国主义的资本主义结成同样亲密的联盟。权力如果掌握在一个更大的社会阶级手中的话，那么财政资本就会觉得更加安全，这个社会阶级处在一个比原来令人憎恶的封建阶级更好的位置上，它通过满足资本主义的某些没有兑现的需要以及歪曲群众的阶级倾向的方式来保护资本主义的利益，充当其护卫并为其端茶倒水。小农阶级的建立、大庄园的没收、封建特权的取消并没有在一种直接的意义上与帝国主义的利益相敌对。相反，尽管资本主义经济得到了发展，但封建残余仍然有所保留，在这种意义上，清除封建特权的运动刚好与帝国主义的专家和投资所推动的资本主义发展的利益相一致。大型庄园的消失、土地经济的建立（通过资产阶级在谣言中所声称的土地的"民主化”）、一个能更好地确保社会和平的更强大的资产阶级和小资产阶级对旧贵族的取代：所有这些都不与帝国主义的利益相矛盾。秘鲁的莱古亚政权，在有关大庄园主和大地主（他们在很大程度上支持该政权）的利益方面一直很胆小，但它在诉诸煽动民情（demagogy）、对反封建主义和反封建特权加以慷慨陈词、异乎寻常地反对旧的寡头政治、促进一种土地分配纲领从而使得每一个土地工人都能成为一个小地主等方面没有任何问题。莱古亚主义（Leguiísmo）正是从这种煽动行为中获得了最大的力量。莱古亚主义不敢对大地主下手。但资本主义发展的自然方向——灌溉工作、开采新矿，等等——却与封建主义的利益和特权相矛盾。等到耕种土地的数量有了增加，新的雇用中心开始出现，大庄园主们便失去了他们的主要力量：对劳动绝对而无条件的控制。在兰巴耶克（Lambayeque），美国工程师萨顿（Sutton）开启了一项水源转移工程，技术委员会已经与封建大地主的利益相冲突了。这些地主主要种植甘蔗（sugar）。他们会失去对土地和水源的控制，并因而失去他们控制劳动力的工具，这样的威胁会激怒这些人并把他们推向在政府看来具有破坏性的对立面，不论政府与这些人之间有多么密切的联系。萨顿具有北美帝国主义商人的所有特征。他的观点和他的工作同大庄园主们的封建精神相冲突。例如，萨顿所确立的一种水源分配系统乃是建基于这些资源属于国家这一原则之上的；而这些大庄园主们则认为，用水权乃是他们土地权的一部分。根据这一理论，水资源是他们的；无论过去还是现在，水资源都是他们地产的绝对财产。

5. 小资产阶级（其在反帝国主义斗争中的角色常常被高估）会由于经济剥削而必然反对帝国主义渗透吗？小资产阶级无疑是对民族主义神话的魅力最为敏感的社会阶级。但是，占主导地位的是如下经济因素：在那些受西班牙式贫穷所折磨的国家，小资产阶级（他们被偏见包围了数十年之久）反对无产阶级化；但由于他们可怜的工资，他们也没有经济能力把自己部分地变成工人阶级；他们不顾一切地寻找办公室工作和一份琐碎的政府工作，对一份“体面”工资和一份“体面”工作的寻求占据了支配地位，大型企业的建立象征着工资待遇更好的工作，即便这些企业会极大地剥削当地的员工，但中产阶级依然对此表示欢迎。美国的商业象征着一份更好的工资、更多的晋升机会以及从依赖国家中获得解脱，而这些都能够为投机者提供一个未来。这种现实决定性地压在那些正在寻求或者已经占据某种地位的小资产阶级的意识中。让我们再重复一遍，在这些有着西班牙式贫穷的国家，中产阶级的处境与那些已经经历了一段时期的自由竞争和资本主义发展（它们有利于个体的主动性和成功，也有利于垄断巨头的压迫）的国家中的中产阶级的处境并不相同。

总之，我们之所以反对帝国主义是因为我们是马克思主义者，因为我们是革命分子，因为我们用社会主义（一个要求超越资本主义并与资本主义相敌对的体系）来反对资本主义，因为在我们反帝国主义的斗争中，正履行着我们与欧洲革命群众相团结的职责。

萨尔瓦多的红色革命（1932）文献节选

埃尔·萨尔瓦多共产党 8 份文件 *

下文是埃尔·萨尔瓦多共产党在 1932 年农民起义（拉美共产党所领导的唯一一次群众武装起义）期间所发布的一些呼吁、公告和文件。

虽然这一事件必须要放在共产国际（第三个时期）左转的背景下来理解，但它本质上却是一场"来自下层"（from below）的真正自发的革命运动的表达。共产党在公告中对士兵的呼吁并不只是一种修辞，而是与军队中真正的共产主义影响相一致的。

这些文件被萨尔瓦多共产主义诗人罗克·道尔顿（Roque Dalton）以米格尔·马莫尔（Miguel Mármol）（1932 年埃尔·萨尔瓦多共产党领袖中唯一的幸存者）回忆录附录的形式发表在古巴杂志《批判性思维》（*pensamiento crítico*）上。

致阿瓦查潘士兵的共产主义宣言

士兵同志们：

我们工人和农民，在埃尔·萨尔瓦多共产党中央委员会的领导下，已经对当前这个掌控在富人手中的政府不抱任何希望了。你们知道，圣

---

* Roque Dalton, "Miguel Mármol: El Salvador, 1930 – 32", in *Pensamiento Crítico*, n. 48 (Havana), January, 1971, pp. 98 – 106. For Mármol's complete memoirs, see Roque Dalton, *Miguel Mármol* (Willimantic, CT: Curbstone Press, 1987).

里塔州（canton of Santa Rita）的同志们正在罢工，他们要求增加工资、降低租金（这些租金让农业工人几乎一无所有）。资本家罗杰里奥·阿里亚萨（Rogelio Arriaza）和拉斐尔·埃雷拉·莫兰（Rafael Herrera Morán）把国民警卫队灌醉，这样他们就可以暗杀我们的罢工同志。政府（有钱人的政府）已经派出了军队来镇压工人。士兵同志们，你们是被压迫阶级的成员，你们不应当向工人开枪。工人、农民和士兵们应当团结起来组建一个工农政府。你们应当拒绝你们的长官和指挥官，因为他们全都反对工人。选定你们的代表，与我们达成协议。告别你们的指挥官和长官，由士兵来组建一支红军，并由你们自己来确定指挥官。不要用哪怕一颗子弹来反对我们。士兵同志们的代表应当服从共产党的指挥。共产党中央委员会会带领我们战胜那些窃国者（rich thieves）。

阿瓦查潘
1932 年 1 月 7 日

国际红色援助、埃尔·萨尔瓦多共产主义［政党］、国家执行委员会
（机密 紧急）

同志们：

我们希望群众不至于在约定的时刻变得沮丧或气馁。我们相信美国会顺利地旁观这场起义并将其视为阿罗约主义分子（Araujoists）的一个反应。他们会立即认识到战争状态的存在，而这种状态对此刻的我们来说乃是必不可少的。与此同时，我们会控制权力，这也是我们的目标。此后，我们就用手中的武器，并在全美洲（尤其是美国）的同志们的帮助下，来面对一切无法预料的情况。这是一场生死之战。

为了反帝国主义中的受害者
为了国家执行委员会
总书记 伊斯梅尔·赫尔南德斯（Ismael Hernández）

埃尔·萨尔瓦多共产党中央委员会有关
革命军事委员会将于本月［1 月］……日
实施工、农、兵夺权斗争计划的决议

1. 埃尔·萨尔瓦多共产党［PCS］中央委员会（CC）负责任命一个在其领导下的革命军事委员会，此中央委员会由下列同志组成：［名字］。

2. 该中央委员会批准革命军事委员会立即组织由扩大中央委员会在本月 8 日的会议上所授权的起义。

3. 所有党员都要听从革命军事委员会的指挥，并严格执行命令。

全世界工人，联合起来。

为了中央委员会

临时总书记　奥克塔维奥·菲格拉（Octavio Figueira）

1932 年 1 月 9 日

士兵们为什么要参加无产阶级革命

首先，士兵是被富人在工厂、车间和田间所剥削的工人或农民。在他还很年轻的时候，便被召集到了兵营，在那里，他被迫拿起武器来保护那些他作为工人或农民而为富人所生产出来的财富。在沉闷的兵营生活中，尽管他的指挥官和长官一直在撒谎，但士兵仍感到不满，因为他觉得他们是他的敌人，因为这些指挥官和长官属于那个在车间、工厂和田间剥削他的阶级。

去年 12 月 2 日的政变便是一例。政变期间，我们的士兵发现，为他的指挥官而战除了提升这些指挥官们的境况之外别无其他，而他自己却仍然是个奴隶。所以虽然对于那些享受整件事的指挥官而言事事进展顺利，但士兵却一无所获；虽然候补军官得到了晋升，但奴隶却饿得要死。

士兵同志，所有这些都会让你明白，你的利益同那些工人阶级的利益是一样的。当这些工人阶级为了捍卫他们的权利，例如为了更高的工资、更短的工作时间、更低的租金等而斗争时，你的指挥官和长官们却逼着你去杀他们。我们必须为了同样的原因而斗争，而这也是富人拒绝补偿你的原因：因为富人把危机甩在了我们和你们的肩上，而他们却在奢华的宴会和派对上过得像王公贵族一般。

如今，作为一个无产者，作为一个像工人、农民或士兵那样受到剥削的人，你的职责更加要求你把自己组织起来。你手中的武器会让你有效地帮助你的阶级，这个阶级在共产党的领导下，会取得政权并终结这种人对人的剥削。

不要向你自己的来自田间和车间的同志开枪。当你的指挥官和长官命令你用镇压的鲜血来玷污你的双手时，不要听从他们，因为你和那些同志一样，都是当地资本家和帝国主义的牺牲品。向革命的旗帜致敬并热爱它，因为它会给你带来自由，而这种自由，乃是你的指挥官和长官以及这个富人的政府长久以来都拒绝给予你的。

给工人、农民和士兵带来力量的共产党万岁！让士兵拥有人权而不用再做富人军队中的奴隶的红军万岁！

起义前几天激进分子和政党中央委员会之间的通信以及一份致圣萨尔瓦多革命军事委员会的报告

指挥官同志：

我希望以一种广泛而综合的方式来讨论以下几点以便我们能创建一个有效的运动并获得真正的结果：（1）要确保哪几点才能推进斗争？这个问题至关重要，因为我们必须有一个明确的战略。（2）我们可以依赖哪些物质手段？补给供应点在哪里？或者我们有吗？（3）为了确保能协调我们的活动，不同的部分应如何组织起来？谁来指挥他们？（4）行动开始的时候，不同部分应把注意力集中在哪里？（5）在必要时刻，必须使用最迅速的通信手段。（6）我们应当在居民区采取何种政治措施？这一问题也至关重要。（7）谁来领导纯粹的军事行动？（8）我们所有人都必须在岗的准确时间。

问候

（签字）马贡（Magón）

红色指挥官委任状

埃尔·萨尔瓦多共产党

共产国际组成部分

中央委员会

该中央委员会任命伊诺森特·里瓦斯·伊达尔戈（Inocente Rivas Hidalgo）为红军武装力量的红色指挥官，该武装力量会在……地区活动并夺取圣萨尔瓦多城。革命斗争的前进是他的绝对职责，直到我们最终战胜剥削阶级。

埃尔·萨尔瓦多红军战斗部署处，1932 年 1 月 16 日。

为了无情摧毁当地资产阶级和帝国主义。

中央委员会

临时总书记　奥克塔维奥·罗德里格斯（Octavio Rodríguez）

［左下角处有一个印章，上面有一个锤子、一把镰刀和一个五角星，并且被一段文字所环绕（其中有两处拼写错误）：共产党/C. C. SEC. 萨尔瓦多 III。根据军队和警察的说法，有 1500 多份这样的文件被没收了。］

埃尔·萨尔瓦多共产党对军队士兵的声明

圣萨尔瓦多，1932 年 1 月 20 日

同志们：

此刻，在共和国的工人阶级开始为夺权而进行武装斗争之际，共产党中央委员会向你们发出公告。工人阶级会用这种力量把他们自身和你们从资本家和地主的束缚中解放出来，这些资本家和地主让如此多的在

工厂、车间、铁路、种植园、农场以及其他资本主义企业中工作的工人家庭陷于饥饿，他们支付的工资是如此之低，但他们并不打算补偿所有我们这些为他们创造了财富之人的痛苦。

你们知道，罗梅罗·博斯克（Romero Bosque）、阿罗约（Araujo）和马丁内斯（属于富人和帝国主义一类）政府在圣特克拉（Santa Tecla）、桑索内特（Sansonate）、萨拉戈拉（Zaragoza），以及最近，在本月5日，在阿提魁萨亚（Atiquizaya）的圣里塔州所进行的反工人大屠杀。你们也知道我们工人公开宣布进行罢工以逼迫富人给我们加工资，因为我们所挣的这点可怜的工资根本就没法让我们生活。富人及其政府不希望我们这些有组织的工人要求我们的权利。这就是为什么他们要屠杀并仍在屠杀我们，关押并继续关押着数百名工人〔这些工人被判去修建科胡特佩克（Cojutepeque）公路〕的原因，尽管这些罢工已经以一种高度组织化的方式得到了实施。

这个中央委员会已经带领工人参加了市政和国会选举。每个人都看到，在所有城镇中，共产党都是最大党，赢得了绝大多数的选票，甚至富人的报纸都注意到了这一点。但尽管如此，由富人所创建的马丁内斯政府依然不允许我们工人在市政厅任职，也不允许我们在国民大会上拥有自己的席位。

富人和政府都明白，处在这些职位上的工人会支持我们这些终其一生都生活在奴役的重轭下的穷人阶级。

由于这些原因，共产党中央委员会已经将自身武装起来以团结所有的工人和农民来夺取政权，从而创建一个工农兵政府。总之，代表工人、农民和士兵的委员会将通过把土地给予农民和士兵以及保护那些拥有小片土地的贫民等方式（因为我们的斗争是反对那些拥有巨大种植园和农场的真正富人，而不是反对那些只拥有一小片立锥之地的人）来无情地粉碎富人和资产阶级。

由这一中央委员会领导的工农武装起义必须得到来自你们，士兵同志们，作为我们的兄弟，在这场反抗富有的剥削者的殊死斗争中，所能给予的所有帮助和支持。这些剥削者就是那些迫使你们处于兵营的严格纪律中的人，那些不给你们发工资的人和那些只是用你们来镇压那个你们同属其中的穷人阶级的人。

当武装斗争开始之时，当伟大的工人群众为革命行动起来之时，你们应当选出代表来接受中央委员会的总指挥（general instructions）。

你们应当在你们中间选出士兵委员会，任命一名士兵为红色指挥官，从而和中央委员会一道在这场起义中领导你们。你们不应当再向我们开哪怕一枪。红军万岁！领导无产阶级革命的党中央委员会万岁！打倒指挥官和军官！

共产党中央委员会对共和国工人阶级
——工人、农民和士兵——的宣言

同志们：

共产党正带领无产阶级走向最后的胜利，只有当饥饿者、失业者以及所有其他形式的奴役（这些奴役是富人和帝国主义者强加在我们工人身上的）被终结之时，这场胜利才会到来。我们已经代表工人进行了一场激烈的、反对我们的统治者和大地主的斗争。起初，富人及其政府试图通过把共产党说成是一群盗贼来败坏我们的名誉。按照那些偷走我们的劳动并支付给我们可怜的工资之人的说法，按照那些慢慢杀死我们，迫使我们生活在没有水、没有电的肮脏的地方，或者生活在散发着恶臭的兵营，或者在田间地头风吹日晒雨淋、没日没夜劳作的人的说法，我们工人乃是盗贼。我们被称作盗贼，因为我们要求应得的工资、要求更短的工作时间和更低的租金，这些租金如今是如此之高以至于富人几乎占有了所有的收成，并偷走了我们的劳动。

除了这些谎言之外，他们还为我们阶级的战斗同志增加了谋杀、毒打、监禁和流放。我们已经目睹了他们在圣特克拉、桑索内特、萨拉戈拉以及最近在阿瓦查潘对男女工人，甚至对童工和年长工人的屠杀。按照富人的说法，我们工人没有任何权利——甚至没有说话的权利。我们的报纸被宣布为非法，我们的信件被打开和偷走。虽然共产党是最大的党，并且是最有纪律的党，但在我们为选举市长和我们的阶级代理人而斗争期间，政府和富人无耻地证明了只要他们的阶级没有被我们自己的活动赶下台，我们就仍然是他们的奴隶。在阿瓦查潘，在我们的同志不被允许参加选举之后，国民警卫队奉富人之命对我们进行了残酷的迫害。在阿瓦查潘，我们的同志正在用手中的武器勇敢地保护他们自己免遭这些暗杀。

在这样的环境下，代表共和国所有男女工人的意见并在共产国际的指导下有望得到全世界所有工人的道德和物质支持的共产党中央委员会

命令：

武装所有的工农并建立埃尔·萨尔瓦多红军总指挥部。

工人男女进行总起义，直到建立一个工农兵政府。

工人同志们：把你们武装起来，保护无产阶级革命！铁路工人同志们：占领铁路，让它们为革命服务！

农民同志们：向大种植园和农场要土地，保护那些只有小块土地的人，用你们的武器保护革命的战利品，不要怜悯富人！

士兵同志们：不要向革命工人和农民开枪！杀了你们的指挥官和长官！让你们自己听从由这个中央委员会所任命为红色指挥官的那些士兵同志们的指挥！

同志们：组建工农兵委员会！

所有权力归工农兵委员会！

圣萨尔瓦多，1932 年 1 月 21 日

于埃尔·萨尔瓦多红军总指挥部

中央委员会

1935 年巴西起义的文献节选

国民革命政府纲领 *

　　这篇文章成文于受共产党鼓舞的 1935 年巴西军事起义之前，这次起义构成了"第三时期"和人民阵线时期战术之间的一个过渡。

　　人民革命政府纲领是民族解放联盟（ANL）的一个文件，该联盟是巴西共产党和中尉主义（tenentista）运动的左翼之间的一个政治—军事联合，它领导了 1935 年 11 月的起义。其纲领倾向相当温和，并没有挑战巴西资本主义统治的存在。

　　为了消除误解（这是主要目的）并回应联盟中很多同志的问题，我们将会给出有关人民革命政府特点的一些具体信息，作为巴西的解放者和真正的民主人士——也即作为民族解放联盟的积极成员——我们正在为该政府的建立而奋斗。

　　1. 所有那些声称我们的组织不过是共产党的一个单纯阵线的人都是在诽谤民族解放阵线，而且很明显是在执行警方奸细（police provocateurs）的工作。民族解放阵线乃是所有那些为了民族独立而希望同国外帝国主义（它使我们成为奴隶）和法西斯主义（在一个像我们这样的国家，法西斯主义乃是为那种到目前为止仍能通过旧的雇用方法来维持其统治

---

　　* "Programa do Governo Popular Nacional Revolucionario", in Helio Silva, 1935: *A revolta vermelha* (Rio de Janeiro: Ed. Civilização Brasileira, 1969), pp. 443 – 447.

的帝国主义服务的最穷凶极恶的恐怖工具)做斗争的巴西人的一个广泛的民族团结阵线。

同样,他们也无法理解我们作为巴西解放者的意图,或者他们仅仅是为我们的对手服务的破坏分子(provocateurs)。我们的这些对手假装把民族解放联盟正为之而奋斗的人民国民革命政府同一个苏维埃政府——工人、农民、士兵和水手们的民主独裁——相混淆。

如今,巴西正面临最可怕的法西斯主义的威胁和帝国主义对我们国家的彻底殖民(我们的国家仍在被热图利奥(Getulio)的卖国政府及其在各州的最忠实走狗见利忘义地出卖)。在当前条件下,我们这些民族解放联盟的成员声明,一个真正的、从手握武器的人民(人民即一个国家人口的全部,只排除帝国主义的代理人以及那些追随他们的无关紧要的少数)中间产生出来的政府乃是必要的。这个政府不只是工人和农民的政府,而且也是这样一个政府,在其中,所有的社会阶层和所有重要的、严肃的公共意见潮流都得到了代表。它将在严格的字面意义上成为人民政府,因为它会得到大多数人民组织的支持,比如工会、农民组织、文化组织、武装力量、民主政党,等等。它会让那些真正有政治声望的人来做它的领袖,在每个地区,这样的人都能真正代表人民或者当地居民。这个政府的首脑,作为整个国家最有人民声望的、毫无争议的领袖,没有人能找到比路易斯·卡洛斯·普列斯特斯(Luis Carlos Prestes)更好的人选。对于这个国家的绝大多数人而言,普列斯特斯的名字代表了这样一种保证,即这个政府会真正有效地去努力贯彻民族解放联盟的纲领。它确保这个政府不会重走先前政府的老路,即被瓦尔加斯所击败的那个道路,彻底放弃1930年承诺的道路以及公开地、见利忘义地出卖国家的道路。

这里我们应当做出一个恰当的说明。鉴于民族解放联盟群众声望的增加令人印象深刻,许多人如今宣称赞同其纲领,甚至同意在巴西建立一个没有普列斯特斯的人民政府,至少普列斯特斯并不是这个政府的中心和决定性人物。乍看之下,这可能仅仅是私人事务。但实际上并非如此。联盟的所有支持者应当都知道这种倾向具有一种明显的反革命基础。把普列斯特斯这样一位人民的、民族的革命人物从政府领袖的位置上去掉,实际上代表了那些人的一种阴谋,他们害怕民族解放联盟纲领的实施，害怕反帝国主义斗争，害怕人民利益得到满足。它渴望重回 1930 年之路：背叛之路、逐步清算真正的革命分子之路。这也就是为什么我们需要向人民说明，这种观点的捍卫者已经在我们队伍内部开始组织反革命了。

2. 人民政府作为绝大多数人民利益的代表者只能在人民的直接控制下才能运用权力，在最高意义上，它将通过彻底的思想自由、言论自由、出版自由以及宗教、种族、肤色等组织自由来实践民主。实际上，人民政府只能履行所有那些为人民所需要（通过他们的不同组织）的措施。人民政府将会是我们国家的第一个实际民主，会是真正的人民政府，因为人民会通过他们的建议和需要而直接介入这样一个政府，并实际参与实施那些与他们相关的措施。这个政府的首脑将是那些真正具有人民声望的人，那些真正解释了绝大多数人的意志的人。在这些条件下，所有的社会阶层都会在人民政府中被代表，包括民族资产阶级（以其中真正反帝国主义和法西斯主义的中坚力量为代表）。人民政府是从武装起来的人民中产生的政府，它不仅仅是工人和农民的政府，也是巴西所有反帝国主义分子的一个广泛团结阵线的政府。

3. 但与此同时，这个政府也会是一个民族解放政府，因为这个政府会发生深刻的变革，面对帝国主义及其代理人，它不会承认那些实际上意味着把巴西卖给国外资本家的任何利益、条约或其他事物的神圣不可侵犯性。在帝国主义面前，国民革命政府会是真正民族的和革命的——深刻、激进且积极的（energetically）革命。在这一意义上，强调下面这一点就是必要的，即只有这个政府能够积极地面对外国统治。有了所有人的支持，以及由具有巨大人民声望的领袖所行使的权力，在大型群众组织的直接影响下以及在整个国家武装力量的支持下，它会成为我们国家第一个能在人民民主的背景下对帝国主义者及其代理人实施最严厉专政的政府。民主，我们当然要，但却是对人民、对巴西人、对所有那些诚实劳动且没有剥削过巴西人而言的民主；对国外的封建主义及其在巴西的代理人，即那些把他们的国家卖给帝国主义的巴西人，我们需要进行最严厉、最有力、最可怕的专政。承认帝国主义代理人的自由就意味着否认这个政府的民族革命内容，也就意味着这次解放革命的自杀。

4. 人民革命政府并没有清算生产资料的私人所有权，也没有把工厂和民族企业收归其控制之下。这个政府开启了生产力的自由发展，但并不打算进行工业和农业生产的社会化。在巴西当前的形势下，只能清算封建主义和奴隶制，并通过确立一个真正的民主制度来确保这个国家生产力的自由发展。但由于经济的战略高地如今掌握在帝国主义手中，因此，国民革命政府只有通过一种革命的方式来占领这些企业并使其国有化，这样才能从一开始便将大部分产品掌握在自己手中。这无可置疑地构成了支撑国家生产力自由发展的强劲因素，而这种生产力则会确保巴西的进一步发展。

5. 人民政府会立即采取所有必要的措施来确保一种最低限度的社会立法的实施，这种立法包括一些基本的措施，比如，其中会有：a）八小时工作制，未成年人的工作时间应当更少；b）同工同酬；c）根据不同地区的消费水平，由工人组织决定最低工资；d）每周有强制带薪休假时间；e）每年有带薪休假；f）工作场所的卫生条件；g）产前产后两个月的带薪休假；h）在每个工作地点由工人委员会监督该项立法；i）失业人员的社会安全；j）退休金和退休账户，等等。

人民国民革命政府会立即采取所有的必要措施来降低生活费用，它会通过减少甚至停止对小商业征税，如有关基本必需品的生产税和消费税，它还会降低广泛使用的物品的铁路和海关税，等等。人民政府会采取所有必要的措施来保证人民的教育，通过义务教育来消除文盲、提高群众的知识水平，等等。人民政府会采取所有必要的措施来确保人民的健康，会增加医院和诊所的数量，免费向人民发放药物，通过占用如今属于帝国主义及其民族走狗的建筑物来改善大多数城市群众的生活条件。

通过对银行的国有化，人民政府会确保现存的存款属于所有那些不是民族叛徒（作为帝国主义的直接或间接代理人）的人。

人民政府会对大型的国外和民族企业以及大民族资本家征税，并将这些税收作为其用以支付公共开支的财政的基本来源，从而去除所有如今由人民支付的税收。

6. 在农村，人民政府会由那些对伟大的劳动群众充满信心，并且会自然而然地保护这些群众的利益的人来领导，他们会对抗那些在最严厉的封建主义和奴隶制的条件下几乎剥削了我们所有的农民并且与帝国主义剥削者有着直接联系的封建大地主和拥有土地的贵族。人民政府显然会终结农民对地主的中世纪式的屈服，并废除他们的所有封建债务。为了确保那些劳动者拥有土地、确保土地属于所有那些希望劳动的人，人民政府会要求那些在农村的资本主义业主（capitalist proprietors）履行由革命所确立的社会法律。尽管如此，人民政府将不会没收那些并没有采用封建剥削手段之人的财产。通过确保贸易自由、降低关税、终结所有的生产税等等，人民政府会允许国内市场的一种巨大的、前所未有的发展。

7. 人民国民革命政府会尊重整个国家的军队和武装力量的军官（包括将军）们的权力，它只会对巴西的那些卖国贼和那些为了帝国主义而指派部队反对人民或者试图组织反革命（活动）的军官施以严厉的措施。人民政府对这些人将毫不留情。但它会把剩下的武装力量，包括其中有经验的干部，同武装工农联合起来，并组建一支伟大的国民革命军，一支能战胜帝国主义入侵和反革命的军队，一支由那些对他们的士兵充满信心的领袖所领导的、以自律为基础的军队。

8. 关于人民政府所采取的形式再多说一句。除了革命的存在与革命现实，没有什么能给革命果实提供形式。但是，如果我们必须要处理这样一个问题，我们可以说，没有什么表明人民政府不能采取与现有政府相同的外在形式：一个由总统所领导的中央政府，由各部长组成的内阁（如此一来，最典型的人民反帝国主义潮流也能被代表），在各个州、市也组建类似的政府，并由该地区最有人民声望的人来领导。

所有权力归民族解放联盟[*]

路易斯·卡洛斯·普列斯特斯

路易斯·卡洛斯·普列斯特斯——普列斯特斯纵队 1924—1927 年革

---

[*] Abguar Bastos, *Prestes e a revolução social* (Rio de Janeiro: Ed. Calãino, 1946), pp. 304 – 305, 309 – 311, 313 – 315.

命的传奇领袖、巴西共产党总书记——在返回巴西后（在苏联待了几年）不久所做的这次演讲，成为共产党反抗"1930 年革命"所组建的热图利奥·瓦尔加斯（Getulio Vargas）政府的"战争宣言"。普列斯特斯把自己视为 tenentismo（20 年代的中尉运动）的革命民主传统的继承人，这个传统被瓦尔加斯以及支持他的那些前中尉们所抛弃和背叛。这次演讲产生了很大的影响，瓦尔加斯政府以此为借口宣布民族解放运动（ALN）为非法组织。

科帕卡巴纳（Copacabana）的炮火轰隆作响！锡凯拉·坎普斯（Siqueira Campos）的英勇同志们纷纷倒下！圣保罗的战士们跟着若阿金·塔沃拉（Joaquim Tavora）一起反抗，整整二十天，有四分之一的工人遭到了来自为贝纳德斯（Bernardes）效力的将军们的野蛮轰炸！然后，撤退。在巴拉那（Paraná）灌木丛中的英勇斗争！南里奥格兰德（Rio Grande do Sul）的起义！纵队行军穿越了国家的整个内陆，唤醒了最偏远腹地的人民起来反抗那些把巴西卖给国外资本家的暴君。多么有活力、多么勇敢啊！十三年的浴血奋斗、十三年的不断战斗、十三年的接连胜利，在最黑暗的背叛面前，十三年的幻想便如肥皂泡般在一阵现实之风面前破灭！但斗争仍在继续，因为胜利尚未实现，英勇的战士不能半途而废；因为我们的目标是巴西的民族解放、民族统一，巴西的进步以及巴西人民的幸福和自由。这些执着而英勇的斗士来自这样一个民族，从亚马逊州到南里奥格兰德，从海岸线到玻利维亚边境，所有人都团结在一起——但把他们团结起来的是他们生长于其中的苦难、不幸和屈辱，以及在巴西当前半殖民地半封建条件下无法实现的民族统一。我们这些巴西所有联盟的支持者们，在从南到北穿越整个巴西之后，会再次高举"十八堡垒"（Eighteen of the Fort）的旗帜、卡坦杜瓦斯（Catanduvas）的旗帜以及 1925 年在特雷西纳（Teresina）门前挥舞过的旗帜！如今，民族解放联盟由数百万那些仍在继续这些斗争的人所构成。民族解放联盟现在成了从锡凯拉·坎普斯、若阿金·塔沃拉、波特拉（Portela）、贝内沃罗（Benevolo）、克莱托·坎佩罗（Cleto Campelo）、詹森·德·梅罗（Jansen de Melo）、贾尔马·杜特拉（Djalma Dutra）以及全巴西成千上万的战士、工人和农民开始的那些为了把巴西从帝国主义的重轭下解放出来而进行战斗的继承者。我们是人民的最佳革命传统的继承者，我们带着对英雄的记忆，向着斗争前进，向着胜利前进！

竞争已经开始了。在群众面前，有两个阵营得到了更清晰的界定。一边站着的是这样一些人，他们希望巩固巴西最残忍的法西斯主义独裁、清除人民剩余的民主权利、完成使我们的国家为外国资本所奴役的交易。站在这一边的是原教旨主义（Integralism）和恐怖主义突击反应部队（the terrorist shock troops of reaction）。另一边站着的是所有那些在民族解放联盟队伍中的人，那些希望保护巴西的全部国家自由的人，那些想为巴西人民要来土地、面包和自由的人。这并不是两个"极端主义"之间的斗争，就像对一种从未存在过的"自由民主"的虚伪捍卫者〔只需通过埃皮塔西奥（Epitacio）、贝纳德斯、华盛顿·路易斯以及热图利奥·瓦尔加斯的血腥独裁，人们便可以知道这一点〕希望我们相信的那样。双方的斗争已经开始，一边是巴西的解放者，一边是为帝国主义服务的卖国贼。

这一刻，所有诚实的人都需要有一个清晰而明确的站位：赞成或反对法西斯主义、赞成或反对帝国主义。没有可能或可辩护的中间道路。这也就是为什么民族解放联盟是一个庞大而广泛的有组织的民族团结阵线。威胁我们的危险以及日渐增加的危险，迫使我们给予这件事以最大的重要性，即创建一个由所有受帝国主义和封建主义压迫，因而受法西斯主义威胁的阶级所组成的最广泛的联盟。这是我们巴西革命当前的决定性任务。团结阵线并不强迫其成员放弃对自己观点和想法的捍卫。不，这会在革命群众中种下困惑，也会削弱他们的革命力量。承认我们可能会有各种政治、宗教、哲学以及意识形态上的差异，我们就会知道，作为革命分子，当前首先要做的，就是集中所有的力量同帝国主义、封建主义和法西斯主义做斗争。所有的个体、集团、潮流、组织，甚至政党，无论它们的纲领是什么，都应当加入民族解放联盟——唯一的条件是，他们是真的希望同在巴西所鼓吹的法西斯主义做斗争、同帝国主义和封建主义做斗争、为民主权利而斗争。我们带着钢铁般的意志来完成这一工作，因而我们必须要面对所有那些潮流或个体，他们，无论出于什么原因，都希望阻止这一民族的、革命的统一阵线。所有参加这个联盟的个体、集团、协会以及政党都应当不遗余力地粉碎这些阻力，并毫不妥协地谴责这些背叛巴西和巴西人民的罪人。

民族解放联盟的势力已经很大了，但它们能够而且应当更大，应当能包括数百万人，因为其纲领是对所有那些劳动者而言的，是对所有那些遭受帝国主义和封建主义统治的人，尤其是对无产阶级和伟大的农民群众而说的。无产阶级的团结是所向披靡的，它克服了反动派所设置的所有困难，是革命最伟大的力量之一。每一次新近的罢工都提高了巴西英勇的无产阶级的斗争能力，增强了这个作为革命领导者的阶级在巴西所有革命分子中间所激发出的信心。农民斗争虽然仍是自发的，而且缺乏明确的方向，但它却是一个好的迹象，即经过几个世纪的痛苦和不幸，那数百万渴望过得更好的人的仇恨能量和集聚的精力又得到了发展。巴西的战士和水手将会与革命同在，因此也就与联盟同在。国家武装力量的最好军官，那些不会带领战士反对巴西解放者的人，将会与联盟同在，许多在此前的斗争中已经表明会同人民站在一起反对帝国主义、封建主义和法西斯主义的那些人也会与联盟同在。

在 1888 年之前，巴西的军事人员并不同意充当帝国主义及其当地走狗的"猎奴者"（slave hunters）角色。1922 年以来，已经动摇了整个国家的那些武装运动中的所有英勇战士都与联盟同在。1932 年，圣保罗的英勇青年决定在战壕中捍卫民主和自由以对抗瓦尔加斯的独裁统治，虽然他们的领袖们已经同政府混在一起，但他们则会加入联盟。整个国家的工人阶级青年和学生，他们正在为一个更好的未来而奋斗，并准备为巴西的民族自由而献出自己所有的热情和精力（他们会同先锋队站在一起），他们也将与联盟同在。巴西的妇女们——工人和知识分子，以及工人的家庭主妇、母亲、姐妹、女友和女儿们——也将与联盟同在。尽管唯利是图的媒体散布了所有的谎言和诽谤，但她们依然会加入联盟，因为她们知道并且认为只有联盟能给她们的孩子们带来面包，并终结她们生活于其中的那种残酷剥削。宗教妇女，像所有的宗教人民一样，无论是天主教还是新教，无论是万物有灵论者还是实证主义者，她们首先想要的便是实践她们的宗教自由，而联盟则会保护这种自由。即使是巴西牧师，那些已经加入教会的最贫穷的人，也不会把他们的祖国卖给帝国主义或者忽视他们对穷人的责任，他们也将与联盟同在。自然而然地，教会的首领，那些富有而养尊处优的红衣主教和大主教们，作为统治阶级和帝国主义走狗中的成员，是反对联盟的。以前，弗雷·卡内卡（Frei Caneca）、米格林霍教父（Father Miguelinho）以及许多其他人都同人民站在一起，为巴西独立而奋斗，反对主教和大主教的意志（他们命令教士去从事暗杀活动）。手工业者、小商人和商人一方面受到税收和帝国主义垄断的压榨，另一方面，虽然人民群众的痛苦越来越大，但这些商人所挣得的却与日递减；以至于到了他们也渐渐变得穷困潦倒的地步，他们仅仅成了帝国主义剥削人民和间接征税之间的低薪中间商，他们也会与联盟同在。巴西的有色人民，帕尔马里斯（Palmares）光荣传统的继承者，也将与联盟同在，因为只有一个真正的人民政府的广泛民主才能永远终止种族、肤色、国籍的特权，并给予巴西的黑人们有关自由和平等的最广阔前景，从而摆脱一切反动偏见（为此，他们已经勇敢地斗争了三个多世纪）。

在人民眼中，没有同统一解放阵线做斗争的借口。这也就是为什么民族解放联盟的队伍会向所有那些愿意为一个反帝国主义、反封建、反法西斯主义的纲领而奋斗的人开放，而这样一个纲领只能由一个人民革命政府来加以实现……

民族解放联盟已经反映了我们人民的巨大革命力量以及他们愿意为巴西的民族解放斗争而牺牲的不可估量的意愿。最近发生在彼得罗波利斯（Petropolis）的事件以及圣保罗人民用以迫使原教旨主义分子（Integralista）的领袖们怯懦地撤退的那种活力就很好地说明了民族团结阵线的潜力。

因此，我们正快速地朝建立一个遍及巴西的人民革命政府前进，这是一个反帝国主义和封建主义的人民政府，它事实上向这个国家的广大工人群众证明了什么才是真正的民主和自由。贯彻联盟纲领的人民政府会统一巴西并拯救数以百万计的工人的生命，他们被饥饿所威胁、被疾病所折磨、被帝国主义和大地主所剥削。巨大的种植园土地的分配会增加国内的商业活动，为国家更加迅速的工业化、独立于一切帝国主义的控制开辟道路。人民政府将为巴西年轻人打开新的生活视角，确保他们的工作、健康和教育。

这种政府所依赖的群众力量乃是保护国家、对抗帝国主义与反革命的最佳保障。人民军队、国民革命军，能够保卫国家的完整、抵抗帝国主义的入侵，与此同时还能清除所有的反革命势力。

但是，在最艰苦的斗争之后，权力只能落到人民手中。联盟的主要对手不仅是腐败的瓦尔加斯政府，而且，最重要的，是帝国主义者，是那些为他们服务的人，以及那些千方百计要阻止在巴西建立人民革命政府的人。唯利是图的媒体推销给（sold to）帝国主义者的咆哮（howls）乃是反动派准备抵抗的最明显标志。工人群众以及联盟的所有成员必须保持注意和警惕。这是一场战争，每一个人都必须坚守自己的岗位。群众自身也应当主动保护他们自己的会议，确保他们的领袖们的安全，并积极准备进攻。在群众的意识中，进攻的理念正在成熟。领袖们必须对这种理念加以组织和引导。

巴西的劳动人民！在捍卫你们的利益时保持警惕。同巴西的解放者一道来就位（Come take your place）！

巴西的士兵们！立正！在巴西的解放斗争中，暴君们想用你们来反对你们的兄弟们！

南里奥格兰德的士兵们，你们是最具革命传统的土地上的高乔人（gauchos）的英勇后裔！做好准备，组织起来。这是你们能够调转武器对抗压迫你们的暴君（他们希望靠武器来永远维持着当前的耻辱）的唯一方式！

巴西诚实的民主党人！英勇的米纳斯·格瑞斯（Minas Gerais）人民，伟大的民主斗争的传统故乡！只有与民族解放联盟一道，你们才能继续你们的祖先所开始的斗争！

北方人和东北人！坚守你们伟大的民族能量！把你们自己组织起来捍卫属于你们的巴西！

全巴西的农民们，东北腹地的战士们！人民革命政府会保障你们所拥有的土地！准备保护它们！

巴西人！

被苦难和屈辱团结起来的遍布整个国家的所有人！把你们对统治者

的憎恨表达出来，使其成为巴西革命不可抗拒的、无敌的力量！你们失无可失，却可以得到整个巴西这笔巨大财富。把帝国主义及其走狗们扼住巴西身子的爪子撕扯掉！一切都为了巴西的民族解放而斗争！

打倒法西斯主义！

打倒令人憎恶的瓦尔加斯政府！

为了人民国民革命政府！

一切权力归民族解放联盟！

路易斯·卡洛斯·普列斯特斯

1935 年 7 月 5 日

Ⅲ

斯大林主义时期代表性
文献节选

拉丁美洲人民阵线文献节选

智利人民阵线[*]

卡洛斯·孔特雷拉·拉瓦尔卡

这篇论文是智利共产党总书记于 1938 年撰写的，它呈现了人民阵线创建初期工人运动内部的争论，特别是关于联合推举总统候选人问题方面的争论。（在此期间）拉瓦尔卡（Carlos Contrera Labarca）与托洛茨基派分子（简称托派）进行了激烈的辩论，托派在社会党内有相当大的影响力，而且它反对人民阵线对右翼开放。另外对于文中涉及华盛顿关系上的无比温和的语调，应该放在美苏正在努力争取和解（和反法西斯联盟）的国际大背景下理解。

扩大和强化人民阵线

工人阶级的统一性还不够，因此必须获得联盟的支持。

将人民阵线建构成各个阶级的广泛联盟，事实已经证明是行之有效的。但托派分子却诽谤这一联盟是对革命的背叛，然而他们的诽谤只能一再说明托派是法西斯主义的追随者。

毫无疑问，谁都不会怀疑，人民阵线的存在和努力确实阻止了反动

---

* Carlos Contrera Labarca, "The People of Chile Unite to Save Democracy," *The Communist* (New York) n. 11, November 1938, pp. 1037 – 1042.

派对民主自由的破坏。长久以来，当权者始终能够祭出各种反动措施，而且只要它继续掌握权柄，它就能够这样一直不断地祭出反动措施。

那么，有无可能将大部分反动措施阻止掉呢？（毫无疑问），只要人民阵线能像共产党一直强烈要求的那样得到强化、扩充，对此问题的回答就是肯定的。

但是，宗派主义观念，以及托派对人民阵线的阴谋破坏，及其对社会党内某些部门的影响，都对这项工作任务的完成构成了严重的阻碍。

在农村地区，人民阵线最令人诟病的弱点之一，就是对这项工作极度令人担忧的拖延。（这种拖延）就是托派影响的典型反映。

最近制订的土地计划，经过了周密考虑，（它）不仅要满足最贫困人民的需求，也要满足最广大农业人口的需求，其目标不仅要复兴农业，而且要使农场变得繁荣、幸福。最重要的是，它努力与封建大地主相对抗，将其从民众运动中孤立出去，并阻止他们使用苦力、佃户、半自耕农等。同时，这个土地计划设法将农民的利益与工人阶级和劳苦大众的购买力衔接起来。

将天主教的劳苦大众争取过来是一项坚定的工作，这项工作的实施同样遭到托派分子的顽强抵抗。共产党的工作口号是，"天主教的工人们，我们向你们伸出手"，而托派分子却在社会主义报刊上找到空隙，堆积反革命言论，意图阻碍反法西斯阵线的扩大。

由于智利半殖民地的性质，国家经济被帝国主义粉碎和损毁，民族工业只能在十分艰难和不稳定的条件下继续发展，为了民族解放，我们可以（并且必须）依靠进步和民主的政策去赢得智利资产阶级某些部门的支持。

右翼政党的重要部门有段时间踌躇过并曾经给予（我们）机会，我们应该抓住这些机会，邀请他们加入民众运动，并保证满足他们在规则、进程和民主制度方面的愿望。

对于依靠激进的群众运动的武装力量，必须吸引其进入反法西斯运动的影响范围，目的不是为了与之合流，而是促使他们因此而可能得以履行保证宪法权利合法性的义务。

扩大人民阵线的界限仍然有无限的可能性。然而，托派分子说，"所有应该参与人民阵线的人都已经参与其中了"。这种傲慢而裹足不前的态度和对人民阵线能力的过高估计必须以实际、积极的政策加以反对，并且将达到以下目标：

1. 围绕人民阵线的民主方案以及赛诺·阿吉雷（Señor Aguirre）的候选资格，联合95%的人口，把握住任何一个可能性，加强并扩大跟斯塔沃·罗斯（Gustavo Ross）与法西斯主义的斗争，消除任何可能致使联盟分裂的纷争与分歧；

2. 分化、击溃敌人，毫不畏惧地利用敌方当中大量存在的矛盾和困难，直到寡头政治的五十个家族完全被孤立；

3. 训练人民军队，集聚他们的力量以联合攻击敌方，避免出现不成熟、分裂性质的急躁情绪和挑衅行为。

让整个国家意识到极其严峻的形势、巨大的潜在危险以及必由之路，提醒人们现在还有时间去拯救民主和智利共和国的命运，而明天或许就太迟了，这些崇高使命属于共产党。

一个反法西斯的总统候选人

为选择智利共和国总统职位的候选人，共产党提出了唯一一个民主程序：比人民阵线更广泛的，聚集所有民主和反法西斯力量的政党代表大会。激进分子声称要立刻被承认拥有从他们的组织中选择并提供候选者名单的"最佳权利"，并且声称人民阵线应从这一名单中选择候选人；社会党提议公民投票。在漫长的竞争后，政党代表大会这个想法获胜了；但它并未达到我们所希望的那样广泛。

两名候选人出席了"左翼代表大会"：代表激进党的赛诺·佩德罗·阿吉雷（Señor Pedro Aguirre）和代表社会党的赛诺·马默杜克·格鲁夫（Señor Marmaduque Grove）。他们在这场互相不愿妥协的危险斗争中争论；但是依照公约，一方没有得到另一方的同意，就不能成为候选人。他们双方都请求共产党的支持。考虑到很多无效的选票，以及破坏大会和摧毁人民阵线的危险，共产党公开向双方喊话，以人民的名义呼吁他们将自己的党派和私利搁置一旁，共同选择一个可以联合智利所有民主力量的候选人。

　　然而因反人民阵线分子竟然联合起来反对代表大会，致命形势意想不到变得更复杂了。激进党右翼和"共产主义 – 社会主义联盟"中支持格鲁夫的"危险分子"一道进行投机，并利用了激进党想成为多数党的企图。而社会党也认为自己有候选人的资格，因为其领袖格鲁夫有很大的声望；但不幸的是，他们在托派的影响下推出了"格鲁夫当权"（Grove to power）的口号。这个错误的口号引发了极度的担忧，它的左派性质引起了危机，这不仅未统一人民阵线，还倾向于孤立无产阶级。

　　基于以上情形，共产党就有必要让这些人听到人民要求反抗法西斯同盟并选出一位民主候选人的声音。值此之际，我党在第十次全国代表大会上，提出有必要考虑以下几点：

　　1. 智利革命运动的真实水平，也就是说，对革命现阶段阶级力量的关联性做出确切的评估；

　　2. 我们工人阶级和人民的政治经验及革命教育程度；

　　3. 维持和发展具有竞争力的、围绕无产阶级的所有民主和反法西斯力量联盟的必然性，即转化而成的行动口号："所有的智利人民反对罗斯和法西斯！"

　　幸运的是，在民意的巨大压力下，大会达成了一致意见，撤回格鲁夫候选资格并一致同意选举赛诺·阿吉雷。

　　赛诺·阿吉雷代表着整个国家的欢呼和喜悦，在他当选的几小时后，他参加了共产党第十届国民大会的闭幕式，并称赞了我们党坚不可摧、始终如一的联合政策。

国外同盟

　　我们已经讨论过，为了人民能够战胜法西斯而赢得国内同盟的必要性。但这还不够。如1810年的爱国者们所构想的那样，赢得国际同盟是必要的。我们必须记住，一些值得铭记的外国人不仅为我们解放事业贡献了才智，甚至还奉献了热血与生命。

　　人民阵线确立了全世界工人阶级和其他民主力量给予其适当协作和帮助的必要性。北美无产阶级和人民的帮助尤其宝贵。

　　托派试图掩盖这个重大问题。他们利用民众对于帝国主义合乎情理的厌恶，集中攻击北美人和英语语系的帝国主义（English imperialism），而这两者在智利的投资量最大。这其实是帮助法西斯政府渗透和统治的一种方式。

将美国人民等同于欺压我国家的美帝国主义企业，是政治上的畸形观念。华尔街不仅在智利是冷酷无情的民主的敌人，在美国也是一样。北美人民的敌人就是智利人民的敌人。

美国民主和进步力量的重组特别有利于我们两国之间正确关系的建立。

睦邻政策

在睦邻政策及其一致应用的基础上，可以且必须与罗斯福政府建立关系，但是，这遭到华尔街猛烈的攻击。根据绝对实际的标准，睦邻政策对于争取和平与民主目标来说是一个有益的手段。

至于在智利投资的外资，人民一向尊重并将永远遵守国家政治宪法的规定，这些规定保障包括外国资本在内的所有资本的财产权，同时要求国内外资本家同智利人民一样尊重这些条款。人们对于外资合作需求的认可从未停止，并且如果出于国家利益的需要，未来他们仍然倾向于寻求这种合作。智利的财富是构成它作为独立、自由的国家而存在的这一权利不可分割的一部分，并且必须以一致行动为基础，将这些财富分配到维持和扩大人民民主，以及维护和平的服务上。

因此，人民阵线最重要的任务就是捍卫国家主权，平等地将智利的法律普及到所有人，并强制执行社会立法，使全部社会立法得到遵守；人民阵线将不允许任何一种形式的垄断、特许和特权存在，因这些行为会危害国家福祉与安全。外国机构直接或间接地以鼓动法西斯力量和反动势力为目的，干涉智利内政的任何企图，无论以信资还是金融合作的形式，还是秘密制造成储备武器，抑或是打着外国政府和旗号来掩护其走私、搞间谍活动或阴谋诡计的，都将被视为对智利国家主权的敌视行为。

因而，这些是"新政"或者人们对待外资企业的条件，根据这些条件，智利政府将不再是一个附庸，而是一个属于智利人民的、由智利人民建立的、为了智利人民而成立的政府。迄今为止，这些关系已然存在于外国资本家与智利政府和政治家之间，显然，智利保留阐释这些关系的所有权利。

左翼对智利人民阵线的批判[*]

汉贝托·门多萨

汉贝托·门多萨（Humberto Mendoza），笔名为豪尔赫·拉温（Jorge Lavín），是持不同政见的共产党领导人之一，1930 年从智利共产党中脱离出来，并于 1933 年加入国际左翼反对派。门多萨及其组织，即共产主义左翼党派中的大多数成员于 1937 年决定加入社会党，并成为该党派左翼的重要分支。门多萨在其 1942 年所写的《现在呢?》（下面几段即出自该书）一书中提出的对智利人民阵线的批判，曾受到欧洲托派的启发，但他尝试着处理智利现象的特异性。

智利社会党意识形态中持续存在的问题意识，可见于 1972 年由社会主义历史学家胡里奥·塞萨尔·朱伯特（Julio César Jobet）发表的党建文献集中该著作再版的大部分内容。

在智利的现行体制下，正因为有社会党部长，所以工人阶级还未取得政权。实际情况是工人阶级正处于失去党派的危险中。对于工人阶级来说，辩证的政治进程正慢慢使社会党所代表的利益越发具有涉外性，并且更接近国家资本主义和国际资本主义的利益。

在根本上基于阶级斗争的资本主义社会中，民主只发挥了看护剥削的一种功能。我们已经看到，宪法宣称为不容亵渎的自由，只要适合统治阶级的需要就会被消除。

工人、农民、公司职员、专业人士和小型企业主，都感受到现行体

---

[*] Humberto Mendoza， "El Frente Popular a la luz del socialismo revolucionario," 1942, in J. C. Jobet and A. C. Rojas, *Pensamiento político del PS* (Santiago: Ed. Quimantú, 1972), pp. 35 – 39, 42 – 44.

制下的不公、饥饿和失业的压力。他们看到、感受到并忍受着现实的苦难。但是如果对于剥削的意识能促使他们采取行动去摧毁剥削，那么"资本主义民主"的全部暴力会让其自身感受到棍棒打击、子弹扫射、监狱和大规模逮捕的滋味。饥饿使失业者和被剥削者看到"资本主义民主"，或者更确切地说，资本主义专政的真正意图。

为什么工人们不通过罢工或示威来要求"人民政府"实施其计划呢？劳动群众的饮食比以前好吗？与上届政府执政时相比，现在人们有更多的工作、更好的薪资待遇并拥有更多权利吗？还需要让最天真的工人明白他们不仅什么也没得到，而且还失去了更多。他们已经失去了行动自由，作为一个有组织的群体而斗争的英勇的、值得纪念的日子也已然远去。曾经，统治阶级以革命的方式击败了专制、封建制度，并用鲜血和炮火摧毁了已经确立的政治关系。现在，正是这些统治者们已经像君主和沙皇一样思考，认为自己是拥有神圣权力的统治者。他们不惜任何代价维护政权，并且用社会交由他们使用的资源来对抗社会。

而且，资产者现在求助于暴力，以挽救日趋瓦解的"经济状况"免于崩溃，他们这样做只是证明：他们陷入了杜林先生陷入的那条迷途，以为"政治状态是经济状况的决定性的原因"，他们完全和杜林先生一样想入非非，以为用"本原的东西""直接的政治暴力"就能改造那些"次等的事实"，即改造经济状况及其不可避免的发展，用克虏伯炮和毛瑟枪就能把蒸汽机和由它推动的现代机器的经济结果，把世界贸易以及现代银行和信用的发展的经济结果从世界上消除掉。①

上述言论来自恩格斯于 1877 年左右发表的名著《反杜林论》，当时资产阶级还没有遗忘公社以及凡尔赛军队在巴黎街道屠杀的教训。

我们知道，抵抗能力以及每个国家民主制度的不同限度与其经济发展有直接的关系。"无论任何地方，只要资产阶级在该地的经济生活占有重要位置，资产阶级便在当地政治中有一席之地。"在智利，资本主

---

① 见《反杜林论》，人民出版社 2018 年版，第 175—176 页。——译者注

义在政治中的主导地位是毋庸置疑的，民主制度的威望在为其偿付能力做担保时依然是有威望的，经济发展水平并不是为了保证其绝对的主导权。

小资产阶级在农业、商业、大学以及政治和金融官僚、机构中扮演着重要的角色。每当无产阶级运动陷入低潮，为资本主义扩张留下空间时，它往往会在政治活动中发挥起最为重要的活动。

如果经济基础以及政治上层结构之间的联系是直接而又广为人知的，那么，在智利这样一个主要工业没有发展的国家，为什么资产阶级可以扮演最为重要的政治角色呢？但事实确实如此。不论什么时候，只要智利的资产阶级对之前用来发展社会的制度展开攻击，这些制度就如我们所知道的那样，将不再在斗争中用来维护工人阶级的反抗。其政治上的无能不足以使其赢得小资产阶级的信任。但可以肯定的是，民主制度因其具有的相对稳固性而能在形式上获得暂时的尊重。

此外，这也是人民阵线政治的关键，所有的联盟都倾向于隐藏或者掩盖不同社会阶层之间的经济矛盾。

但是，资本主义社会瓦解的历程依然迅速，尽管工人阶级政党有诸多政治拖延。但如果资产阶级通过反抗无产阶级、毁坏其制度并引入法西斯主义来应对这种瓦解的话，那么这种危险将会达到前所未有的程度。

有产阶级规模的缩小使得资本集中化和中心化。相应地，随着财富集中化而来的是权力集中化减少了享受并使用权力的人数。通过这一进程所特有的辩证法，对工人阶级的镇压已经上升到了无法想象的程度。一旦一些可以掩饰暴力用途的措施通过创造一些调解手段和制度可以获得的话，那么暴力就将被有产阶级炫耀为维持他们的规则的基础，以及基本的、坦率的、毫不掩饰的手段。那些拥有少量资产或者什么都没有的人的紧张以及自我意识将持续增长。

社会革命将会变得更加明显，同时也将被人类越来越多的领域需要。

我们无法带着良好的目的或不好以及错误的政治观念逃避这种转变。此时此刻，我们生死攸关，我们将为了活着而努力。

社会党必须彻底地让无产阶级以及劳动人民明白"即使最为民主的

资产阶级政府也仅仅是资产阶级压迫工具无产阶级的，即少量资产阶级联合起来压迫无产阶级"。生产力的发展破坏了产品之间的关系，这种潜意识过程必须通过调节我们的党派活动获得。在社会主义革命的胜利中，自觉的领导阶层是必不可少的。新的无产阶级战争仅仅是技术的巨大能量所带来的结果，这种技术完善是资本主义突破国与国之间的界限并试图通过将他们自身提高到国际政治斗争的水平，来建立产品之间的新联系，从而消除这种矛盾的结果。

由大量的乡村所支撑的无产阶级，正在为其权利而斗争，他们要求的不过是 1789 年资产阶级用来对抗独裁者的历史权利。

资产阶级利用恐怖事件来彻底消除被击败的政权的抵抗，并反过来组建我们所知的资本主义体系。没有任何理由可以阻止无产阶级组建自己的专政统治来消除资产阶级的阻挠并组建无产阶级政体。

古巴：人民阵线与巴蒂斯塔*

R. A. 马丁内斯

古巴并没有真正的人民阵线，只有共产党与科洛内尔·富尔亨西奥·巴蒂斯塔于 1939 年至 1944 年在其担任古巴总统期间所缔结的联盟。1943 年，共产党主席，作家胡安·马里内洛（Juan Marinello）还只是巴蒂斯塔政府的一名无实职部长。后续的文章处于出现这种独特联盟的大陆政治环境——对抗法西斯威胁的全美洲联盟，该联盟受到了罗斯福、巴蒂斯塔、隆巴尔多·托莱达诺（墨西哥工人联合会秘书长），以及古巴共产党的庇护。

意大利共产党日报《团结报》驻哈瓦那的前通讯记者萨维里奥·图蒂诺（Saverio Tutino）在 1939 年关于巴蒂斯塔的政治介绍中有如下描述："对大多数古巴人而言，他是反人民的代表，即使美国的政策急需其加入

---

* R. A. Martínez, "The Latin American Significance of the Cuban Democratic Upsurge," *World News and Views* (London), v. 19, n. 18, April 1, 1939, pp. 367 – 368.

世界反法西斯阵线，他仍然代表着法西斯。"巴蒂斯塔曾屠杀工人并应该为一些类似于安东尼奥·特拉斯的民族英雄被刺杀事件负责。

古巴民主浪潮对拉丁美洲的意义

持续增长和不断扩张的古巴民主运动已经成为拉美形成民主反抗法西斯战线最重要的影响因素。民主运动在古巴发展的进程中，外国政府的政策也受到了富尔亨西奥·巴蒂斯塔上校的激励，军队立宪领导人也需要反法西斯更详细的内容和对拉美态势的洞察。毋庸置疑，古巴的民主运动持续着迅猛发展的势头。

1月份举行的共产党第十届全体会议（1938年7月）第三次大会前瞻性的预见，在近期的发展中得到了进一步的证实：一方面，人民运动不断巩固并延续着一直以来的增长。巴蒂斯塔上校也融入了进步力量的组成部分；另一方面，反动派和法西斯正集结武装力量准备采取手段为推翻巴蒂斯塔政权、瓦解人民运动而孤注一掷。

1月23日到28日期间举行了工会联合会议，代表800多个工会和友好组织的1517位代表出席了会议。并成立了囊括所有古巴工会会员，人数超过500000人的古巴工人联合会。乐扎罗·皮纳，一位烟草工人，也是古巴工人阶级最受推崇的选举人，被选举为古巴工人联合会总书记。由墨西哥工人联合会工人组成的代表团在墨西哥工人联合会书记维·托莱达诺带领下也出席了本次会议，托莱达诺在会上做了历史性的发言，揭露了法西斯主义者——托洛茨基分子关于法西斯主义在拉美并不存在任何威胁的言论，并指出托洛茨基分子的本质就是美帝国主义实施帝国主义政策的烟幕。另外，来自于共产党工人组织的友好代表团也参加了本次会议。

古巴工人联合会除了要处理古巴工人阶级面临的所有基本问题，包括为参与现有的社会立法而斗争、组织问题、无产阶级在即将到来的国民代表大会中的地位、抵抗法西斯和战争等，还需给予古巴农民问题特殊的关注。来自农民组织的大量友好代表团也参加出席了本次联合会，并在报告了他们的现存问题后，还建议成立一个国家农民局来"帮助筹备省级农民大会，并以此过渡到国家农民代表大会。"在强大的古巴工人联合会和整个进步运动的支持下，古巴农民将很快克服其组织上的落后局面。

古巴的领导人，尤其是杰出的政治形象代表——巴蒂斯塔上校了解促进和维持与群众的良好关系、捍卫民主机制，并和一切反法西斯力量保持亲密关系等行为不仅对古巴，甚至对全球、全世界都起着积极的作用。古巴代表团在利马勇气可嘉的表现并不是偶然的事件，而是古巴政府反法西斯的成熟表现。由此证明，巴蒂斯塔上校的墨西哥之旅应该看作是为扩大利马政治视野和决策而献身的最严肃的尝试。

在墨西哥城，由墨西哥工人联合会组织的，近100000工人参加的盛会上，巴蒂斯塔上校号召"南半球不同种族、国家、民族等大联盟"，是反抗法西斯的迫切需要。在墨西哥商会的联合接待会议中，巴蒂斯塔上校一再重申他对西班牙共和与世界民主事业的不懈奋斗和追求。巴蒂斯塔上校也请墨西哥民众放心，如果法西斯对国家民族进行侵犯，古巴将与墨西哥联手共同反抗。

在巴蒂斯塔上校回到古巴之后，他对进步的、民主的目标有了更进一步的阐述。一例足以证明：在由古巴工人总工会（C. T. C）召集的巴蒂斯塔欢迎会议上，他声明道："在墨西哥，甚至是在古巴、美国、法国，共产党不是破坏分子，而是民主和进步的合法武装。"

在卡马圭省，巴蒂斯塔上校在另一次演讲中宣称："共产主义是一种进步的、民主的元素。"

在古巴逐渐成长的民主力量及其持续升高的影响力作用下，法西斯和本土武装力量对日益紧张的冲突开始有所反应，他们不仅镇压反抗工人的组织和民主政党及其领导人，还将巴蒂斯塔上校列为核心攻击目标。

和国际大多数做法一样，反动派将工人赶出工厂（他们甚至要求自己人每人负责一条流水线），逃税；在很多省糖料植物被禁止收割，甘蔗也不许用来榨糖。在政治上，他们打压一切进步的立法，并极力阻挠巴蒂斯塔在墨西哥期间谈判给予出让50000000美元借款的WARREN BROS法案（承认古巴黄金债务法案）通过。

古巴共产党对于政治态势的深刻理解比其他任何的变化重要得多，

仔细考量这些最近的变化就可以得出这样的结论:"抛弃所有从党内听来的过时的构想"是非常有必要的。形势在变化,党的口号也必须是"与巴蒂斯塔一起反对反动派",这意味着我们必须公开努力争取群众对巴蒂斯塔支持。

苏德条约及其在拉美的反响文献节选

帝国主义及其民族解放 *

E. 朱迪西

这本书由史迪奇（阿根廷共产党重要领导人）著于 1940 年，是产生于 1939 年至 1941 年（从莫洛托夫—里宾特洛甫条约即苏德互不侵犯条约的签订直到苏联被纳粹入侵）拉丁美洲共产主义运动时期的理论之一。他谴责了美国资本主义的不当行为并宣扬了领导不妥协斗争对实现阿根廷民族解放的重要性；他也对法西斯主义做了一种至少是模棱两可的分析。这种构想只出现于拥护罗斯福和反法西斯两个时期的间歇（1936—1939 年和 1941—1945 年之间）。

在某一时期，所有有影响的运动，包括欧洲的资本主义革命在内，都借助宗教信仰或教会利益来表达意图。但这种宗教的形式是短暂的，真正保存下来的是产生于旧社会时期的经济和政治革命。战后政治环境中的法西斯主义也出现了相类似的特征。对法西斯计划的煽动似乎表达了许多大众的愿望。很多困惑的民族解放运动不得不在法西斯环境中进行，这和德国资本主义在国际层面必须采取法西斯斗争形式而在国内粉碎一切无产阶级及民众活动的原因是一样的：他们必须在由英国和美国

---

* Ernesto Giudici, El imperialismoy la liberacion nacional, 1940 (Buenos Aires: Ed. Crónica, 1974), pp. 3 – 8.

主导的世界里为自己寻得一席之地，而这些国家之所以提倡和平主义，是因为他们对当前的世界格局甚是满意。法西斯在这种情况下便是暂时的，中心及决定性的是帝国主义，因其没有自己的政治特色，于是便采用了最能适应特定历史时期和特殊目的的政治形态（如英国的民主政治或德国的法西斯）。

我们应该意识到这些法西斯意识形态背后所隐含的大众诉求。因为他们来自人民。那么，是否以法西斯的形式呈现就无关紧要了？必要的政治整改会随着大规模运动发展而出现——而不考虑很多人说的"反动思想"（这也是为什么我们必须了解这个运动）。很多民众阶层认为他们能够在法西斯框架内对抗寡头政治。他们用自己的方式斗争，同时也有自己的政治缺陷。而我们不能拒绝他们，而是要走向他们并让他们意识到自己的错误。这些阶层所遭受的和别的民众阶层一样甚至更多。斗争不应该以对抗法西斯为借口而针对他们，而是和他们一起对抗寡头政治以及法西斯领导人或理论家，这些人之间的联系比表面上亲密得多。

政治说明在当前环境下刻不容缓。我们的困惑源于对某种批评的陌生，因为我们很容易将法西斯主义、政治错误和明确的反动意图归为一类。将这种清晰认识复杂化的一种批评便是罗西斯塔（Rosista）民族主义者。罗萨斯（Rosas）实际上反对一切外来事物。法国和英国封锁了拉普拉塔河和布宜诺斯艾利斯，而罗萨斯（Rosas）勇敢对抗封锁。事后看来这似乎是个高尚的民族主义态度。但真的如此吗？并不是，这种民族主义是虚假的，它站在了国家发展的对立面。饲养牲畜的寡头们想在牧场上和平生活，同时保持殖民地和半封建的社会形态，于是在"外来"集团赞助下的外国资本和自由主义者对他们来说便是充满恶意的。于是国家就封闭了，不是对外国人，而是对外国的进步封闭。这个情况和拿破仑入侵时期的西班牙类似。拿破仑在西班牙是个外国人，但他也代表着席卷整个欧洲的资产阶级革命。正如马克思所分析的那样，西班牙对外国人的这种反抗既团结又困扰了君主和封建阶层具有反动意图那部分人的真正民族主义要求，他们利用这种民族主义情感来达到自身的目的。指向外在性的地理上"民族的"并不能定义民族解放。"民族的"（从主权意义上说）必须和内部经济、社会和政治层面的进步行动相联系。民族解放必须是革命性的进步，让本民族跟上最发达民族的发展步伐。退步或停滞不前都不是民族解放。民族解放不是排外的孤立，而是和最进步的要素相结合来对抗最反动的要素，这些反动要素往往在各个国家最落后的地方寻求支持。扫除罗西斯塔（Rosisto）民族主义者同样是民族解放。当然，那些声称反抗英国而其实想回到亲英之前的阿根廷人只是为英国服务，给他们提供了一个落后的农耕国家，专门为满足帝国主义诉求服务（就像他们在历史上所做的那样）。

尽管如此，我们还想要表达一种"保守的政治"（political reservation）。在比阿根廷更落后的国家，对国外帝国主义的反抗能够使非民主组织或政党成为领导，因为这是民主制的初始特征。这不是一个根本性的问题。完美的民主政体并不是对抗帝国主义的必要前提，因为帝国主义入侵的地方民主往往遭到阻碍、限制和扭曲。我们必须在现有条件上做出行动，而不是希望拥有条件。解放运动一旦开始，政治上的反动因素便会被清理。民主将会随着运动的推进以及新的、年轻的、进步的和革命的力量的出现而得到实现。我们之所以又一次指出这点是因为我们常常看到本质上进步的运动因为其特殊环境而被布宜诺斯艾利斯傲慢的政治精英们轻蔑地判断为缺乏完善的民主和原则的领袖之间的斗争。要求这些运动拥有完善的民主和原则就像责备民众的落后和缺失文化。这是一个死循环。帝国主义统治力量迫使落后国家变得更加落后，而被压迫的国家必须找到摆脱落后的办法。这个死循环必须打破。当普通大众终于爆发，他们的行动带来新的机遇，他们却还要被指责太过落后！让我们给他们一个发展进步的机会。一旦发展起来，方方面面的问题都将被克服。我们不应该让自己被有关民众落后的言辞所愚弄，要认清表面上反民主而实际上反帝国主义的运动。帝国主义在民主的掩饰下继续统治，所有对抗帝国主义的斗争都需要采取武力措施，因此表面上看来是不民主的。然而民主的关键不是形式而是内容，它存在于希望、构建和运动当中。如果武力手段甚至是独裁手段的目的是致力于增强民众对抗寡头政治的能力，那么他们就不是真正的反民主，而是一个强有力的民主政府或民主专政的行动。作为革命者，我们不应该被表面现象所欺骗，一个民主的政府应该得到大众而不是反动寡头统治者的支持并满足他们的需求。这点我们反复强调，在那些因缺乏必要的经济和社会条件而不能立刻实现民主制的国家，这点认识更加重要。在一个由帝国主义控制的寡头政府统治落后民众的国家里，民主制是无法建立的；自由民族资产阶级的形成是政治民主的前提。这就是为什么我们把布希（Busch）上校在玻利维亚的政变归结为反动活动时格外谨慎的原因。这场政变反抗的是谁又是从谁那里得到支持的呢？如果它真的是反对盎格鲁—美利坚帝国主义，目的是保卫民族经济和受剥削的大众，那么尽管其形式是独裁的，但这个新政府也是进步的。埃斯蒂加里维亚（Estigarribia）在巴拉圭的政府同样如此，假设这两个运动都是为了反抗寡头政治和帝国主义行为的话。之所以用"假设"是因为我们不想在没有深入分析的情况下做出明确的判断。我们只是以这些例子来说明具有进步意义的拉丁美洲独裁统治。具体情况要根据各国政治发展进行具体分析。

"二战"后期文献节选

为了墨西哥的工业化 *

维森特·隆巴尔多·托莱达诺

    维森特·隆巴尔多·托莱达诺（Vicente Lombardo Toledano，1894—1985）是墨西哥工人运动和国内左翼知识界的重要人物之一。托莱达诺三十来岁时曾是工会领导人，政治领袖（墨西哥工人联合会的秘书长以及墨西哥革命党〈执政党〉的领袖之一），同时他也以作家的身份编写了众多著作，范围涉及哲学、法律、教育、工联主义、农业、社会主义以及马克思主义。他的理论思想巧妙地结合了马克思主义和墨西哥革命思想，或者更确切地说，结合了斯大林主义和墨西哥的国家民族主义。托莱达诺的思想在一段时间内曾对墨西哥产生了重要影响，而很多批评家将其思想和俄罗斯的"合法马克思主义"进行对比，后者的主要作用是以历史唯物主义的名义解释资本主义的经济发展。

    下面的文献节选自托莱达诺于 1944 年 9 月在革命党集团（墨西哥革命党领导下的工会、农民以及一些民间组织）大会上所做的演讲。当时的演讲主题是"不同阶级利益的统一、通力合作，支持国家工业化"，这也是他政治著作中的一贯主题。

---

    * Vicente Lombardo Toledano, *El nuevo programa del Sector Revolucionario de Mexico* (Mexico City, 1944), pp. 14 – 15, 16 – 17.

革命派不支持马上在墨西哥建立社会主义

很多人天真地以为这场战争是在全世界迅速建立一个实际的社会主义政权的历史机遇，而其他人虽心知肚明却仍旧顽固地去做煽动者。这在墨西哥是行不通的。我所知道的墨西哥社会主义者和马克思主义者，致力于消灭封建主义残余、克服我们自然资源短缺问题并保卫祖国使其不受帝国主义侵略的非社会主义革命者，以及那些和当今革命派在某些具体思想上有所分歧的自由主义者，所有这些人都曾经认为我们不会试图在战后的墨西哥废除私人财产。我们的目标不是在我国建立社会主义，因为无论是考虑到历史国情还是国际环境，这样一个非现实的任务都是不合时宜的。我们认为战后时期并不适合建立社会主义，我们的目的、目标和任务在逻辑上，是自然而然且不可避免地与旧时期革命（始于1910年的改革革命和独立革命）的历史目标紧密联系在一起的。我们希望的只是对先前的思想进行补充、诠释、发展和改进，并用新的方法和形式加以应用。我们希望成为这样一个民族：文化繁荣、就业充分、人民能够文明地生活。我们希望墨西哥不是半殖民地的国家，而是拥有主权的国家，无论从政治方面还是物质方面都是真正自由的……

什么是新计划中必要的？

很显然，工人和农民不能独自完成以下这些任务：转贫土为肥土、荒地上建工厂、改善交通以及增加国民财富。这些也是国家其他行业的任务，是全民族的工作，是墨西哥各行各业和全体人民必须奋斗的目标，而前提是人们要承认对于我们国家来说，唯一行之有效的措施是力求进步，而不是墨守成规。

超越任何个别行业或社会阶级的目标都是一件伟大又紧迫的历史性任务。所有人都应该一起努力，包括农民、工人、工匠、个体工商户、非剥削非投机性质的大商人、企业家以及银行家。所有直接或间接为国家的生产和经济发展做出贡献的人，包括大企业家和个体工商户、大银行家和诚信的商人、农民、工人、工匠、专家、中产阶级以及国家军队，都认为墨西哥的出路在于解放，在于把墨西哥人民从水深火热中解放出来。

因此，革命派认为他们的新计划必须充分考虑到国家所有社会行业的合法利益。

如果未来没有更加繁荣的图景，那么国家就不会取得集体性进步。如果国内大部分现有消费者没有购买能力，任何产业都无法独自生存，更别说繁荣发展了。而要想生存发展，就有必要对墨西哥的农业进行彻底而深刻的改革。传统、陈旧的农业必须转变为现代化类型的产业。

绝大多数人民（主要由农村人口构成）将因这项计划而受益。因此，如果农民群体的生活没有得到改善，工人阶级也不会繁荣发展。在国内，如果工厂发展因为缺少境内市场而受到阻碍，那么工人阶级的规模就难以壮大，人民的工资和福利也不会得到任何改善。而且不幸的是，我们也无法期望大规模地向其他国家出口工业产品。

工人阶级与资产阶级的利益在很大程度上具有一致性。除非墨西哥农民的生活标准得以提高，且国家早期的工人阶级作为消费因素得以发展，否则民族资产阶级、墨西哥工业家、银行家、技术人员或者诚信商人的生活不会有任何改善，哪怕是福利也难以享受。

然而，我们不是说墨西哥战后的当务之急是改进农业以保持农业国，甚至是现代化国家的状态。（显而易见，墨西哥农业的未来在于如何在高平原中培养高质量、高利润的产品以及如何发展热带农业。）毋宁说，墨西哥的经济前景主要依赖于它的工业发展。

如果这个国家不仅想要人民过上更好的生活（一直以来的理想），同时也不会成为或不可能成为战后国外发达经济体的干涉目标，那么唯一出路便是使墨西哥工业化，使生产组织化，并通过工业来革新国家，以符合充满经济刺激措施的周全的计划。

人民党*

维森特·隆巴尔多·托莱达诺

1947 年，隆巴尔多·托莱达诺建立了人民党（后被称为人民社会党）。正如他解释的，民众党并不是一个在野党，而是采取与政府合作的党派。

以下节选自他所做的关于民众党组成条件的演讲。他和执政党（革命制度党）共同提出了新的党纲以及党的"分工"。

革命将实现一项最重要的历史目标，使我们不再过多依赖他国。因此我们才认为墨西哥所有的民主和革新的部门都与革命目标息息相关。提高人民的生活标准不仅符合工人阶级的利益，同样也关乎农民、中产阶级和进步派的资产阶级组织。而捍卫国家主权独立对于工人阶级、农民、城市小资产阶级以及国家进步的大资产阶级都是同等重要的。这关乎国家本身。因此我们才鼓励将国家所有力量团结起来。简而言之，这意味着既然革命当前的目标如此艰巨、如此重要、如此意义重大，那么我们必须自然而然地认为所有这些部门都应该尽己所能，参与到新政权的事宜中来，以替代迪亚斯的独裁统治。

政治生活是现代国家生活的一个基本方面。

当我们讨论去创造一个新的政党时，也就是讨论去创造另一个有助于实现革命目标的工具。因此讨论建立一个政党以消灭那些事实上存在的少数革命力量，显然是错误的。这对我们来说是幼稚的自杀式想法，只会适得其反。那些认为我们正在企图通过消灭革命制度党来建立民众党的人，是大错特错的。我们当中有人对墨西哥革命党进行改变，并从物质和意识形态上逐步建设它，从而促成革命制度党的诞生。他们承认

---

* Vicente Lombardo Toledano, Un Nuevo paerido para Ia defensa de Mexico y de su pueblo mimeographed copy of stenographic version of a speech in May 1947, v. 5 of a collection of Toledano's writings published by the PPS, pp. 25 – 28.

（或至少我承认，并且我认为很多人都赞同我）出于诸多因素的考虑，革命制度党应该得到维持……

因此，当说起一个新的政党时，我们自然而然地会第一时间就想到一个和政府权力相独立的政党。最重要的是，民众党必须成为革命事业的其中一个党派，并且具有必要的行动自由，能够用自己的方式发挥其他执政党所无法发挥的作用。

所以我们必须坚持"和国家、政府以及公共权力相独立"的原则，在此基础上做出努力。独立并不是指敌对，而是意味着尊重、协调、互助、联合以及共同努力。尤其在遇到和革命制度党相关的事务时，我们必须将民众党的任务和革命制度党的任务区分开来。

当然，这两个组织在功能和责任上的不同点通过一些例子能更加清晰地说明。我想问各位，在不连累共和党主席和政府、不引起政府本身严重危机的情况下，革命制度党能够开展必要的、有建设性意义的自我批评吗？（比如，对某一内阁成员的失职或整个政府所犯的整体性错误进行公开谴责）在政府内，人们会不会认为党对某一部长或国务卿的批评是共和党主席的意见，因为该主席曾经想要摆脱他却出于特殊原因而无法谴责他呢？如果执政党对某一内阁成员进行攻击，人们会不会说："为什么主席不要求他辞职或私下叫他辞去政府的工作呢？"执政党对某一内阁成员的攻击会有什么影响呢——政治危机？执政党攻击州长后，能避免人们不把这种攻击当作共和党主席的主意吗？

在国际政治上，执政党能够在不连累政府和共和党主席的情况下发表自己的意见吗？（除非它只是重申外交部长的观点，从而变得有名无实）

从这个观点来看，执政党必须和政府互相照应，并且无法发挥批评的作用，但是批评又是理所应当的。因此，像革命制度党这样的执政党实际上发挥了以下作用：协调组织公职人员的政治活动，这些公职人员往往具有千篇一律的思维方式，而墨西哥要想在历史中发展，又不能出现其他类型的政治活动或公民行动的派别。

阿根廷共产党和庇隆主义*

维托利奥·科多维拉

1945 年，阿根廷共产党参与了一个民主联盟的建立，该联盟包括反对庇隆主义（当时共产党认为这是法西斯运动）的亲美派政治组织。

在 1945 年 9 月党大会的一篇报道（这里转载了其中一部分）中，维托利奥·科多维拉坚持不懈地分析了"纳粹庇隆主义"，主要是关于支持庇隆（1945，10.17—18）的大规模集体罢工事件。当时庇隆在劳动部长的职位上深受右翼官员的压迫。

在 1946 年的选举中，庇隆以 148 万对 121 万的票数成功当选民主联盟主席。

后来，阿根廷共产党改正了对庇隆主义的分析，但是它在 1945—1946 年间所犯的"错误"——没能将一个附属国的民粹民族主义和帝国主义大都市的法西斯主义区分开来，对该党的政治未来影响深远。

我们必须明白，这个错误不能完全归咎于阿根廷共产党，因为其他亲苏派的政党也都选择了相似的立场（比如和民族主义革命运动相关的玻利维亚左翼政党）。这再一次证明国际背景（苏维埃社会主义共和国联盟的政治情况）对于问题的理解是至关重要的。

民主联盟的致命缺陷是什么？

首先，民主联盟还不成熟，因为那些愿意为了共同目标而一起奋斗的进步派保守党人和一些州属党派仍未参与进来。民族统一集团的这些缺陷让大多数寡头政治和纳粹庇隆主义的极端反动分子有机可乘。这些人意在防止增加保守党在民主联盟的选举比重，以确保激进分子的胜利。

---

* Vittorio Codovilla, Batir al nazi-paronism para abrir una era de liberated y progreso（Buenos Aires：Ed. Anteo, 1946），pp. 14 – 15, 18 – 20.

现在，当局作为一个非排他性联盟的党派，正不遗余力地为所有反对庇隆主义的力量建立一个联盟。因此，我们共产党人宣布，无论这个联盟接下来有什么举措，任何承认自己与纳粹庇隆主义为敌却拒绝为民主联盟投票的人无论有意无意，都犯了"叛变民主罪"，因为之后他们会支持候选人连任。

除了不成熟，民主联盟的主要缺陷还在于它的团结依靠的是一个有限目标，即激进派总统候选人的胜利，而且那些在民主联盟中结盟的力量并非在所有奋斗领域都团结一致。实际上，有些人反对为州长、参议员以及国家和州代表的选举创立一份联合名单。这意味着统一战线不够牢固、效率不高。人们不理解这份联合选举名单是不是一个明智之举，能否确保所有政治和社会民主团体顺利进入下一届议会，避免我们投票的分散以及防止纳粹庇隆主义得到和他们对人民的影响力不相符的代表权。我们的口号是：不让庇隆主义者有一席之地！这样我们就能避免议会中出现法西斯的特洛伊木马。因此我认为我们共产党人应当忠于联盟，坚持不仅在总统选举上团结，在代表、参议员以及州长的选举上也要团结……

我们的国家是一个典型例子。看看庇隆主义的"反帝国主义"的煽动之举，你就能知道它背后的一切无异于敲诈勒索，只是把我们的国家卖给最高权力者。

虽然庇隆主义者总体上是反对帝国主义的，但他们特别擅长攻击美帝国主义。

为什么？因为我们国家占主导地位的是非常支持庇隆主义的英国信托和垄断基金。每当需要国际经济举措或交易来迫使法西斯军队的独裁者放弃武力、允许阿根廷人民通过投票来自由表达意志并建立他们期望的政府时，英国政治的反动分子就会立马出现并坚持认为他们无法支持这样的举措或交易，因为他们对大不列颠的利益及其与阿根廷的贸易有所偏见。而一旦美国政府的民主派人士拒绝接受纳粹庇隆主义的独裁统治（北美外交家曾多次在演讲中表明这个立场），美国工业和金融业的高层就会立马呼吁大家"冷静"，害怕美国那影响力十足的立场是支持正在我们国家运行的大量英国垄断和信托基金。

事情就这样发展下去。纳粹庇隆主义和英美政府之间的口头冲突日复一日、年复一年地持续着，始终没有产生有利于阿根廷人民的实际结果……

我们当中有背井离乡生活在兄弟国家的，已经见到这些国家的人民热情参与到"口头冲突"中，而阿根廷人民还在苦苦挣扎，用所谓的"充满温暖和关爱的精神团结"让自己被接收。这里我特指智利、墨西哥以及乌拉圭人民，并且很多情况下还包括这些国家的政府当局。

那种阿根廷人正在美国努力破坏一个危险的纳粹法西斯战线的想法在这些国家蔓延开来，因此我们的奋斗不仅是彰显民族特性的民主式奋斗，也是为拉丁美洲所有人民赢得自由的奋斗。现在我们可以宣布，阿根廷人民为了击垮纳粹庇隆主义而奋斗的事业，在美国已经转变为所有热爱民主和自由之人的事业。

阿根廷人民以及我们在邻国巴拉圭和玻利维亚的兄弟姐妹们已经在全美开展了强大的团结运动。同样地，统治这两个邻国的政权力量很大程度上是靠纳粹庇隆主义的影响和某种借用境外石油和矿产实现垄断的慕尼黑式政治所支撑。

我们谨代表共产党，向在美国的人民，尤其是智利、乌拉圭和墨西哥人民和政府表示衷心的感谢，感谢他们展现出的团结一致，这种团结发挥了重要的作用。在所有最重要、最有效的团结行动中，我们不得不提到那些勇敢的智利矿工们，尤其是那些粗犷豪迈的洛塔煤矿工人。他们坚持拒绝向纳粹庇隆主义的独裁统治集团运送燃料，通过在经济上隔绝和抵制法西斯分子，实实在在地向我们证明了一个人能够并且应当同法西斯做斗争。

10 月 18 日的罢工事件从某种程度上说是成功的，因为暴力导致了一些社会煽动行为的出现。事实上，这次罢工的发生是按照预先确立的计划实行的，由联合指挥部领导，并获得警方的明确支持。因此，庇隆主义者才得以切断电路、封锁铁路，使交通瘫痪，并阻止人们去工作。我们不应自欺欺人；纳粹庇隆主义知道如何果敢又高效地行动。这次"罢工"以及庇隆主义者的武装军队为此所做的一些极端行为，应该被视为纳粹庇隆主义者发动内战的首次努力尝试。

劳资公约 *

墨西哥共产党

1945 年 4 月，工业商会联合会和墨西哥工人联合会在隆巴尔多·托莱达诺的带领下，签署了一份民族团结条约。"墨西哥之声"是共产党的机构之一，为了致敬这个历史性事件，列举了以下政治、社会和经济原因。这是白劳德主义时期的典型特点，因为它主张不仅要和民族资产阶级进行合作，还要和北美帝国主义本身（当时是"二战"结束前的最后几个月，墨西哥仍然和苏联是结盟的）合作。

1945 年 4 月 7 日的星期天对于墨西哥来说是个历史性的日子，意义重大。那天签订了同盟条约；墨西哥工人和资产阶级的最高代表宣布他们决定共同执行一项具有共同目标的计划，该目标关乎整个国家的利益：

1. 为实现全面的经济自治和国家的经济发展而奋斗，并提高人民的物质和文化水平。

2. 对于"二战"期间在总统阿维拉·卡马乔推崇的民族团结政策下形成的联盟，要进行革新、重申和巩固，以促和平。

3. 努力通过自然资源的最大化利用、生产力发展、国民收入增加、商品和服务的扩增、交通、通信和公共工程的发展以及医疗和教育机构的改善，来构建一个现代、富强和文化繁荣的墨西哥，使人们远离痛苦、远离疾病、远离愚昧。

4. 拒绝自给自足的理论，实行经济互相依赖理论，与美洲其他国家进行金融和技术上的合作，以符合彼此的共同利益，并将此作为考虑世界其他民族需要的国际项目的一部分。

5. 开展会议时，不得蔑视持有一致意见的阶级中特殊观点的存在，

---

* "Historico pacto obrero-patronal," La Voz de Mexico, April 12, 1945, pp. 1, 7.

不得削弱任何法律赋予的权利。

6. 与会人员提出联合经济项目，向政府提供战争带来的问题和为了实现和平而产生的问题的解决方案。

这份条约合乎时宜、内容完美、充满爱国思想，因此至今没人能够对其提出明显的反对观点，一个都没有！

建立长期的民族团结

这份条约将团结带来的巨大成果描绘得如此美好，使得反对团结和祖国的敌人受到了强烈而尖锐的打击。

民族团结运动一直在发展。一旦冒出一个政治想法，民族团结在行动上就体现得更加具体。然而，很少有事件（甚至毫不夸张地说，没有事件）能够像 4 月 7 日签订的工人和资本家的条约那样把运动的进展表达得如此清晰。

这份条约应当获得全墨西哥人的支持。它确实来之不易。它是克服诸多困难后正在被实现的一个愿望。而维森特·隆巴尔多·托莱达诺（孜孜不倦怀抱这个愿望的代表）的形象因其令人敬畏的、坚持不懈的努力而得到彰显。

世界因希特勒主义而陷入一场残酷的侵略和征服之战，而后又在一场反抗纳粹强盗及其同盟和走狗的正义之战中复苏。自那以后，墨西哥的爱国者就高举民族团结的旗帜，而民族团结指的就是全墨西哥人民无论意识形态、宗教信仰和社会阶层有何不同，都团结一致，以捍卫祖国，实现自由、富强和进步。

在 1944 年 5 月举办的第九届共产党全国代表大会中，墨西哥共产党秘书长迪奥尼西奥·恩西诺代表墨西哥的共产主义者做出下列清晰简明的陈述：

我们承认墨西哥的独立和进步是重中之重。我们宣布，在这种情况下，所有部门、阶级、团体和民族力量、不同意识和信仰的人们可以也必须围绕着这些共同目标而团结起来；而我们作为这个国家团结的坚定守护者，会不遗余力地为此而奋斗。

全国人民团结一致，更加有效地为战争的胜利做出贡献；全国人民团结起来在战争胜利的不久的将来，团结一致，使祖国在自力更生的同时，能够不断地和世界各国进行和平、公正、实在又坚实的合作。

随着革命分子坚持正确的政治观，以及联盟领袖隆巴尔多·托莱达诺不屈不挠的政治活动，民族团结运动有条不紊地进行着。新的困难不断冒出，但最具活力、最自觉、最负责的墨西哥人民让民族团结运动不断前进。

团结运动前进，敌人居心叵测

在共产党全国委员会最近的一次会议上对现在的形势进行了分析。在工业化和墨西哥从美国获取机器设备的需求方面，会议承认："这个需求反映出关于民族团结的一种观点和假设，即国家工业部是按照以下方式维护民族团结的：墨西哥应获得平等的设备获取渠道，我们相信世界先进国家应该向发展中国家提供这些设备，促进他们的快速发展，这符合所有人的利益。"

自从那份历史性的条约签订后，一些人陷入恐慌和绝望，通过蓄意扭曲来反对它。他们在公开攻击条约时将自己暴之于众，而且他们中的绝大多数已经在搞令人恶心的动作、策划令人生厌的阴谋。

他们主张宣扬共产主义的"幽灵"，但这种幽灵似乎更像是一个稻草人而已。而墨西哥共产党的政策（先前段落中有叙述）正大步向前迈进。

他们对隆巴尔多·托莱达诺的"真正目的"提出质疑，但又不能改变一个不争的事实，即隆巴尔多·托莱达诺在推动这份条约的诞生上发挥了决定性的作用，他始终是最为活跃的一个人。

在这整个反对墨西哥和条约上所指的民族团结艰难前进的运动中，我们不能忽视《至上报》（*Excélsior*）不可理喻的行为，他们往往用一种失败主义、幸灾乐祸的口吻发表观点。

《至上报》：蝎子

《至上报》正在咬自己的尾巴，用毒液毒害自己，自身却一无所知。

《至上报》假装出于善意，其实骗不了任何人。他们对条约做了以下评论：

没有任何爱国的公民不会支持它。

这个评论指向谁呢？谁不爱自己的国家呢？换句话说，根据《至上报》，谁会是背叛我们祖国的人呢？谁会因为《至上报》有毒的叮咬而倒下了呢？

根据《至上报》，叛国者其实是他的"继子"——《最后新闻》。"没有任何爱国的公民不会支持它。"而那所谓的"公民"——《最后新闻》是这样说的："这个人人为之欢庆的条约是由那些去过伦敦的领袖提出的，而墨西哥的工业巨亨被爱国主义所打动而选择接受，但是在我们看来这是不正确的。"

很明显，大量证据表明《至上报》耍的把戏，其作用就是一个反对墨西哥的法西斯反动派机构。

尽管《至上报》运用玩笑式的、不可理喻的、愚蠢至极的自我提升手段（这三点是同时存在的）去掩饰愤怒，但其恶意的行为却欲盖弥彰，因为其出版社（叛国的出版社）竭尽所能地去说服读者最先印出阻止条约签订的材料的，是比它规模更大的报社。实际上，《至上报》正在做的就是歪曲事实，并企图敲响警钟，让人们相信隆巴尔多·托莱达诺正在商讨如何压制人们罢工的权力。而条约上所说的刚好相反："不得出于我们的利益考虑去削弱现行法律所赋予的神圣权利。"这种叛国出版社发行的报纸以墨西哥及其团结和进步为敌，希望阻止条约的签订，执行他们的任务。

永远的同盟

上文已经非常清晰地陈述了同盟的意义，毋庸置疑。没有人在欺骗别人，也没有人背叛自己的阶级。相反，推动这份条约签订的不是具体的阶级利益，而是整个国家的利益。尽管动机不同，但无论是无产阶级还是资产阶级都在努力促进国家的工业化，提高人民的生活水平，并且各有各的原因。因此，在当前墨西哥乃至世界的形势下，为了共同的目标，工人和资本家需要结盟，同时又不放弃自身利益或具体的阶级目的。

联合圆桌委员会仍然保持运作，以探讨问题，并尽可能地阐述共同观点。这个委员会必须完成一项伟大的任务，而且墨西哥人民希望它能成功提出对国家正在面临的大部分问题的看法。

现如今，有必要也有条件去建立三方委员会，而墨西哥共产党于1944 年 5 月 1 日对三方委员会的表述如下："有种方法可以大大促进冲突的解决、减轻工厂的工作负担，即在每个工厂都建立三方委员会，这样工人代表、公司代表以及政府代表就能探讨并解决他们的分歧，并通过减轻和改善劳动的方法来促进生产。"很多具备这样技术性功能的委员会正在全国建立起来。

这个同盟应当通过将尚未加入其中的工人委员会和资产阶级组织起来壮大自身。希望《最后新闻》利用一些工人团体的宣言来挑起敌对行动的图谋，能够让尚未加入同盟的那些联合组织认识到：他们唯一应该选择的爱国之路就是加入同盟。

4 月 7 日的条约已经表明那些拥有巨大权力和代表性的签订者认为只有这条路才是自由之路，才能实现国家进步。

这预示着所有墨西哥爱国人士的愿望能够得以实现：这个同盟会不断巩固和加强，并在和平、公正和胜利的未来全力发展。

普拉卡约纲领 *

1946 年 11 月，玻利维亚矿工联合会（FSTMB）在普拉卡约（Pulcayo）召开了一次特别会议，通过了一份后来被称为"普拉卡约纲领"的文件。革命工人党（成立于 1934 年）的武装分子，主要是吉列尔莫·洛拉（Guillermo Lora）起草了这份明显受到托洛茨基主义不断革命理论影响的纲领。因此，相对于这一时期拉丁美洲工人运动的总路线，即被共产党提出的极其温和的"民族团结"（national unity）策略支配下的总路线来说，这个纲领是个明显的例外。

时至今日，普拉卡约纲领依然是研究玻利维亚工人运动无法逾越的核心参考资料。

---

* "Tesis cenual de La Fedención de Trabajadores Mineros de Bolivia: Tesis de Pulcayo," in Guillermo Lora, ed., *Documentos politicos de Bolivia* (Cochabamba: Ed. Los Amigos del Libro, 1970).

Ⅰ. 宣言的基本原则

1. 无产阶级，即是玻利维亚社会革命的主力军。而矿业工人，则是玻利维亚无产阶级中最先进、最有战斗力的部分，他们决定着矿工联的斗争方向。

2. 玻利维亚是一个欠发达资本主义国家，它的经济发展并行着许多种经济成分，其中资本主义是新的因素并占据着主导地位，其他社会经济成分则都是我们国家长期延续下来的固有因素，处于从属地位。因此，无产阶级就成了民族革命的主力军。

3. 虽然玻利维亚是一个欠发达的国家，但还是世界资本主义链条上的一环。它本身所具有的民族特征也反映出了世界经济的基本特点。

4. 玻利维亚的特殊性在于，资产阶级根本没有能力清除大庄园制（latifundio），实现民族统一，摆脱帝国主义的政治束缚。这些未能实现的任务是资产阶级民主革命的目标，现在必须立即付诸实施。但是对半殖民地国家而言，最核心的问题是进行土地革命，清除封建残余，实现民族独立，也就是说要驱逐帝国主义。这些任务是环环相扣、密不可分的。

5. "随着民族经济的规模越来越大，世界经济越来越形成一个整体。工人阶级的国际主义有了现实的基础。"由于对外贸易的增长，资本主义的发展促进并增强了国际交往。

6. 在帝国主义的压迫下，后发国家的发展态势呈现了一种混合特征：它在资本主义的技术与文明主导下，将最原始和最先进的经济成分糅合在一起。欠发达国家的无产阶级不得不把资产阶级民主革命的斗争和社会主义革命的斗争融合在一起。民主革命与社会主义革命这两个阶段，"不能从历史时间上将其分开，而是要迅速地抛开两者的阶段限制"。

7. 封建庄园主已经和国际帝国主义结成利益共同体，并成为其忠实的奴仆。

综上所述，我们的统治阶级是一个地地道道的封建化资产阶级。由于其技术上的原始，若不是靠着帝国主义的小恩小惠，他们想剥削大庄园几乎是不可能的；当然若没有当地统治者的配合，帝国主义的统治也是不可能的。玻利维亚的资本主义势力高度地集中在一起：三个控制着煤矿生产的大公司，是这个国家整个经济生活的轴心。这个阶级非常的可怜，因为到目前为止，它还没有认识到自己的历史任务，并且已经像帝国主义那样，与封建势力紧密地绑在了一起。这个封建资产阶级的政府成为维护大庄园主（gamonal）和资本家特权的暴力机关，这也是统治阶级压榨人民的有力工具。只有卖国贼和傻瓜才会相信这样的政权能够使他们长期站在其他阶级头上并轮流坐庄。

中产阶级和小资产阶级虽然在数量上最多，但其经济实力在国民经济中的比重却很小。小商贩、小地主、技工、政府职员、手工业者和农民还没有开始其独立的政治运动，并且在将来也没有能力这样做。因此，从乡村到城市，无产阶级就成了领导力量。小资产阶级在社会安定和议会斗争活跃的时期，会完全追随资产阶级，但在阶级斗争尖锐（如革命）的时期则会追随无产阶级。在这两个极端中，中产阶级的立场很难捉摸。显然中产阶级各阶层的革命潜力还是巨大的，但他们自己还没有意识到这些问题。

无产阶级有足够的能力去实现自己的任务，甚至去实现其他阶级的任务。它的巨大政治能量并不是来自其数量上的弱势，而是由于它在生产过程中所占据的位置——国民经济生活的轴心，也将是未来革命的政治中心。玻利维亚的矿工运动是拉丁美洲最成熟的工人运动。改良主义者们称，玻利维亚不可能出现一场比那些技术先进国家更进步的社会运动。但历史已经无数次证明，那种认为机器大工业的发展和人民的政治觉悟之间存在着概念式机械关系的看法是不正确的。由于玻利维亚的无产阶级非常年轻且力量巨大，由于它在政治上近乎无知，由于它没有进行议会斗争和阶级合作的经验，最后由于它生长在一个需求好战精神的阶级斗争的环境里，我们认为玻利维亚的无产阶级在拉美国家中是最为激进的力量。我们要告诉那些改良主义者和寡头精英，玻利维亚无产阶级将会在斗争中提出革命性的要求，展现出大无畏的革命精神。

Ⅱ. 我们必须进行什么样的革命

1. 我们矿工认为，我们不应该超越资产阶级民主革命的阶段：既要为基本的民主权利而斗争，又要进行土地革命和反帝斗争。我们也不否认小资产阶级的存在，特别是农民和手工业者。我们认为，资产阶级民主革命如果不被扼杀的话，它必定只是无产阶级革命的一个阶段。

2. 那些宣称我们赞成在玻利维亚直接进行社会主义革命的人完全是在撒谎，因为我们知道客观条件还不具备。我们已经清楚地声明过了，革命，就其目标而言，将是资产阶级的民主革命，但这将只是无产阶级革命的一个阶段，因为无产阶级是这一革命的领导阶级。玻利维亚的无产阶级革命不会把其他受压迫阶层排除出去，反而会建立一个无产阶级与农民、手工业者以及其他小资产阶级的革命联盟。

3. 这一革命联盟在政权上的体现就是无产阶级专政。革命和无产阶级专政的口号凸显了这一点：工人阶级将是这次变革和这个政权的领导核心。与此相反的宣传是，资产阶级民主革命将会由资产阶级中的"进步"分子来领导，未来建立的将是一个民族团结、社会和谐的政权。这暗示了资产阶级将把革命扼杀在资产阶级民主革命范畴内的强烈意图。但只要掌握了政权，工人们将不会受限于资产阶级民主革命的桎梏，而会在更广更深的程度上进攻私有制政府。因此，革命将具有长期性特点。

在此，我们矿工们要强烈谴责所有那些故意把无产阶级革命混淆成封建资产阶级内部叛乱的人。

Ⅲ. 反对阶级调和主义

1. 从终极意义上讲，阶级斗争是对剩余价值的争夺。出卖劳动力的工人是为更好的生产生活条件而斗争，生产资料的所有者（资产阶级）是为继续侵占工人的无偿劳动而斗争，双方追求的是相互矛盾且不可调和的目标。我们不能无视这一事实：反抗雇主的斗争是一场殊死斗争，这是私有制命中注定了的。我们不像敌人那样虚伪，我们认为阶级斗争是永无终止的。

我们现在所生活的时代，是一个侮辱人性的时代，除非消灭了所有的阶级差别，不再有任何剥削者和被剥削者。阶级调和主义者的愚蠢诡辩是：我们不应该去伤害富人，而是应去帮助穷人致富。我们的目标则是剥夺有产者的财产所有权。

2. 在这场斗争中，任何与敌人合作的企图，任何向敌人让步的企图，都不亚于对工人阶级事业的背叛。阶级调和就意味着放弃我们斗争的目标。要知道工人阶级取得的任何胜利果实，即便是最小的果实，也是通过与资本主义体制的流血斗争而得到的。我们甚至都不能去奢望敌人的理解，因为我们的过渡期目标是要服从于无产阶级革命的。我们要向工人们提出最先进的纲领，但我们不是改良主义者；我们是最为革命的力量，因为我们要变革的正是这个社会的结构。

3. 我们要抛弃任何小资产阶级的幻想：工人的问题可以交给政府或其他希望调停阶级斗争的机构去解决。我国以及世界工人运动的历史已经表明，这些解决方案达成的妥协总是以无产阶级的饥饿与被压迫为代价的。一旦把调停和法律作为工人斗争的方式就意味着失败。所以我们要尽一切可能击败任何强迫性调解。让工人们在自己的领导下去解决自己的问题吧！

4. 过渡期纲领目标的争取（这将导向无产阶级革命）是要服务于阶级斗争的。我们很骄傲地成为与老板们交涉中最强硬的力量。但改良主义者却鼓吹阶级调和，建议我们为了所谓的民族救亡而勒紧裤腰带。这就是我们为什么要把与改良主义者的斗争作为一项重要任务的原因。我们认为，在工人们遭受饥饿与压迫的地方，根本就不可能有国家繁荣昌盛的局面，而只会是人民苦难、国力衰弱的情景。我们的使命是铲除资本主义的剥削。

与资本主义战斗到死！与改良主义的阶级调和战斗到死！资本主义不灭亡，阶级斗争就不会停止！

Ⅳ. 反对帝国主义

1. 对于矿业工人而言，阶级斗争就意味着反抗最大的煤矿老板，即反对压迫我们的美帝国主义。被压迫人民的解放斗争服从于反对帝国主义的阶级斗争。既然我们对抗的是国际资本主义，我们就代表了全社会的利益，我们就和世界被压迫人民有了共同的目标。反对帝国主义的斗争，应先着手引进先进的农业技术和发展轻重工业。我们和世界无产阶级一样，都在从事着对一种国际势力——帝国主义的斗争。

2. 我们强烈谴责那些投靠美帝国主义的"左翼人士",他们已成为无产阶级的敌人。这些所谓的"左翼人士"整天向我们夸夸其谈美国的"民主"与发达。我们要告诉他们,当只有60个家族主宰着美国的时候,当这60个家族吮吸着像我们这样的半殖民地国家人民血液的时候,美国根本就谈不上民主。美国的优势地位与其在资本主义体系内的巨额积累密切相关,这同时也加剧了该体系内部的反抗与矛盾。美国现在是一个只需一点儿火花就会爆炸的火药桶。我们要和北美的无产阶级搞团结,但同时要坚决地反对依靠以剥削压迫世界人民为生的美国资产阶级。

3. 决定着玻利维亚政治的帝国主义正处于资本主义的垄断阶段。这就是为什么帝国主义的政治只会产生压迫、掠夺,并导致剥削者掌握的国家政权日趋削弱。所谓的"睦邻友好"政策、泛美主义等口号都是美帝国主义和各国封建资产阶级欺骗拉美人民的谎言;所谓的外交协商机制,针对被压迫国家的国际银行货币组织,给美国出让军事战略基地,不平等的原材料贸易,等等,都是拉美各国统治者无耻卖国的种种形式。反对卖国贼并揭露其帝国主义爪牙面目的斗争是无产阶级的基本任务。美国现在已经不满足于操控各半殖民地国家政府人员的构成,它进而开始直接指导这些政府制定政策,并声称要进攻任何反帝力量。

玻利维亚的工人们,要支持你们自己的领袖,与贪婪的美帝国主义斗争到底!

Ⅴ. 反对法西斯

1. 反对帝国主义的斗争必须与反对我国封建资产阶级的斗争同时进行。反法西斯实际上是这一斗争任务的一部分:争取并捍卫民主权利,消灭资产阶级武装压迫。

2. 法西斯是国际资本主义的一个产物。它虽然是帝国主义解体的最后阶段,但也仍然是帝国主义的一个阶段。当国家政权还在用武力来捍卫资产阶级既得利益、破坏工人运动时,我们就仍处在法西斯的统治之下。资产阶级民主对我们来说是一个不可企及的奢望,只有那些以世界人民的饥饿为代价养肥了自己的国家才能享用。而在像我们这样的穷国,工人们注定是要在特殊时刻面对刀枪棍棒的。这与政党必须诉诸法西斯政治才能更好地服务于帝国主义利益无关。只要这个政权还在继续维护资本主义的压迫，那么它就必然会用武力对付工人。

3. 反对法西斯集团的斗争从属于反对帝国主义和封建资产阶级的斗争。那些企图依靠"民主的"帝国主义和封建资产阶级来反对法西斯的人，不仅将一事无成，而且还将不可避免地加速法西斯的降临。

要彻底地消除法西斯的威胁，我们就必须摧毁整个资本主义体系。

要进行反法西斯的斗争，我们就必须重新拿起阶级斗争的武器，而不应人为地淡化阶级矛盾。

工友们，被压迫的同胞们，只有消灭了资本主义才能真正地消除法西斯的威胁和法西斯集团。我们只有在阶级斗争的框架内通过无产阶级革命的方式才能打败法西斯。

Ⅵ. 矿工联与当前的局势

1. 7 月 21 日的革命形势是由于被压迫人民被剥夺了生存和自由的权利，纷纷走上街头，是由于矿工们的积极斗争造成的；在革命期间，人们提出了捍卫战利品并争取更大胜利的要求。但由于改良主义与封建资产阶级狼狈为奸，使得矿主们的代表控制了政权机关。人民流血牺牲，却让刽子手巩固了政权。当前的"政府议会"实际上是一个不可能改变局势的临时机构。

矿工们很正确地积极组织起来，去要求政府迫使企业服从国家法律。我们不可能，也不应该同任何政府合作，因为它不是我们自己的，也就是说，它不是一个工人的政府。因为我们都知道这个政权代表的是统治阶级的利益。

2. "工人部长"并不能改变资产阶级政体的结构。只要这个政权是为资本主义社会辩护的，"工人部长"就只能是卑鄙的资产阶级帮凶。这些工人轻易地将其在革命队伍中的头衔置换成资产阶级部长的职位，加入了叛徒的行列。资产阶级摆出几个"工人部长"完全是为了更好地欺骗工人，企图让被压迫人民放弃阶级斗争，全心全意地委身于"工人部长"的教导。矿工联永远不会进入资产阶级的政府，因为那就意味着对被压迫人民的背叛，意味着退出我们的队伍——阶级斗争的革命队伍。

3. 下届选举产生的只能是一个服务于大矿主利益的政府，因为这些选举根本与民主毫无关联。大多数人民，包括土著人和人数较多的无产阶级，由于选举法的障碍或者由于没文化，根本就不能接近选票箱。部分小资产阶级由于统治阶级操纵着选举而自甘堕落。我们对选举斗争不能抱任何幻想。工人不可能通过选票获得权力，我们要通过社会革命掌权。因此，我们宣布：我们与下届政府的关系将同当前"政府议会"的态度一样，如果他们依法办事，那就相安无事，毕竟他们在台上；如果他们做不到，他们就将面临我们积极的反抗。

Ⅶ. 过渡要求

每个工会和每个矿区都有其特殊问题，工会人士应注意把日常的斗争具体到这些问题上来。但还有一些全国性的问题需要工人领袖们共同进行讨论并取得统一意见，这些问题是：工人们日益增加的苦难和雇主们经常性停工的威胁。针对这些问题，矿工联提出以下激进措施：

1. 实行最低保障工资制度和工资浮动机制。廉价商品体制的终止以及生活成本与实际收入之间的严重失调，要求为工人建立起最低保障工资制度。

最低保障工资的标准由对一个工人家庭所需生活成本的科学计算来确定，也就是说，这一工资标准必须能让一个家庭过得上一种被认为是人的生活。正像我们在第三次代表大会（Third Congress）上提出的，最低保障工资还应有一个浮动空间。这样就可以减少物价上涨给人们生活带来的影响。以往那些通过货币贬值和人为提高生活必需品价格来提高工资的骗人把戏，我们必须予以终结。各地工会负责控制生活成本，并要求工资随生活成本的提高而自动调高。最低保障工资并不是固定不变的，而是要随着生活必需品价格而变动的。

2. 每周 40 小时工作制和一定的浮动机制。矿区的机械化加快了工人们的工作节奏。地下劳动以一种非人道的方式摧残着工人的生命，这一特点使得每天工作 8 小时都显得时间过长。争取美好生活的斗争，就要求人在某种程度上要从矿井里的奴隶状态中解放出来，因此矿工联要为每周 40 小时工作制（每周还应有一定的浮动）而斗争。

消除失业威胁的有效斗争方式就是获得浮动的工作时间，因为这样就可以根据失业率调整每天的工作时间。但工作时间的缩短并不意味着工资的降低，因为这点儿工资仅够工人的基本必需。

只有这样，我们的工人领袖才不会被苦难所摧毁，才能终结雇主们通过人为制造失业大军而有意停工停产的威胁。（备注：第一次特别会议还赞同妇女与儿童每周工作 36 小时）

3. 占领矿区。面对日益高涨的工人运动，资产阶级威胁道，如果他们有什么经济损失，他们将不得不做点儿什么。他们是想用失业的幽灵来束缚工人们的手脚。然而经验告诉我们，矿主们关闭矿井，只是他们嘲弄全部社会法则的借口，他们是想用饥饿迫使工人们重新回到屈辱的压迫之下。

我们都知道他们的每一个公司都有两本账，一本是给工人看和纳税用的，另一本则记录着他们的股息。我们不可能因为一张表上的数据就放弃自己的要求。

工人们已经将自己的身体放在了私有制的祭坛上，他们有资格要求工作的权利，即使是在资本主义经济不繁荣的时候。

要求工作的权利并不仅仅指向这个或那个资本家，而是指向整个资产阶级。因此我们丝毫不会为一些破产的小资本家哀伤。

如果老板们不能为奴隶们提供面包；如果资本主义为了求生而不得不拿我们的工资开刀，夺取我们的劳动果实；如果资本家用停工停产的威胁来回应我们的要求，工人们就别无选择，只有占领矿区，自己组织生产。

占领矿区超越了资本主义的范畴，因为它提出了谁是矿区真正主人的问题。占领矿区不能与矿区的社会主义化相混淆，这只是有效防止停工停产、避免工人饥饿的一种方式。包括占领矿区的罢工正成为矿工联的主要任务之一。

显然，占领矿区是一件不合法的举措。这一点儿也不奇怪。从任何角度看，这一步都超越了资本主义的范畴，也不可能被现有的法律所涵盖。我们知道，占领矿区就意味着我们在冲击资产阶级的法律。因而我们也是在创造一个新的局势；随后服务于剥削阶级的立法者会把这一模式纳入法律章程，并试图通过规则来控制它。

"政府议会最高命令"（The Supreme Decree of the Government Council）禁止工人对矿区法的合法依附，丝毫不会影响我们的立场。我们知道在这种情况下，我们不能奢望同政府的合作，因为我们的行为已经不受法律保护了。我们除了占领矿区外别无选择，也没有义务去赔偿资本家的损失。

应该成立包括非工会工人参加的矿区委员会（Mine's Committee）来领导被占领的矿区，由该委员会决定矿区的未来并组织工人的生产。

矿工们，要反对停工停产，就要占领矿区！

4. 实行集体合同制。在现有法律下，老板可以自由地选择单人合同制和集体合同制。但在实践中，直到现在企业都不可能采用集体合同制。我们必须为之而斗争，我们只承认一种劳动合同，就是集体合同。

我们不能任由资本家的巨大力量践踏不能自由选择的单个工人，因为无论何时，苦难都会迫使单个工人毫无选择地接受最可怜的劳动合同。

为有效反对有组织的资本家通过单人合同制共同榨取工人，我们提议将已经在工会里的工人组织起来以集体合同制的形式与资本家签约。

1）首先，集体合同制在任何时候只能由工会予以废止；

2）由于集体合同对非工会工人开放，新来的工人很容易适应已经建设好的环境；

3）集体合同制不应该排除单人合同制里面的有利条款；

4）合同的执行情况应由工会负责监督。

集体合同制是我们追求过渡期目标的第一步！

5. 工会独立。我们要实现自己的目标，需要一个前提：把我们自己从各种资产阶级派别及其左翼人士的影响中解放出来。被控制的工会是我们工人运动的毒瘤。当工会成为政府的附属时，它就失去了行动的自由，它就将把群众运动引向了失败。

我们谴责玻利维亚工会联合会在工人运动中扮演了政府代言人的角色。当一个组织的成员长期担任劳工部部长并选派其成员到处为政府宣传时，我们不可能去信任它。

矿工联绝对地独立于任何资产阶级、改良主义左翼或政府，它执行的是革命工会的政策，谴责任何与资产阶级或当局妥协的背叛行为。

与被控制的工会战斗到死！

6. 工人控制矿山。矿工联支持工会采取各种措施以保证工人对矿山的有效控制。我们必须结束老板们在生产、财务、技术和运输等方面对工人保密的现象，必须让工人参与到这些事务中去。既然我们的目标是矿山自主，那么我们就应很高兴地去揭露这些秘密。

工人们应该控制住提炼的技术和财务的管理，参与选拔有领导力的工人，并公布大矿主的利润，揭露他们在纳税与缴纳社会保险方面的骗人伎俩。

我们坚决反对改良主义宣称的雇主的权利神圣不可侵犯，我们的口号是"工人控制矿山"。

7. 武装工人。我们已经说过，只有资本主义还存在，使用暴力镇压工人运动的威胁就始终存在。如果我们希望避免像卡塔维（Catavi）的惨败，我们就必须把工人武装起来。为反对法西斯集团和工贼，我们应适当地建立工人纠察队。我们从哪里获得武器呢？最主要的事情是必须让普通工人明白，他们只有武装自己才能对抗全副武装的资产阶级。只要这点做到了，他们就会知道怎么做了。难道我们忘了我们整天都是在用炸药工作的吗？

任何一次罢工都可能成为内战的导火索。我们必须明确，在这一时刻到来时我们已经武装好自己。我们的目标是胜利。别忘了这一事实：资产阶级依靠的是军队、警察和法西斯集团。因此，我们现在必须组织起无产阶级武装的雏形。各地工会都应挑选年轻力壮的工人组成纠察队。

工人纠察队应尽可能快地按照军事化组织起来。

8. 罢工补助。矿主的商店和可怜的工资是公司控制工人的有效方式。饥饿是罢工最厉害的敌人。为了以后能愉快地结束罢工，必须要消除这些压迫工人家庭的不利因素。工会应从其收入中拿出一部分建立罢工基金，以便在罢工时提供必要的帮助。

建立罢工基金，让老板们的饥饿威胁见鬼去吧！

9. 有步骤地关闭矿主经营的店铺。我们已经说过，企业的店铺富了矿主，穷了工人。但简单粗暴地关闭这些店铺只会恶化工人的状况，对工人不利。

关闭这些店铺的最好时机是，等浮动工资和最低生活保障工资制建立起来后。

10. 废除"契约"劳动制。为了规避法定最长工作日的规定，更有力地剥削工人，矿主们采取了所谓的"契约"雇用劳动形式。我们要废除这种强盗式的资本主义手段。必须让每日工资制成为唯一的工资制度。

Ⅷ. 直接的群众运动和议会斗争

无产阶级的斗争策略就是要在直接的群众运动中获得领导地位。我们很清楚地知道我们要解放自己，就不能指望和那些不同路的人搞联合。因此在运动兴起之时，直接的群众运动，尤其是罢工和占领矿区，是我们最好的斗争策略。我们要尽可能地避免为了一些不必要的事情而罢工，否则只会削弱我们的力量。我们要超越斗争的区域性，因为任何孤立的罢工都会使资产阶级得以集中力量各个击破。我们要做到任何一次罢工从一开始就是大范围的罢工，而且必须使罢工从矿工中扩展到无产阶级其他阶层和中产阶级中去。所有的罢工（包括占领矿区）必须以胜利为目标，从一开始就要立即控制住矿区的关键场所，尤其是炸药库。

我们认为，当我们把直接的群众运动推向前进时，我们根本就不需要引进别的斗争方式。

哪里有阶级斗争，革命者就应在哪里出现。

选举斗争虽然也很重要，但在革命运动蓬勃发展的时候，它就处于次要地位，必须服从于直接的群众运动。当革命浪潮退却时，当群众放弃了斗争、资产阶级占据优势时，选举斗争就会起关键作用。一般而言，资产阶级的议会是不可能解决我们时代的根本问题——私有制的命运，这只能通过工人走上街头的斗争才能解决。我们并不否认选举斗争的功效，而是要看在什么样的条件下。我们愿意把那些认同工会活动、久经考验的革命者送进议会。议会应该成为革命者的讲坛。即使我们的代表人数很少，但他们将在议会里担负起揭露资本主义的责任。总之，议会斗争必须和直接的群众运动结合起来，工人和矿工的代表们应遵循这一原则。

我们在下届选举斗争中的任务是将最有可能的工人领袖送进议会。虽然我们是反议会人士，但我们也不愿意让这一讲坛只对我们的敌人开放，我们也要在议会里发出自己的声音。

要反对左派叛徒们的选举活动，我们同意建立一个矿工代表的议会集团（a Miners' Parliamentary Bloc）！

IX. 反对资产阶级的"民族团结"，建立无产阶级的联合阵线

1. 我们是阶级斗争的战士。我们已经说过，反抗剥削者的斗争是一场殊死斗争。因此我们要消除来自工人一方的任何阶级调和的企图。著名的"人民阵线"总是导向背叛的道路：它忽略了阶级斗争，把无产阶级和小资产阶级，甚至一部分资产阶级联合在一起。这种阵线已经使无数次无产阶级革命归于失败。所谓的"民族团结"是人民阵线退化的产物，是对阶级斗争莫大的讽刺，是对被压迫人民的背叛。这个资产阶级口号长期以来一直为改良主义者所倡导。"民族团结"意味着资产阶级及其奴仆团结起来共同对付工人阶级；"民族团结"意味着被压迫人民的失败和寡头精英的胜利。当一个民族被分裂为相互进行殊死斗争的阶级时，"民族团结"根本无从谈起。而只要私有制存在，只有叛徒们和帝国主义的代理们才会去谈"民族团结"。

2. 为对抗资产阶级的"民族团结"口号，我们提议建立无产阶级联合阵线（FUP）。为消灭资本主义，被压迫人民和革命力量很有必要组成一个坚强无比的联合阵线。

我们之所以组建无产阶级联合阵线，是因为我们采用的是无产阶级的斗争策略，是因为我们从来都不会放弃阶级斗争的思维方式。

为了克服资产阶级的影响，把我们的目标变成现实，动员广大民众参与无产阶级革命，我们就需要这样一个无产阶级联合阵线。凡是认同我们基本原则的革命人士和其他领域的无产阶级组织（铁路的、工厂的、运输业的，等等）都将被纳入这一阵线。最近玻利维亚工会联合会（CSTB）煽动成立了一个左翼阵线（a left front）。我们不知道这个阵线因何而成立。如果它只是为选举而筹建，并试图建立小资产阶级的领导

（玻利维亚工会联合会本来就是一个小资产阶级的政党），那我们就声明，我们与这样一个左翼阵线毫无关联。但如果是无产阶级的思想在其中占据主导地位，如果它的斗争目标符合无产阶级的原则，那么我们以及我们所有的力量都愿意加入这一阵线。因为，果真这样的话，这一阵线与无产阶级联合阵线就只是名字的不同罢了。

要反对寡头精英（他们已经联合成一个阵线），反对小资产阶级改良主义者整天梦想的阵线，我们就要建立无产阶级的联合阵线！

Ⅹ. 工人联盟

无产阶级的阶级斗争需要统一的领导，我们必须建立一个强有力的工人联盟（Workers' Confederation）。玻利维亚工会联合会（CSTB）的屈辱历史已经向我们证明了这一点。一旦联盟成为服务于小资产阶级政党的听话的工具时，它就不再是被压迫人民的代言人了。我们要避免工会职员和手工业者领袖们被资产阶级所腐化。玻利维亚工人联盟应该按照真正的民主原则来组建。我们已经厌倦了虚伪民主产生的多数派。我们不会让一个百名成员的手工业组织和拥有 7 万工人的矿工联在选票上分量相同。不同组织对联盟的影响力应与他们的成员人数成正比。在工人联盟中，占据首位的应该是无产阶级的思想，而不是小资产阶级的意识形态。我们的任务是从本篇宣言的观点中汲取灵感，为工人联盟制定一个真正革命的纲领。

Ⅺ. 协议与妥协

我们与资产阶级没有任何合作与共识可言。

我们可以同小资产阶级进行合作并签署协议，但不是同小资产阶级政党，而是同这一个阶级。左翼阵线和工人联盟就是这种合作的范例，但我们必须明确地领导他们为无产阶级而战。一旦哪天我们有追随小资产阶级的倾向，我们就应立即中止这种合作。

与其他阶级签署的合作协议可能在现实中难以实现，但这依然是我们手中的有力工具。有了这些充满革命精神的约定，我们就可以去揭露小资产阶级领袖们的背信弃义，并将其普通民众拉入我们的队伍。"七月工（工人）—学（大学）协定"就是这样一个难以实现的约定，但却成为我们攻击敌人的武器：当一些未经我们授权的大学生在奥鲁罗（Oruro）滥用我们组织的名义时，工人们和大学里的革命人士反击了这一行为的肇事者，并教育了这些学生。本文件中的基本原则，应成为任何合作协议的基础。

这些协议的实现，最终要依靠矿工们对资产阶级的进攻，我们不能坐等小资产阶级先这样去做。无产阶级应该成为革命的领导。

矿工联的一个核心任务是建立矿工与农民之间的联盟，这对未来的革命来说是一个关键问题。工人们应该帮助农民组织农会并和他们并肩战斗。为此，矿工们必须支持农民们反对庄园主的斗争和他们的革命活动。

我们必须和其他无产阶级力量团结起来，应和手工车间里的其他被剥削工人（工匠与学徒）团结起来。

备注：第一次特别会议批准了 1946 年 7 月 29 日在奥鲁罗签署的"工人—大学"（the worker – University）协议。（这个方案遵循了卡塔维第三次矿工大会的精神）

冷战时期文献节选

为了民主的反帝国主义民族阵线[*]

墨西哥共产党

1946 年，墨西哥共产党号召（选民）支持墨西哥革命党（墨西哥官方政党）候选人迈克尔·阿勒曼（Michael Alemán）为共和国总统，这种支持一直持续到 1948 年，随着冷战序幕的拉开，各国政府开始掀起反共运动，墨西哥共产党也走向了阿勒曼的对立面。这份 1951 年的文件严厉地批评了旨在改变国家民主制度的阿勒曼政权。但是，共产党在冷战期间的激进化政策并未改变其对墨西哥革命性质和任务的基本分析。

同胞们：

我们现在正面临总统继任的重大问题。尽管距离下一届共和国总统以及众议院和参议院成员的选举还有不到一年的时间，但墨西哥人民为解决总统继任问题以符合国家利益、自我主权意志，以及最广大人民群众的意愿而不可动摇的决心，正在被凸显且不断强化（尽管政府最高层和所有反民族势力提出的提案和策略都在为美国帝国主义和反动派的目的服务）。

随着总统继任之争的展开，一些重大的问题压在了墨西哥人民身上，

---

[*] "Un Frente Nacional Democrático y Anti-imperialista ," Political Commission of the Central committee of the PCM, July 1951.

墨西哥正面临着历史上最严重和最关键的形势。

对于这一状况的解决，将决定墨西哥是作为一个独立民主的国家而存在，还是完全处于美国帝国主义的殖民统治之下，彻底沦落为更易于施行美国垄断集团意志及其战争和法西斯政策的落后、穷困、受剥削的反动独裁国家。

反人民政治与反动政权

在一场非正义的掠夺战争中，人们受到成为炮灰和死于遥远战场的威胁。北美帝国主义为了称霸世界和奴役所有民族，将墨西哥卷入侵略战争当中，使得我们的人民面临危险。

我国对美国的依附和美国帝国主义对我国的干预及殖民渗透，从未如此可耻和明显。

绝大多数人的生活成本开始不受控制，而同当前政府的消极同谋更使得工人的情况雪上加霜，他们的家人也被迫挨饿。然而，随着穷困人口的可怕增长，统治阶层和垄断阶级却妄图营造一个"国家繁荣与民族崛起"的时代。但他们除了肆意铺张浪费和大肆敛财以外，别无作为。政府声称要打击通货膨胀、资源短缺和物价飞涨，结果却通过冻结和控制工人工资以及镇压工人斗争来迫使民众挨饿和忍受穷困。

工人阶级饱受反工人的政府政策的摧残。这些政策破坏工人的成果；冻结工人的工资；无视劳动法；破坏和阻碍工会团结；介入工会并施加政府控制；利用警方镇压来粉碎无产阶级的革命斗争；并助长相当程度的腐败；还贿赂阴险的工人运动领袖。

随着土地改革被无情破坏，给农民分配土地和给农场（ejido）成员分配收成被彻底抛弃，一个新的地主阶层开始形成。再加上大庄园（latifundios）主的继续存在和官僚阶层的公开纵容，从而致使我们国家的广大农民群众过着异常穷困的生活，并遭受地主、投机商、村社银行的公职人员和私人高利贷者的过度剥削。

这些状况加剧了人民群众的不满，并导致他们反对已经叛离墨西哥革命、暴露其反动反人民性质以及屈从于美国帝国主义的政府政策。墨西哥人民的民主自由和政治权利遭到侵犯及限制；宪法遭到攻击；无耻的刑法被用来压制言论自由、集会权、罢工权，以及墨西哥人民和工人阶级保卫和平、争取民族独立与自身权利的民主斗争。

随着大量的美国借贷被抵押和转让给我们国家，我们的民族经济被迫依附于美国的战争和危机经济。凭借其自身的发展和经济的进步，北美垄断巨头日益侵占我们的民族财富，并破坏墨西哥独立的民族经济。

腐败和行政道德失范对国家机器的侵蚀也达到前所未有的程度。通过搜刮公款，许多公务人员一夜之间成为百万富翁。

以上事实，主要描述了由阿勒曼政权所维系的反动和反人民政策；并反映出压在我们祖国和墨西哥人民身上的严重情况及严肃问题。

巴西反帝国主义*

巴西共产党

拉美共产党转向激进地反对美帝国主义和他们国家的政府这一政策，是冷战时期的一大特色。这一方针有时会导致过于简单化，比如在这份1952 年的巴西共产党文件中，就定义瓦加斯（Vargas）的民粹主义政权为"准法西斯主义（pre-fascist）"和"利欲熏心的美国帝国主义的帮凶（agent）"。实际上，瓦加斯一直在接受美国的军事援助协议和采取怯懦的民族主义举措之间徘徊不定，这也导致了瓦加斯于 1954 年的倒台（和自杀）。

这份文件还表明了巴西共产党对朝鲜战争的关注，及其跟那种派遣巴西军队与北美干涉武装并肩作战的论调所做的斗争。其激进的反帝国主义态度符合当时的苏联外交政策；并且，正如在"石油是我们的"的口号下开展了抵制外国石油公司的巴西共产党运动一样，它的成功表明：其同样符合巴西民众在重要领域的诉求。

进一步走向战争

随着去年（即 1951 年）3 月 15 日巴西和美国在伊塔马拉蒂

---

* "Pesolucão do PC do Brasil," in *Problemas*, n. 39, March-April 1952, pp. 3 – 6.

（Itamaratí）签署所谓的"军事援助协议"，瓦加斯政府便朝着将国家拖入帝国主义战争迈出了新的危险的一步，并且犯下不顾国家安全和主权，不顾巴西人民生命安全的新罪行。

面对这一事件的严重性，巴西共产党执行委员会基于国家绝大多数人对和平的渴望，强烈抗议瓦加斯沿着战争和卖国行径所迈出的这新的一步，并要求人们对威胁我们的不断增长的危险保持警惕。

这份"军事援助协议"其实就是战争条约，它背着人民秘密制定，违背了国家的切身利益。首先，它根据杜鲁门（Truman）的意志，试图拉我们国家支持美国的好战行为，并派遣巴西军队到朝鲜或世界其他任何地区。这并非偶然，本文反复重申：瓦加斯政府希望"为联合国提供武装力量"。但如今该组织早已臭名昭著，它不过是北美侵略朝鲜的工具罢了！

其次，瓦加斯旨在通过这份新"协议"使得对美国军事基地的特许合法化，以便北美军队侵占我国领土。而且，由于这份所谓的军事援助不仅是针对外部，甚至还针对内部侵略的假设，所以"协议"的条款，允许北美军队出现在任何反对瓦加斯政府的人民运动（该运动很容易就被称作是"国际共产主义"的侵略行径）面前，自动侵占我国领土。很明显，畏惧人民的瓦加斯已求得其美国主子的帮助，从而使我们的祖国变成了另一个希腊，而为了维护卖国贼和人民公敌的利益，它也允许美国士兵杀害巴西人民。除了这些基本目标以外，该"协议"还使巴西军队完全听从美帝国主义的控制。他们旨在将巴西军队转变为由美国将领和军官指挥的雇佣军，这样不仅能发动反对朝鲜人民和其他自由人民的战争，还能发动反对我国人民的战争——这些人反对帝国主义战争，他们不愿苟延残喘，或为法西斯和美帝国主义帮凶所奴役。

最后，在新"协议"条款中，瓦加斯政府肆意地将我国财富交由美帝国主义；通过特权和外交豁免权，将国家港口完全向进犯的美帝国主义帮凶及间谍开放；为了确保领土权，还利欲熏心地违反国家法律，甚至保证不对杜鲁门的帮凶进行法律诉讼。

简而言之，该"协议"内容明显违背了全体人民的和平意愿，也确实犯下不顾国家主权、不顾巴西人民生命与自由的卖国罪行。

因此，该"协议"的签署，揭露了瓦加斯制定国家政策的真正意图，并再次证实了巴西共产党反复提及的这一点：它是好战和卖国的政府，是最利欲熏心的美帝国主义的帮凶。因为它自始至终都试图拉我们国家直接参与美国好战分子的侵略行径。正是瓦加斯厚颜无耻地参与美帝国主义的战争计划，致使他镇压了美洲大陆人民表达对和平渴望的"大陆和平会议"；并发起恐怖行动来反对人们为反饥饿和争取和平与民主权利而进行的斗争。这就是在众所周知的"反共"借口下，瓦加斯政府计划在全国植入法西斯主义的状况。这就是警方挑衅的原因，共产党员被指控的所谓"武装政变"，反而有助于证明警方发动了反人民的恐怖行动；有助于证明瓦加斯政府合法化的一些非常措施是为了粉碎人民斗争，将国家拖入战争，以及出售巴西石油给"标准石油公司"和满足美国好战分子的其他需求。

唯有团结和组织人民的力量，才能阻止这些罪恶政策，以防瓦加斯径直走向战争之路。唯有人民的力量，才能将这个国家从威胁它的灾难中解救出来。随着这一状况的加重，以及威胁国家和人民生存的危险不断加强，任何爱国者都不会置身事外。

因此，巴西共产党执行委员会呼吁所有人坚决反对瓦加斯政府和北美帝国主义的可怕计划。如今比以往任何时候都有必要让人民听到他们坚决而有力的抗议之声——并尽可能通过我国反对同美帝国主义签订这份新的战争协议这一罪行来提高这种声音。伟大的人民群众应利用各种形式的抗议来证明他们否认该卖国协议，并推动尽可能广泛的行动来阻止国民代表大会签订该协议。民众行动足以压制这些战争协议，并使瓦加斯政府的战争政策陷入瘫痪。如果伟大的人民群众能将保卫和平和国家主权的行动掌握在自己手中，那么好战分子的计划就无法得逞。

巴西共产党执行委员会呼吁所有爱国者：不论男女，无论是察觉危险危及亲人生命的母亲、妻子、女儿和女友，还是因瓦加斯那险恶和罪恶的计划而受到生命威胁的青年（无论是工人、农民，还是学生、军人、水手，或是空中医护兵），我们强烈呼吁所有人加强争取和平和反对瓦加斯叛国政府的斗争；反对将巴西军队派往朝鲜；反对美帝国主义对巴西石油享有特权。

为了将国家从帝国主义的枷锁中解救出来，为了民主和人民政府，巴西共产党执行委员会特别呼吁工人和农民加强争取和平以及反对瓦加斯先生有关战争、饥饿和反动的政治的斗争。

在这紧要关头，每个党组织和共产党人，都有责任同保卫和平、争取民族独立的其他所有和平党人（all other partisans of peace）一道，加倍努力。

厄瓜多尔社会主义革命[*]

曼努埃尔·奥古斯丁·阿吉雷

拉美共产主义运动在冷战期间并非独自高举激进的反帝国主义旗帜。特别是智利和厄瓜多尔的一些社会主义革命潮流的发展，都或多或少受到托洛茨基（Trotsky）观点的影响，它们的方针都是既反帝国主义又反资本主义［例如，智利社会党人奥斯卡·瓦伊斯（Oscar Waiss）的作品《拉美民族主义与社会主义》（*Nacionalismo y Socialismo en America Latina*，圣地亚哥：拉丁美洲新闻社，1954 年）］。

曼努埃尔·奥古斯丁·阿吉雷（Manuel Agustín Aguirre）是厄瓜多尔社会党（1933 年）的创始人之一，并长期担任党的秘书长。他于 1944 年被推选为参议员，并于 1946 年遭到贝拉斯科·伊巴拉（Velasco Ibarra）独裁政权的监禁和流放。他同时还是经济科学院的首任院长，后来成为厄瓜多尔中央大学的校长。1960 年，他带领多数左派社会党员，创立了厄瓜多尔社会主义革命党。

本文节选自他于 1952 年 5 月 1 日的一次演讲，并从中总结出一些拉美社会主义革命的核心主题（特别是大陆革命的社会主义性质的战略原则）。

---

[*] Manuel Agustín Aguirre, *América Latina y el Ecuador*（*apuntes para un estudio socioeconómico*），1952（QUITO：Associación de la Escuela de la Facultad de Ciencias Administrativas, 1972）.

拉美与厄瓜多尔的资产阶级革命？

根据总结分析，我认为期待 1789 年①救世主式（和长期受挫）的进步资本主义来结束我们的封建结构残余，激励我们促进工业发展，是可笑的。我们怎么能指望地主资产阶级（landowning bourgeoisie）或资产阶级地主（bourgeois landowners）破坏作为他们支撑基础的结构呢？如果封建资产阶级基本上靠剥削农民来过活，那么我们怎么能相信他们会通过将土地分给农民来解决土地问题呢？试问一个（多年来一直显示其无能的）自由国家的自由放任经济，怎么能推进我们滞后且瘫痪的经济发展呢？我们怎么能指望那些生活在穷困和剥削中的人民，能够解放并救赎自己呢？

形而上学理论家认为资产阶级与自由主义观念在 20 世纪中叶的印第安美洲，如同 18、19 世纪的欧洲与美国工业化期间（两个时间段之间是如此的异质和不同）那般，理应具有相同的关联。但正是这些理论家导致我们处于这种不可持续的状态。也正是这些可恶的不一致，导致我们再三提出解决我们拉美和厄瓜多尔自身问题的不可避免的必要性。我们必须老老实实地将我们置于半殖民地、半资本主义的国家类别中，搭上世界帝国主义这趟列车。

因此，我们怎么能妄想作为地主的民族资产阶级会同它彻底依赖的联盟——帝国主义——做斗争呢？难道我们还没意识到拉美经济，尤其是厄瓜多尔的经济，仍然与确立其本质特征和规律（rhythm）的进出口贸易息息相关吗？那么我们便不难理解，为帝国主义生产原材料的地主和大量以对外贸易为生的进出口贸易商，是不会同与他们密切相关的帝国主义做斗争的。即使我们早期的民族产业资本，有时确实视帝国主义为竞争对手而反对他们，但他们也没有足够的能力进行反帝斗争。每当感觉受到威胁时，他们便急于投靠在美洲大陆团结中向他们伸出援助之手的帝国主义资产阶级，从而确保他们能得救……

正如本文所表明的那样，毫无疑问还存在着大量由地主资产阶级和帝

---

① 指法国大革命，译者注。

国主义所支持的封建残余（尤其是农村），它们限制和阻碍了我们的发展。但否认资本主义是生产关系的基本形式，否认存在着一个有足够能力将自己建成拉美和厄瓜多尔革命领导力量的无产阶级，则反映了舒适的机会主义与真正的革命态度之间的差距。另外，无产阶级像任何自为阶级一样，或许不在于人数居多（numerical majority），而在于其阶级优越性（qualitative majority），正如列宁所说，在于其力量和革命能力。

此外，如果我们不但考虑工业无产阶级，还考虑到（为了供给并使得国内地主资产阶级和国际资产阶级变得富有而流汗和死亡的）城市和农村无产阶级与半无产阶级，我们就会发现他们构成了国家的绝大部分。或者，是小地主资产阶级占大多数吗？

即便假设拉美的一些不发达国家，譬如厄瓜多尔，完完全全是封建的，因而无产阶级只是无关紧要的一小部分，我们也无法（像一些理论家所主张的那样）得出我们美洲唯一可行的是资产阶级革命，而不是无产阶级革命。我们早就不厌其烦地证明：期待（致力于维护我国封建—资产阶级—地主结构的）资产阶级和地主阶级发动革命，是多么的可笑和不可能。历史告诉我们：（阶级）人数居多并非革命的必要条件。无产阶级虽然人少，却是唯一能够带领厄瓜多尔和我们大陆，甚至整个世界进行社会主义改造从而拯救全人类的阶级。

并且，我们必须彻底否定伪马克思主义的论断，它们坚持认为，在像我们这样尚未充分实现资本主义发展的国家，不可能实现社会主义。这些理论家忽略了一个事实：在资本主义全球范围增长和帝国主义到来之后，国家不再被视为与世隔绝和孤立无援的单位，而是世界资本主义链中或强或弱的一环。这些绅士们忘了伟大的俄国革命，也忘了，资本主义，衰颓的世界资本主义，作为一个整体，必须尽快被即将到来的社会主义革命所超越……

拉美工农阵线与拉美社会主义国家联合

这导致我们坚持有必要形成一个单独的拉美工农统一阵线，在世界无产阶级的支持下，它所推进的社会主义革命能将我们的国家从落后中解放出来，消灭剥削和贫困，建立真正的自由、和平及正义。

正如伟大的独立战争期间（在此期间，考虑到其阶级本性，人们的鲜血曾为了资产阶级的利益而不光彩地挥洒过）地主资产阶级知道联合起来一样，拉美的工农阶级现在也必须团结起来，为了拉美人民的解放和独立，在最广泛的意义上创造出真正的斗争。将自己从被剥削的枷锁中解放出来的工人阶级会通过建立无阶级差别的社会主义社会来解放全人类。

在美洲，唯有工农阵线能够创造真正的自由，自内外两面破除奴隶制和奴役的枷锁，给予美洲人民充分的自由。

唯有拉美社会主义革命（通过规划国内和国际经济的方式，并将它们作为一个整体加以调整和完善）才有可能形成拉美社会主义国家的联合，这应当是我们对拉美大陆的最大心愿。玻利瓦尔（Bolivar）的梦想，亦即美洲资产阶级和地主阶级的梦想。不过由于该阶级建立在对立和竞争的基础之上，将国家分为统治者和被统治者、剥削者和被剥削者，因而无法实现这一梦想。这就是为什么唯有防止人类剥削人类、国家剥削国家的社会主义，才能使拉美的团结统一基于真正的公平及正义。

这是拉美工农阶级的最大义务，也是最应当意识到自身历史使命的美洲真正的革命左翼青年，尤其是大学青年的最大义务和责任；更是渴望真正的和平及正义的所有人的最大义务——在此"五一"来临之际，我们应誓死履行这一义务！

危地马拉：共产党的自我批评*

危地马拉劳动党

随着美国直接鼓动并组织"志愿军"入侵，危地马拉进步的哈科沃·阿本斯（Jacobo Arbenz）政权（1951—1954 年）被推翻，这是冷战期间发生于美洲大陆的最重大事件之一。本文出版于 1955 年，文中提到

---

* Political Commission of the PGT, La intervención norteamericana en Guatemala y el derrocamiento del régimen democrático（1995），pp. 3 – 4，30 – 36.

的曾在阿本斯政府发挥重要作用的危地马拉劳动党（该国共产党），对此期间党的路线的功过（balance sheet）展开了自我批评；它承认自己犯有一些错误，特别是在对民族资产阶级的关系上——民族资产阶级对党产生如此深刻的影响，以至它能够制约党的许多活动。

文章还表明：冷战并未改变拉美共产主义运动的基本战略方针，它还是联合民族资产阶级以达到革命的第一历史阶段。

自1951年3月15日以来一直由哈科沃·阿本斯上校执政的、自由选举的危地马拉民主政府，于1954年6月25日遭到推翻。从那以后，危地马拉人民一直忙于弄清楚导致危地马拉革命运动暂时失败的原因。世界各国人民也都在思考：为什么危地马拉没有出现更大规模和更持久的对北美侵略的抵抗？他们为此总结出许多不同的，甚至相当不严肃的说法。但对此次失败的根本原因一直缺乏严肃而深刻的分析，而这种分析本可以从这些事件中为人民总结出主要经验教训，进而阐明人民群众应该遵循的道路，从而使我国成为一个民主、繁荣和独立的危地马拉。

危地马拉劳动党中央委员会政治委员会借助马克思列宁主义，俨已证明的理论和工人阶级的科学理论，努力试图正确审视这一经验，这就完全能够理解为何直到现在才将之公诸于众了。这无疑对制定党的政治路线大有用处，同时还有助于危地马拉的工人阶级和人民群众在反对歪曲事实的斗争中更好地定位自己，更有助于他们摆脱专制的枷锁和北美帝国主义的统治。

入侵从何处而来

美国政府妄图掩盖事实真相，逃避其作为此次干预组织者的责任，而将民主政权的推翻归咎于危地马拉人民。但他们在该政权下，本就享有有史以来最广泛的自由。事实的真相众人皆知，且被日益证明：阿本斯的合法政府被推翻，我们所有的自由被无情践踏，我们所有的革命都遭到破坏。而美国垄断集团，特别是那些投资危地马拉或觊觎我国自然财富的垄断企业，譬如联合果品公司等，则充当民主征服者的角色；多年来，美国政府一直处在北美垄断集团的控制之下，以他们的名义践行侵略政策，并殖民征服我们国家；北美帝国主义也总依托反动资产阶级地主集团，无情地压迫我们的人民和掠夺我们的国家。

此次入侵者大多是尼加拉瓜、洪都拉斯、萨尔瓦多、多米尼加和古巴的雇佣军，只有极少数是危地马拉人。他们侵入位于我国边境的洪都拉斯和尼加拉瓜，并从洪都拉斯出发进入我国领土，所到之处一片凄凉，到处都笼罩在死亡的恐怖中。这些人经历了从失败的投机者到普通黑手党再到职业罪犯的整个过程，联合果品公司招募和雇用他们，并由尼加拉瓜和洪都拉斯的美国军官进行数月的训练。最终成为一支被美国公司（主要是联合果品公司）全副武装，由躲在洪都拉斯和尼加拉瓜傀儡政权背后的美国政府提供武器的流氓团伙。

尽管，看似是一批以最背信弃义的卡洛斯·卡斯蒂略·阿马斯（Carlos Castillo Armas）为首的危地马拉卖国贼领导了此次入侵，但却丝毫无法改变外来侵略的性质。全世界都知道卡斯蒂略·阿马斯和他那一小帮投机者根本无法募得一分钱来充当入侵的经费；也都知道种植园主、大商人和反动老板的赞助丝毫无法吊起这群卑劣之人的胃口。所有人都知道，美国联合果品公司的种植园就在洪都拉斯，它一直向右延伸至危地马拉边界，近几年已经成为暗中反对危地马拉民主政权的主要核心所在。正是在这里，经过华盛顿和波士顿的批准之后，侵略计划才得以展开；正是在这里，招募了大量破坏分子和恐怖分子，并随后派往危地马拉境内；正是在这里，捏造了反对民主力量和危地马拉革命运动的宣传、肮脏的谎言及诽谤；正是在这里，计划和安排了所谓的反共市民游行；正是在这里，阴谋分子开始协调索摩查（Somoza）、佩雷斯·希门尼斯（Perez Jimenez）、特鲁希略（Trujillo）和巴蒂斯塔（Batista）的活动——他们都收到美国国务院的命令去"合作"执行这些计划，以粉碎危地马拉的民主；最后，也正是在这里，招募和雇用了号称"解放军"的雇佣军。

美国政府还连续十天提供飞机以飞越危地马拉的城市和小镇，轰炸和烧毁军事目标，还有民房、教堂和学校。北美飞行员带着传播恐怖和绝望的目的驾驶着飞机，枪杀危地马拉城、奇基穆拉、萨卡帕和其他城镇的和平居民。此后，还可笑地夸耀自己的"战功"。

当所有条件都准备就绪以击退此次外来入侵时，叛军发动了政变，推翻了阿本斯政权。但毫无疑问，此次政变是由美国驻危地马拉大使馆策划、资助和指导的。美国大使约翰·普里福伊（John Peurifoy）——曾被任命去组织残杀希腊爱国者，在希腊带有不良记录的暴徒和煽动者——正是美国政府选择去执行北美垄断集团的命令，把危地马拉民主政权扼杀在襁褓中的人。

为了更好地理解美帝国主义为何组织干预行动，并进攻我们国家以粉碎革命运动和推翻阿本斯政府，让我们回顾一下当时的局势和我国人民斗争有何突出特征。

党的经验

1. 危地马拉共产党的发展

危地马拉劳动党创建于 1949 年 9 月 28 日，它在短时间内便积累了丰富的经验。它必须面对极其复杂的局势和问题，必须应对超出其力量、经验和理论水平的任务。它确实常常能成功地应对一些局势，但由于缺乏经验和理论上的局限，也阻碍了它成功应对其他局势，或者说它尚不具备成功前行的必要力量。

它不得不在相当落后的环境中工作，在这里，在我们党组织诞生以前，工人阶级和人民的敌人已经进行了数十年的恶意反共宣传。我们党组织可以充分回应这恶意反共宣传的肮脏谎言：在这里，为了削弱工人阶级和所有被压迫劳动群众的意志和斗志昂扬的反叛精神，教权主义和酗酒风气（alcoholism）成为了反动统治阶级的主要武器。

多亏一些党员干部和好斗分子（他们大多最近才获得社会主义事业的成功）的克己工作，才使我们党成功打破反动派自我党诞生以来就试图强加的政治封锁，并获得大部分工人阶级、农民群众、知识分子和进步专业人士这些重要阶层的支持和同情。我们党是团结工人阶级的主要驱动力、组织者和领导者，是危地马拉工人总会（CGTG）的重要拥护者；它还是满足工人需求的、重大斗争的组织者和领导者；是工人阶级保证农民需求，最重要的是土地改革的指导力量；是争取快速让渡土地给农民的驱动力。

它最热衷于捍卫青年和妇女的权利及需求。它还是团结民主反帝力量的最大战斗力。只要阿本斯上校的民主政权采取反帝反封建的政策，它就会坚定而爱国地支持并捍卫它。

作为捍卫民主利益、民族独立和劳动群众利益的斗争之结果，党受到反动阶级的猛烈仇恨，但这种仇恨被工人阶级、农民群众和忠实的民主知识分子日益增长的好感、尊重和同情所远远抵消。

至于我们党所获得的劳动人民的好感和尊重，要得益于其重要而无私的奉献和没有法西斯主义法律、没有诽谤运动、没有任何无情的恐怖，从而使得人们越来越信任党。谁都无法铲除危地马拉共产党，因为它无意发展，却在工人阶级争取民族解放和反对阶级剥削的斗争中不断壮大。它已经将自己的使命、生命和命运同社会历史发展紧密联系在一起，而工人阶级必将走在社会历史发展的前列。

危地马拉劳动党的发展，同它捍卫祖国和人民利益的斗争紧密联系在一起，这将成为其力量和未来发展的源泉。

除了这些显著的成就外，我们党也犯下了严重的错误。我们必须坦率承认这一点，并从中吸取经验教训，这样才能避免这些错误再次阻碍我们党取得斗争的成功。

中央委员会政治委员会认为党的错误和弱点，基本源自其政治路线。党的政治路线大体是正确的，但在某些方面还不够充分和完整，例如它没有制定具体的视角来面对某些问题，即经后必须在党的领导下要解决的问题。而政治路线的不足无疑在于党的理论水平过低，以及党的代表大会（1952 年 12 月党的第二次代表大会）没有深入讨论最重要的革命发展问题。

但最重要的是，党的错误源自同化不够和对党的政治路线运用不当。代表大会强调了某些问题：例如在像我们这样的半殖民地国家，资产阶级民主革命的性质问题；以及作为这种革命的领导力量——无产阶级的作用问题。但之后没有考虑到，或者有时被低估了，使得这些问题在革命斗争期间没有得到一致发展。

让我们分析一下党的重大错误吧！

2. 同民族资产阶级的联合

对于民主的民族资产阶级，危地马拉劳动党并没有遵循充分独立的路线。它同民族资产阶级的联盟获得显著成功，但与此同时，资产阶级对我们党也产生了（exercised）一定的影响，它在实践中妨碍了党的许多活动。

危地马拉劳动党没有正确估计资产阶级反抗能力的软弱性，并且始终没有认识到它对帝国主义和反动阶级的妥协性特征。因此，面对北美帝国主义的攻击，它还对民族资产阶级的爱国心、忠诚度和坚定性抱有一些幻想。

危地马拉劳动党在理论上保持列宁主义标准，认为民族资产阶级不再是帝国主义时期的革命阶级，因此在资产阶级民主革命中，必须以工人阶级为首，让他们掌握资产阶级民主革命的领导权（hegemony）。但在实践中，它仅限于不断重复这一列宁主义观念，而没有理解它的全部深度。它没有通过必要而顽强的斗争为工人阶级取得革命运动的领导权；也没有提出或解决必要的具体任务，来确保工人阶级对革命运动的领导权。

我们党意识到：许多资产阶级党派的领导人和政府的重要成员已经开始动摇，他们很可能投降帝国主义。不言而喻，他们之所以会对革命运动产生动摇，主要因为资产阶级在大部分革命运动中仍起主导作用，而工人阶级却有必要成为所有革命力量的领导力量。但实际上，我党滋生了错误的观念，认为危地马拉的工人阶级还无法获得革命运动的领导权，因为它在数量上还十分薄弱，在政治上也相当落后。然而，如此盖棺定论不仅会把我们推进死胡同，而且只能将革命运动的领导权保留在民族资产阶级手中，进而致使工人阶级在政治上不能得到壮大和发展。

显然，我们党在不知不觉中陷入了五十多年前由伟大的列宁所推翻的机会主义立场。一篇出自马克思恩格斯列宁斯大林研究所纪念"第一次俄国革命五十周年"的论文，在此问题上论述如下：

革命过程证实了布尔什维克的策略和战术的正确性与生命力。"无产阶级能够而且必须发挥革命运动的主导作用"这一列宁主义论题得到了充分证实……

在像俄国那样落后的农业国家，工人阶级表明：无产阶级真正的力量和作用不在于它是否占国家人口的多数，而在于它的革命能力，它的政治觉悟，它领导人民进行革命斗争的才能，以及它吸引农民群众成为革命盟友的能力。

如果我们党按照马列主义去分析问题，就不难理解：危地马拉工人阶级数量上的弱点，对取得革命运动的领导权而言，并非不可逾越的障碍。至于工人阶级的政治落后，这个问题则完全取决于党自身：取决于它如何用马列主义理论来武装自己和工人阶级；取决于党在提升工人阶级政治水平的工作中展现的意志、能力和胆识；特别是取决于它是否意识到自己在反帝反封建革命中的主导作用。

党对民族资产阶级做出的实际让步还着重表现在如下方面：

例如，危地马拉劳动党犯了未公开指责和对抗陆军最高指挥部那些成员的严重错误，因为他们的阶级和意识形态，阻碍了革命运动的发展，并使得危地马拉发生根本性变革。党不信任诸如蒙松（Monzón）、桑切斯（Sánchez）、阿尔达纳·桑多瓦尔（Aldana Sandoval）和帕里尼罗（Parinello）那样的卖国贼。但由于党错误地接受了"非政治军队"的资产阶级观念（但事实上，将领们以此为烟幕弹始终奉行着反动政治），并担心被指责为蓄意挑衅，从而并没有公开揭露他们，只限于在民主阵营的狭小圈子里向阿本斯总统提出过质疑。危地马拉劳动党不但没揭露陆军最高指挥部的真正立场和反革命活动，还助长军队传播幻想。甚至在自己的报纸上，也没有进行必要的批评；而是发表了阿本斯的演讲——在演讲中阿本斯谈论了将领们的"忠诚"，还发表了将领们的虚假声明。然而，即便我们国家遭到攻击，苦等他们抵抗美国帝国主义也是枉然。

党未对民族资产阶级采取坚定的批评态度，有时还很满意他们。它忘了同资产阶级的联盟不应该缩手缩脚，或使其诸多恶行以及对人民和革命运动的反复无常行为免受批评或谴责。

在分析我们的统一阵线工作时，我们再回到这个问题上来！

3. 党在工人阶级中的工作

危地马拉劳动党在工人阶级中开展了大量卓有成效的工作；在工会运动中贯彻着正确的统一阵线政策；并同党内外宗派主义和党派主义相对抗；还领导伟大而成功的工人斗争以保证工人的工资和其他重要需求。但它仅限于工人阶级的经济活动，而未能将争取经济需求同工会工作（即日常的政治鼓动及宣传）联系起来，以便工人阶级得以正确理解正在发生的社会和政治现象，各党派和各阶级对此的立场，以及我们党的立场和政治路线。

党在对工人阶级的组织工作中，缺乏坚韧而不妥协的精神。这阻碍了它在工人运动中充分利用党，特别是某些同志的巨大影响和权威。

早在北美帝国主义和叛军发动政变前不久，考虑到这是民主力量面对危急的外来干预时取胜的关键，危地马拉劳动党就明确支持工人和农民武装他们自己。然而，党不能或不敢把这项任务摆在工人阶级面前，它只向一些盟友提议过。而面对危急的外来侵略，再来解释为时已晚，对劳动群众而言作用也相当薄弱。

在这方面，党同其部分盟友所采取的首要行动是自上而下的。它担心若是公开提出武装工人阶级和农民的问题，会促成一场军事政变，或至少在地区引起政治轰动；它本可以这样做，却始终找不到提出该问题的方法或机会。甚至当北美帝国主义开始入侵时，依然如此，因为党把主动权留给了人民组织，而它们则要求先进行军事指导，然后再恰当地同军队并肩作战来保卫祖国。

这满足了群众对军队所起作用的幻想。因为，党任由他们假定：军队总体是忠诚的，他们将赌上尊严反抗一切侵略者，并誓死捍卫神圣不可侵犯的国家主权和领土完整、我国民主体制和人民选举产生的合法政府。

党确实组织了大量工人、农民和青年队伍抵御外来的干预；他们也确实只以砍刀和棍棒来武装自己，以对抗全国各地的反动集团。但党基本只听从阿本斯总统的命令，等待军队分发武器。而军队，唯有政变前夕才能收到命令，故再三拒绝工会、农民和民众组织对军事训练和武器配备的要求。

我们党并没有同群众一道反对军队拒绝武装工人和农民，也没有公开揭露背后的阶级基础（其虚伪地隐藏在抵御侵略的、爱国和独立自主的虚假声明背后）。它没有积极开展活动，使"武装人民"的口号为每个工人、农民和反帝斗士所理解，以达到他们觉得有必要不惜一切代价武装自己的地步。由于从未开展这项工作，农民只能天真地将敌机空投的武器，继续转交给军事和民政当局。通过赞美农民的这种天真行为，再向一些地区下达效仿这种行为的指示，党犯下严重错误，它担心同军队发生"过早的"冲突，并始终希望能够"自上而下"（from above）实现武装人民的协议。尽管军队确实缺少武器，且大多陈旧或无法使用，但这丝毫无法减轻党的错误。

最后，党还犯了没有在军队中组织革命工作的错误。它没有利用土地改革所提供的巨大机会，代表工人阶级去接近大多为农民出身的士兵；也没有以革命运动为目标，开展重要的鼓动和宣传工作，来反对反动军官和总参谋的恶意反共、反革命工作。

4. 革命力量统一阵线

党遵循着联合所有民主反帝力量以反对封建地主、资产阶级反动派和美帝国主义的正确路线。然而，在应用正确统一阵线的过程中，它承认联合资产阶级民主党派比巩固工农联盟更为重要。它没有充分认识到所有民主力量的统一阵线应该以工农联盟为基础，因为农民是工人阶级最天然和最可靠的同盟军，而且这种联合对于工人阶级行使革命运动的领导权（hegemony）并确保自身不断壮大，具有不可或缺的作用。

通过领导工人阶级进行土地改革斗争并使之成为工人阶级本身的一种需求，通过不断满足农民需求以及通过要求不论农民的政治或宗教信仰如何、不论其群众团体身份如何，都直接将土地交付给农民，党为工人和农民的亲密联盟创造了条件。但这些有利条件没有得到充分利用，党也未能找到利用这些条件来加强工农联盟的诸多具体方法。

至于党同资产阶级民主党派的联盟，我们应当指出，这是符合人民利益、符合革命民主运动目标的正确策略的结果。党为了维护和完善同资产阶级民主党派的联盟，在坚持不懈地努力着。我们应当意识到，除了投降派和伪装的反动派以外，在不断响应革命力量统一阵线的资产阶级民主党派中，还存在许多党派和力量。多亏他们，我们才能在社会、经济和政治方面取得一些重大成果。

危地马拉：托派分子的立场 *

伊斯梅尔·弗里亚斯

　　在危地马拉亲美政变（1954 年 6 月）发生前不久，拉美托派分子伊斯梅尔·弗里亚斯（Ismael Frias）就曾发表过对这一状况的分析，并为工人运动提供了一些具体建议：创建士兵委员会以整肃军队，让工人自卫队组织处于工会的控制之下，等等。本文摘自《第四国际》期刊，它还说明了阿本斯政权的矛盾和不稳定性，并解释了它未能获得资产阶级支持的原因。

资产阶级与政府

　　阿本斯政府是资产阶级政府。如果我们想了解危地马拉正在发生的状况，就不应该对此有所怀疑。共产党（现在称危地马拉劳动党）秘书长若泽·曼努埃尔·佛坦尼（José Manuel Fortuny）在党的第二次代表大会上代表中央委员会所作的报告中也承认，"阿本斯政府……是民族资产阶级和小资产阶级的政府，它服务于资产阶级民族主义的利益，并领导反封建的革命活动"。但是，作为一名斯大林主义者，他本应要提却又只字未提的是：危地马拉的资产阶级远未完全支持阿本斯政府，尤其是该政府在群众压力下被迫批准的一些革命措施；而且最重要的是，它还大胆尝试依靠群众来抵抗帝国主义。阿本斯政府是波拿巴主义的资产阶级政府，它在不断捍卫资产阶级整体政治利益的同时，还维护着资产阶级与群众、群众与帝国主义之间的平衡，从而建立其相对独立性。在研究

---

　　* Ismael Frías, "La Révolution guatémaltèque," *Quatrième Internationale*, v. 12, n. 3 – 5, March 1954.

卡德纳斯（Cárdenas）政府的《国有化工业和工人自治》（*Nationalized Industry and Workers' Management*）一文中，列昂·托洛茨基（Leon Trotsky）写道：

> 政府在国内和国外资本、在软弱的民族资产阶级和相对强大的无产阶级之间摇摆不定。这赋予政府一个鲜明的特征，即它使自己超越阶级性。事实上，它能够……通过操纵无产阶级，甚至对它做出巨大让步以进行统治，从而获得某种独立于国外资本家的可能性。[①]

阿本斯政府就属于这种类型。

阿本斯政府同阿雷瓦洛（Arévalo）政府的区别在于：它受到更为强大的民众压力，迫使它对工人做出更大让步。在上述报告中，佛坦尼承认其以下言论绝大部分为事实："各方势力间的新关系和政府的更迭以更为重要的民众组织和动员为特征，而这些允许阿本斯政府显示出更大的独立性。"

我们不应对危地马拉资产阶级及其政府的反帝能力怀有幻想。再者，正如佛坦尼在报告中告诉我们的那样："有小部分危地马拉资产阶级抵抗帝国主义并忠于捍卫我们国家主权的事实并不意味着普遍软弱而不成熟的危地马拉资产阶级就有捍卫国家利益的倾向，因为它视自己同帝国主义的关系高于国家利益之上。"

像阿本斯政府那样的政府是极其短暂的，因为它代表的是社会均衡中的一个不稳定因素。它要么为帝国主义和封建资产阶级（Idigorista feudal bourgeoisie）所推翻，要么让位于共产党、全体工人联合会和全国农民联合会的政府——它将真正把国家从帝国主义手中解放出来，完成土地改革。显然，危地马拉的革命马克思主义者必将为后一种解决方案而不懈奋斗。

---

① See Leon Trotsky, "Nationalized Industry and Workers' Management," *Writings*, 1938 – 1939（New York: Pathfinder press, 1974）, pp. 326 – 329—Translator.

在此之前，我们的职责在于保卫阿本斯政府，手持武器击退亲美反革命的所有攻击。这自然不意味着我们应该给予它起码的政治支持，掩盖其局限性和短暂性，或传播它能够领导反帝斗争的幻想。而恰恰是这点，将革命马克思主义者从像佛坦尼那样的机会主义与官僚主义者中区别开来：前者将实情告知工人，以保卫政府不受反动派攻击，并代之以自己的政府；后者则欺骗和迷惑工人，以防他们为这些任务做准备。

苏共二十大后的文献节选

为了巴西资本主义经济的发展[*]

巴西共产党

　　冷战结束后，特别是苏共二十大之后，拉美共产主义政治得到重新定位。1949 年至 1954 年的路线被批评为宗派和极左的路线；并提出一个更为温和的、以通过"和平道路"走向社会主义这一理论为核心的方针。我们还可以找到与"发展主义"观念的某种亲善关系，继而在拉美政治和学术领域占据主导地位。下文节选自巴西共产党于 1958 年 3 月的一次声明，它明确而系统地提出新时期的中心思想为：资本主义的发展符合所有人民的利益，而主要矛盾是发展中的民族同北美帝国主义之间的矛盾。

　　顺便补充一句，本文还强调突破国家资本主义发展的"封建残余"的重要性。

　　苏共二十大文件在我们党队伍中引起激烈讨论，在此期间，我们对教条和宗派性质的严重政治错误提出了批评。

　　对于这些错误的分析和克服它们的必要性，致使巴西共产党中央委员会公布本声明提出的新的政治方针。在这一过程中，中央委员会还考

---

　　[*] *Declaração sobre a política do Partido Comunista do Brasil*, Rio de Janeiro, March 1958, pp. 3, 14 – 16, 24 – 26.

虑党过去的经验，以及发生在巴西和世界形势下的基本变化。

中央委员会希望在此公布的政治主张，能够在它们的实际应用过程中得到确证，并为党和巴西人民的经验所丰富……

巴西同北美帝国主义矛盾的深化

国家经济、政治形势和国际形势的变化，使各种社会力量的态度发生重要变化，并决定了解决巴西革命问题的路径。在当前历史阶段，作为北美帝国主义剥削的结果和对土地所有权的垄断性的维护，巴西社会面临两个基本矛盾：一是我国和北美帝国主义及其当地帮凶之间的矛盾；二是发展生产力和半封建生产关系之间的矛盾。巴西经济和社会的发展要求解决这两个基本矛盾。

巴西社会还包含无产阶级和资产阶级之间的矛盾，它表现为工人和资本家之间各种形式的阶级斗争。但现阶段尚不需要彻底解决这一矛盾。因为，在当前国情下，资本主义的发展仍符合无产阶级和全体人民的利益。

因此，巴西革命不是社会主义革命，而是反帝反封建的民族民主革命。它必然引导我们将经济和政治从对北美帝国主义的依附中彻底解放出来；清除土地所有权的垄断性和前资本主义劳动关系，使土地结构发生根本性变革；民族经济得以独立和进步发展；政治生活也彻底民主化。这些变革将消除我国落后的深层次原因，并在无产阶级的领导下，同反帝反封建势力一道，为向社会主义过渡创造条件——尽管这不是巴西工人阶级的直接目标，却是他们的最终目标。

在当前巴西形势下，资本主义经济的发展同北美帝国主义的剥削形成冲突，正在发展中的民族进步力量，同妨碍它发展的北美帝国主义之间的矛盾不断加深。在这些状况下，发展中的民族同北美帝国主义及其当地帮凶之间的矛盾，成为了巴西社会的主要矛盾。

为此，进步的民族民主力量将矛头直接对准北美帝国主义和支持他们的买办。北美帝国主义及其当地帮凶在政治上的失败，为解决巴西民族民主革命的其他所有问题开辟了道路。

北美帝国主义依靠资产阶级和地主阶层的支持，来实现他们剥削我国和拉拢我国支持其好战政策的政治计划。依靠帝国主义剥削来获利的地主、受北美垄断资本控制的商业掮客、外贸中间商，以及某些银行家和商人都服务于北美帝国主义。

这些真正卑贱的少数阶层，构成了国家机器内外的投降主义势力，他们支持在政治上依附于北美帝国主义。

然而，同样存在极其广泛的力量，反对巴西民族的主要敌人。这些力量包括最坚定地维护国家整体利益的无产阶级；包括致力于清除基于帝国主义剥削的落后结构的农民；包括由于国家落后，而无法扩大活动范围的城市小资产阶级；包括致力于民族经济独立和进步发展的资产阶级；包括某些地主阶层，他们由于商品出口价格，国际市场的竞争，或北美公司及其帮凶在国内市场的敲诈行为，而同北美帝国主义存在利益矛盾；还包括同其他帝国主义垄断资本——美国垄断集团的竞争对手——有联系的资产阶级集团。

这些力量的阶级性极为驳杂（heterogeneous）。其涵盖了从致力于社会深刻变革的无产阶级，到巴西社会最保守的势力。其抵抗北美帝国主义的可靠性也明显不同，但绝对有理由联合起来反对屈从于北美帝国主义的政策。这种联合越广泛，挫败（屈从于北美）的政治（企图）的可能性就越大，从而确保巴西社会走上进步、独立和民主的发展道路……

统一阵线与争取民族主义民主政府的斗争

任何孤立的社会力量，都无法解决由国家独立和进步发展需要带来的任务。这就是（要求反对屈从于帝国主义政策的）所有力量结成联盟的客观必然性原因。巴西政治生活的经验表明，只有通过这些力量的统一阵线行动才能获得民主反帝的胜利。

由于民族民主统一阵线难免驳杂，所以它必然存在矛盾。一方面，因为存在共同利益，他们才会团结起来。这是基本的一方面，它解释了统一阵线存在的必要性，说明了它克服内部矛盾的能力。另一方面，他们存在利益冲突，因此统一阵线内部的社会力量，在某些问题上是彼此对立的，各方都力图使自己的利益和观点占上风。

无产阶级和资产阶级结成联盟，是因为他们有共同的目标，他们都反对北美帝国主义，争取国家独立和进步发展。无产阶级虽受资产阶级剥削，但同资产阶级的联合仍符合自己的利益，因为国家落后和帝国主义剥削给予他们的痛苦，比资本主义发展给予他们的痛苦更为严重。然而，资产阶级和无产阶级虽然为了共同的目标而携手前行，他们之间依然存在利益冲突。

资产阶级力求独吞国家经济发展的果实，加紧剥削广大劳动群众，并将所有困难的重担都推到他们肩上。因此，资产阶级是不坚定的革命力量，它时常出现动摇，企图对投降集团做出妥协，并害怕群众的独立行动。

无产阶级渴望形势朝着坚定的反帝国主义和民主的方向发展……

为达到这个目的，无产阶级一方面捍卫着自己和广大劳动群众的特殊利益，并争取最广泛的民主自由以帮助独立的群众行动；另一方面为所有反对北美帝国主义剥削的阶级和社会阶层的共同利益而斗争。因此，无产阶级必须在统一阵线内部保持思想上、政治上和组织上的独立。

同时，绝对不能忽略统一阵线内部的斗争，原则上它异于统一阵线同北美帝国主义和投降派的斗争。后者的目标在于孤立巴西民族的主要敌人，并在政治上击溃他们。而前者的目的不在于孤立资产阶级，或断绝同它的联盟，而在于捍卫无产阶级和广大群众的特殊利益，拉拢资产阶级本身和其他力量来增强统一阵线的凝聚力。为了统一阵线的成功，必须以恰当的方式领导这场斗争，通过批评和其他形式，避免把统一阵线内部的矛盾，提升到巴西民族同北美帝国主义及其帮凶之间的主要矛盾上来。因此，我们必须时常考虑统一阵线内部的利益冲突和意见分歧，而不应该对此有所隐瞒，以致产生问题。这样才能在不破坏团结的前提下，面对并克服它们。

阿根廷革命左派的论题*

希尔维奥·弗朗蒂奇

在某些拉美国家，一些革命左派潮流不断壮大，其反对官方的共产主义运动方针（即在国际层面上和平共处，支持他们认为进步的资产阶级政党或政府等）。阿根廷的希尔维奥·弗朗蒂奇（Silvio Frondizi，1907—1974），是政治上接近托洛茨基主义的马克思主义历史学家和社会学家，他创立了首个自诩为"革命左派运动"（MIR）的小组织。他著有多部哲学、政治学和经济学重要著作［包括《资本主义的国际一体化》（*The International Integration of Capitalism*，1947 年）、《现代国家》（*The Modern State*，1954 年）、《阿根廷现实》（*Argentine Reality*，1955—1956 年）、《我们时代的辩证唯物主义观》（*The Dialectical Materialist View of Our Epoch*，1960 年）］，是一位有创见和令人信服的思想家。他还是一名律师，常年替被阿根廷政权监禁的游击队战士做辩护（1966—1973 年）。1974 年，希尔维奥·弗朗蒂奇遭到阿根廷反共联盟（AAA）——一个极右的恐怖组织——的暗杀而身亡。

下文节选自他对 1958 年至 1959 年研究阿根廷左派的感受。

庇隆主义

对我们而言，庇隆主义一直是最为重要且唯一试图在阿根廷进行资产阶级民主革命的思潮，它的失败在于民族资产阶级无法完成这项任务。

随着庇隆主义的发展，它开始代表阿根廷的整个资产阶级，而不只是其中的任一阶层，既不仅仅代表实业家，也不仅仅代表地主而是直接代表整个资产阶级，不过这种代表是通过官僚主义规划来实现的，这让它部分和暂时独立于资产阶级。这使其能够通过某种让步，以有利于该

---

* "Contesta el doctor Silvio Frondizi," in *Las izquierdas en el proceso político argentino*（Buenos Aires: Ed. Palestra, 1959）, pp. 28 – 33, 40 – 46.

体系的方式来传递群众压力，这种让步是因为这种压力在该国非常受欢迎，因为这种压力是由该国异常的商业和金融业停滞以及政权的消极需求造成的。因此正是"二战"末，国家繁荣的经济形势构成了庇隆主义活动的目标。起初，它可以依靠丰富的黄金和外汇储备。而由于受到战争影响的国家的需要和似乎一触即发的新的战争，它满怀信心地认为造成这些状况的局面能够得到不断改善。

还有一种短暂而特殊的状况导致对庇隆主义尝试的未来可能性滋生幻想。我们指的是一种过渡期的出现，在此期间，英帝国主义见证了其对阿根廷控制权的减弱，而北美帝国主义在世界和我国尚未建立明确而稳固的统治。这允许某种类似于出现在国家层面的国际波拿巴主义，并在几乎所有国家的政治思潮中，滋生关于经济独立和民族革命之可能性的幻想。

这种广泛的机动的物质基础使得庇隆主义政府，首先计划和开始实施一系列经济发展和民族振兴的规划。但因带有在资本主义制度下任何尝试的企图都具有的局限性，所以阿根廷传统经济结构没有发生根本变化；对外依附和畸形的根源没有被破坏。农村尚未进行革命，甚至连温和的改革都没有。帝国主义的利益深受重视，甚至被要求在混合企业中进行合作。民族和帝国主义大资本都未被用于支付这些经济发展规划。第一个五年计划进行至此，主要资金来源于国际贸易利润。另外，由于一系列原因，这一基本收入来源很快便出现支绌，而必须辅以预算控制和公开型通货膨胀。而由于这种通货膨胀，庇隆主义经济规划的成本，很快便落到城市小资产阶级和无产阶级的身上。

但在庇隆主义壮大（expansion）和兴盛（euphoria）的早期，它在不同经济领域取得了重大成就。在交通运输领域，铁路被国有化，并增加了新的股份；阿根廷商船队不断壮大，其运输的总吨位也不断增加。与此同时，航空得到强有力的支持，港口完成了国有化等。庇隆主义在最盛行时期有助于经济复苏的另一个成就是削减外债。它声称已经解决了整个能源问题，特别是石油问题，但它并未触及问题的根源所在。它实施了一系列有利于工业的措施，并辅以从其前身继承下来的国有重工业基地，提高了国家参与的程度。国家对工业的直接干预有双重目的：肩负起软弱的民族资产阶级无法完成的必要的经济任务；并为波拿巴主义的官僚体制提供新的动力储备（store of power）和额外的利润来源。慷慨的国家信贷补助是支持本土和外国资本主义的另一种方式。

庇隆主义国家在壮大早期对阿根廷工农业资产阶级的繁荣所做出的最重大贡献之一，是维持了相当程度的社会和平。工农业资产阶级的整体繁荣以及国家政策的支持，是阿根廷阶级斗争暂时缓和的根本因素。一方面，它提高了工资，同时补贴大企业避免其哄抬物价；另一方面，它利用被政府控制的灵活、高效而有力的工会机器来管理工人。

理解这种左右逢源（balancing act）（正如我们多年来之所为），以免我们陷入对待庇隆主义犯下的两种错误：一是理想化其进步的可能性，放大其利而掩盖其弊；二是进行消极和反动的指控，譬如"民主反对派"指控庇隆主义是法西斯主义。

这种左右逢源的结果是，代表民族资本主义的庇隆主义政府将民族资本主义出卖给帝国主义。事实上，一旦早年的繁荣成为过往，所有半殖民地国家的关键和根本因素——帝国主义——就开始发挥全部力量。它通过各种手段（如倾销、修改贸易条款等）缓慢而又确实成功地扼杀了民族资产阶级及其政府。与帝国主义签订各种不平等条约，是这一背叛过程的高潮。最终，庇隆主义的资产阶级民族主义尝试导致了危机：工业停滞与倒退，工人就业机会和实际收入下降，长期能源赤字，农业经济和对外贸易危机，通货膨胀等。

至于政治方面，庇隆主义的基本特征是：它期望同时发展和引导无产阶级日益增长的压力，首先惠及统治集团，再惠及剥削阶级。这就是为什么我们把庇隆主义归类为波拿巴主义——这是一种中间形式，特别是在政治领域，它适用于尚不需要使用暴力来解决社会矛盾。波拿巴主义趋向于通过控制国家机器和有明显阶级差别的政府，来调和对立阶级。但总是惠及其中一方——在此是惠及资产阶级。

面对民众涌入政治舞台的浪潮，资本主义并没有立即通过消除模仿民主的方式来加深其宰治，而是试图引导这些民众的力量。要做到这点，它至少首先要通过提高工资和缩短工作日等社会措施，来结交工人阶级。但从实际情况来看，由于是在社会矛盾时期采取了这些措施，大资本并没有在物质或精神上承受自身政策的重压。因此，它必然理所应当地把负担放在中产阶级身上，并使其迅速失去力量，变得一贫如洗。这为社会力量的两极分化进程增添了新的因素。

上述援助工人的政策，实际上发生在很小范围内。就算真的有，也不过是用各种花招使它看起来非常广泛而已。

这种煽动（demagogy）的后果很容易预测：加快了资本主义制度的瓦解，无政府状态越发严重，并因此加速了危机。此外，这些煽动政策放宽了劳动纪律：这就解释了为什么当资本主义需要加紧工作步伐时，它必须采取强制手段。这就是引起极权主义的一个新原因，也是自由主义国家在现阶段不起作用的全新证明。

在煽动过程中也产生了一些有益的结果，特别是社会和政治领域。由于它立足于人民，发展工人的政治阶级意识。我们认为庇隆主义的主要积极方面是将群众纳入积极的政治生活，以便从精神上解放他们。从这个意义上来说，庇隆实现了伊里戈延（Yrigoyen）在中产阶级中所扮演的角色。他帮助工人参与政治生活，即便还有一定距离；并让工人从官方渠道听取国际和国内基本政治问题的讨论。

在大资本看来，庇隆主义的这些方面非常危险。这就是为什么——正如我们在1953年写成的《阿根廷现实》第一卷中所述——美国"需要一个比庇隆主义更正规、更具特色的政府"。这使我们能够预测到"一旦这个［深刻的社会动荡］时刻到来，作为资本主义制度一个发展阶段的工具的庇隆将军将获得兔死狗烹的下场"。

就庇隆主义而言，失去了机动的物质空间，继续这些政策的任何可能性就终结了，并必将最终导致其覆灭。

有关庇隆主义政权是法西斯主义的指控，同宣称它是民族解放运动一样缺乏根据。要证明它是波拿巴主义而不是法西斯主义只需一句话，它获得了"两头阶级"亦即大资本和无产阶级的支持，而小资产阶级和中产阶级大体上受政府行动的影响。

相反，在法西斯统治下，小资产阶级构成了大资本的社会冲击力。这就解释了为什么在法西斯政权下对无产阶级的迫害如此严重，因为镇压是在对整个阶级的控制之下进行的。我们必须将阶级专政和政治独裁区分开来。

民主联盟，如今只是一个悲伤的回忆，它制造了这个关于法西斯主义的愚蠢和反动的指控。阿根廷政治中最黑暗的力量，在民主联盟中团结一致（其中不乏其左派食客），无法或不想理解庇隆主义所代表的新现象的充分意义；并试图通过窃取这次失败的果实和他们的声名狼藉来获得权力。因此，我们能够预测庇隆上校将成功完成"阿根廷政治危机"的工作。

"民主反对派"如此憎恶该政权，是因为后者揭露了资产阶级社会的腐败，展示了其本来面目。资产阶级的合法性和神圣不可侵犯的国家宪法失去了政治操守，其奴性作用逐渐暴露出来。军队的团结遭到破坏，该政权也协同分裂各个政党等。实际上，正如我们后来所看到的那样，区分庇隆主义与"民主反对派"的不是其消极方面：冒进，政治和行政腐败等"淫妇政治"（pornocracy）；工人运动的官僚化及其被国家控制；还有比以往更强硬的压制性法律。而且这些缺陷没有得到已倒台的庇隆的纠正；只是结束了过度的煽动，因为在经济收缩时期这个过于危险。1955 年政变实现了本土和外国资本的这一目标……

我们认为拉美具备社会主义革命的条件，但仍缺乏一些主观条件。显而易见，分析这种情况意味着解决群众、党和领导权之间的严重关系问题——也许最严重的问题是正视国际上的社会主义革命。

"左派革命运动"已通过组建可能成为伟大社会领袖的中级干部，包括体力和脑力工人，来面对和寻求解决这些问题的方法。这样，当我国革命开始（也必须）进行时就不会失败。以玻利维亚为例，其客观条件已然成熟，但由于缺乏许多自觉的领导，而很少或没有发生革命。

自觉领导的首要条件是坚信劳动群众的重要性，并且有必要尊重其伟大的创造能力。

我们现在将注意力集中到那些可以同无产阶级一道为解放全人类而斗争的其他阶级成分。这意味着尤其要研究贫困的小资产阶级。

这个群体遭受了垄断经济集中的直接后果。之所以要特别考虑该子类的情况，是因为它的中间社会地位使它能够转向任何一方。应当明白，它的未来与无产阶级的利益息息相关，而无产阶级可以将它从遭受的经济和社会压迫中解放出来。

除了这些社会成分外，我们还必须考虑到那些揭示了社会问题并进入革命阵营的知识分子个人或群体。

虽然无产阶级协同这些社会成分夺取政权产生了质的飞跃，这事已经足够明朗，但由于自小学开始贯穿于个体一生的各种宣传活动，导致了社会、智力和道德的畸形，因此它总是不为人所理解。这就是为什么当我们思考社会变革的可能性和后果时，它在旧的思想模式内和符合传统的可能性下就已实现。但事实并非如此，无产阶级夺取政权产生了质的飞跃，这开辟了它形成初期无法想象的可能性。

工人阶级能够完成这种转变，得益于它更加独立于资产阶级社会所导致的畸形。而无产阶级因不享有资产阶级社会的某些利益，而有幸没有受到社会畸形的影响，如在社会习惯方面遏制小资生活。

另外，工人在资本主义制度下经受了大量且不断增长的异化，这引起他们对任何富有成效或创造性尝试的合理的、往往是不自觉的抵抗，即便这些尝试能够为他们提供直接利益。

向新的、社会主义社会的过渡，涉及一个重要问题。因为很明显，资产阶级民主革命的各个方面都尚未实现。既然有能力完成这些工作的资产阶级已经油尽灯枯，那么无产阶级作为一种卓越力量就必须担负起这一使命。要解决这个问题，我们必须认识到：问题不是将资产阶级民主革命作为一个自我阶段、一个目标加以实现，而是在走向社会主义革命的道路上实现资产阶级民主革命的任务。

在这些直接任务中，只有依靠群众的革命马克思主义政党才能实现反帝斗争。此外，有必要解决阻碍我国工业和农业发展的严重问题。首先，主要生产来源应该集中在集体手中，这将强力推动经济积累。在农业方面，社会主义力量不要一蹴而就或实现飞跃发展，而要进行彻底的土地革命，其首要表现就是对土地的国有化。这种国有化不应该通过分配小块土地而应该通过集体化来实现，这种集体化允许大规模使用农业机械等。

当然，实现这些任务需要国家机器发生质的改变。它不能掌握在社会特权阶层手中，而应该掌握在社会集体手里。换言之，这意味着社群必须改变国家。

只有社会主义组织才能解决信仰自由的问题，有效地将政教分离。像某些人希望的那样，保持宗教忏悔不受政治干扰是不可能的，就像倒退回中世纪一样不可能。

最后，社会主义社会组织是保障人民自由的唯一形式；传统政党无论是在国内还是在自己组织内部，都无法做到这一点。这就是为什么一个新的权力必须确保人类的政治和精神自由。

但社会主义革命又有一个国际意义。这一点很重要，因为不同的左派倾向看似提出相同的东西，却有着不同的内容和完全不同的结果。

事实上，无论是资本主义还是马克思主义阵营的小资产阶级潮流的代表都支持拉美一体化的思想。问题在于难以预料民族资产阶级是否能够实现这个任务，还是相反只能由走向社会主义革命的力量来实现。我们坚持后者，因为从总体上看，民族资产阶级顾名思义而且自始至终是民族的。在我们这个时代更是如此，资产阶级为了生存，必须相互竞争、彼此争斗。随着这种分裂活动而来的是帝国主义的破裂行为，制造或鼓动冲突。为此我们可以补充一个历史形势，即由于资产阶级的根本竞争性，它实际上未能实现国际统一。

实现拉美统一的唯一可能性是由社会主义力量夺取政权。只有摒弃资产阶级的国家和国际利益的阶级，才能完成这项任务。为谋求任何拉美国家的社会主义尝试，我们将革命的国际化赋予这种重要性，我们认为这一定是任何革命的中心任务之一。大部分革命精力和资源都应该着眼于这一目的。第一次社会主义革命应该抛开民族资产阶级及其国家取自社群的资源和无谓的浪费，将革命的胜利果实扩展到其他拉美国家。

尽管不可能预测斗争将在哪个国家开始，但显然必须尽快开展斗争。无论如何，我国都有一个重要的决定性的任务要完成：阿根廷革命意味着拉美社会主义革命的有效巩固。这是因为我们的发展水平相对较高，因此我们在经济和意识形态等方面都获得了相应的优势。据此想象一下阿根廷广阔的草原和巴西、智利、玻利维亚、秘鲁等矿产丰富的山脉，以了解该地区经济一体化的巨大可能性。而之所以谈到一体化是因为一旦竞争被抑制，综合发展的规律便往往会失灵。

这种经济一体化将使我们各国的生产力数以百倍增长。而任何新加入革命进程的国家，都将从多个方面给予帝国主义致命一击。这迫使帝国主义将可用于国际镇压的财政和军事资源加以分散。它收缩了生产和投资市场；激化了内部的社会和政治矛盾；并降低了各种帝国主义几十年来不同程度享有的相对均衡的物质基础。

总的来说，这是一种战略视角，它确立了"革命左派运动"为自己设定的艰巨任务，并开始通过不懈的实践和理论工作来实施。我们认为左派是时候放弃老对手和错误立场，并最终决定形成一个巨大阵线，来发动反对资本主义压迫的决定性战斗了。

如果几十年来从阿根廷无产阶级中脱离出来的旧领导阶层，依然坚持不在左派运动中选择，而从资产阶级的不同阶层［无论是所谓的民主联盟、庇隆主义，还是弗朗蒂奇主义（Frondizism）］中选择，他们将被自己的阶层所抛弃，因为他们厌倦了曲折前行却一无所获。现在的问题显然是社会主义革命或资产阶级专政的问题。让每个人在斗争中选择自己的位置吧！

马克思主义经济史文献节选

殖民经济[*]

塞尔吉奥·巴古

塞尔吉奥·巴古（Sergio Bagú）是阿根廷著名历史学家和经济学家，他因著有多部历史唯物主义作品而成为拉美马克思主义社会科学最重要的代表人物之一。其经济史著作表明，即便在最肤浅的教条主义支配着马克思主义运动期间，也能够完成严肃的理论工作。本文节选自其作品《殖民社会的经济》（*The Economy of Colonial Society*，1949 年），这是一部开创性著作，并且可能是第一部通过强调伊比利亚美洲殖民地的资本主义维度，明确而系统地质疑"拉美封建主义"传统模式的作品。

殖民地经济的性质

确定殖民地经济的性质，是颇为严格的学术任务。倘若我们认为拉美国家现在仍保持着殖民经济结构的诸多基本特征，那么这就会影响人们对其经济史的深刻解释并获得一种直接的现实意义。

临近 16 世纪中叶，伊比利亚殖民地社会的经济结构特征开始得到明确，并在随后几个世纪尤为突出。到阿根廷独立之时，殖民政权已在此运行三个世纪之久；而在殖民地古巴，则达到了将近四个世纪；最为不

---

* Sergio Bagú, *Economía de la sociedad colonial* (Buenos Aires: Ed. El Ateneo, 1949), pp. 97 – 98, 103 – 104, 117 – 120, 142 – 143.

幸的是，波多黎各仍继续处在一种不同形式的殖民统治之下。这漫长的岁月有助于见证镌刻于拉美独立国家的深刻殖民印记。与此同时，在北部的盎格鲁－撒克逊殖民地，帝国政权仅持续了不到两个世纪，并且在此期间，他们还留下了自己的"设备"。

西班牙和葡萄牙在这拥有大量非洲和美洲土著居民的地方，建立了怎样的经济类型呢？是当时在旧大陆不断衰败的封建主义？还是当时其光芒和力量被列为达到"意大利文艺复兴"与"伊比利亚航海家"这一高度的资本主义呢？还是略异于二者，只取其基本特征呢？

但伊比利亚美洲殖民地的建立不是为恢复封建秩序，而是为纳入世界范围内所开辟的新的资本主义秩序，这已是不争的事实。

发现和征服美洲，是大规模扩张欧洲商业资本时期的又一插曲。殖民经济体制的建立，就是为了强化大都市经济圈和创建殖民地市场。短短几年内，美洲矿山和农业企业的方针便明确表明，它们服务于旧大陆大商业中心的主要利益。

然而，值得注意的是，在美洲社会经济结构中，存在着明显相互矛盾的综合因素。为宽泛而明确地定义殖民地经济的性质，应对此进行详尽研究！

为市场而生产

如果我们想为殖民地经济找到一个定义明确而不容置疑的特征，那就是面向市场进行生产。从殖民政权的建立到终结，这一事实始终制约着所有生产活动。

到殖民地的第一个世纪中叶，同米纳斯吉拉斯和迪亚曼蒂纳区（这些地区后来于18世纪为葡萄牙王室所垄断）的矿场主一样，巴伊亚、里约和圣维森特的蔗糖种植园主开始为市场而生产。出于同样的原因，马拉尼昂州于18世纪开始耕种棉花，接近殖民时代尾声之时，巴西北部的种植园也开始种植咖啡。而东北地区的牧场主，则同其南部劲敌日后那般，从16世纪开始为内部市场进行生产；即便谷物也是为各个地区的内部市场而耕种的……

伊比利亚殖民地不但迅速融入了欧洲的商业革命，还作为一个整体很快成为其中最为重要的一部分。

此外，丰富的迹象表明，敏锐的商业嗅觉主导着殖民地经济的发展。人们一发现殖民地产品能够大规模进入国际市场，就开始以工具、信贷和奴隶来增加产量。有时，甚至还动用人力大军来征服多产地区以获取财富。

荷兰西印度公司于 1630 年入侵巴西东北海岸，试图主导蔗糖产业，就是受到其巨大利润的吸引（以至于 16 世纪已有公司进行销售）。他们还占有葡萄牙殖民地的沿海地带，但他们需要更多产品，这促使他们提供资本、工具、奴隶和甘蔗扦插（cane cuttings）——开始进行培育他们所需要的一切——给巴巴多斯的英国殖民者。由于蔗糖质量不好，英国殖民者的首次尝试以失败而告终，为使英国殖民者学到更为合适的技术，他们给英国殖民者带去他们在巴西的种植模式。等到 1654 年，葡萄牙人和巴西人驱逐荷兰人时，巴巴多斯已经开始向欧洲出口蔗糖了——多亏了荷兰公司的董事和股东，若非他们的帮助，巴巴多斯可能永远无法成为（后来的）巨大蔗糖种植园。

到了 18 世纪，当殖民地的国际贸易技术趋于完善时，诸如此类的例子开始增多。通过提供信贷给农民，奴隶贩子帮助刺激了古巴的蔗糖生产；格劳—帕拉和马拉尼昂通用贸易公司（The Companhia Geral do Comércio de Grão Pará e Maranhāo）为满足欧洲纺织业对棉花的需要而提供贷款给马拉尼昂的殖民者以便他们能够获得种植棉花的奴隶和农具；吉普斯科阿纳公司（The Compañía Guipuzcoana）则提供贷款给委内瑞拉的小地主以便生产可可和其他水果，这些产品在当时的旧大陆也能卖得好价钱。

这些例子足以证明，伊比利亚殖民地已成为世界资本主义体系的重要部分，并作为欧洲经济的补充得以发展。这就是为什么在旧世界里最炙手可热的产品，在新的世界里其生产也十分繁荣的原因。然而，尽管殖民地市场要远大于 19 世纪大部分历史学家的设想，但它还是无法比拟欧洲市场对美洲经济形成所发挥的作用……

作为资本主义经济的殖民地经济

我们现在对开篇所提出的问题做一个回应：伊比利亚殖民时期的美洲经济体制并非封建主义，而是殖民资本主义。

当历史学家和经济学家说"封建主义在欧洲逐渐没落，而在美洲复兴"时，他们指的是这样一些因素：在欧洲早已衰落的某些制度被移植到美洲，其中部分制度导致了贵族统治的兴起；而前文我们已经分析过的大型农业、矿业和牧业单位的某些特征引发了主人和奴隶间的依赖关系，以及封建时代的领主斗争。但这仍不足以将之定义为封建经济体制。

而且，殖民资本主义在每个大陆都一再出现某些似乎封建的外部特征。这是个模棱两可的体制，但这丝毫无法改变其资本主义性质。

美洲远未步入封建主义发展历程，而是以惊人的速度进入商业资本主义的发展轨道。它为这一体制注入了巨大的活力，使得几百年后工业资本主义的到来成为可能。

正如我们在美洲的事例中所证实的那样，不是封建主义，而是资本主义导致伊比利亚美洲奴隶制的兴起。伊比利亚美洲不得不接收大量非洲移民以便融入商业秩序之中，这些非洲劳工同美洲土著居民一道是美洲殖民地的支柱，他们在国际贸易商的血腥压榨下，为欧洲资本主义的耀眼发展起到不可或缺的作用。

热带殖民化的经济性质[*]

小卡约·普拉多

小卡约·普拉多（Caio Prado Jr.）著有数部研究巴西经济史的经典著作，是巴西著名历史学家和共产党激进分子。同巴古（Bagú）一样，他也是最早质疑共产党传统理论——殖民地经济为"封建"性质——的

---

[*] Caio Prado Jr., *Historia económica do Brasil* (São Paulo: Ed. Brasiliense, 1959), pp. 20 – 23.

拉美马克思主义者之一，特别是在他于 1951 年出版的著作《巴西经济史》（*Economic History of Brazil*）中。然而，正如他后来所解释的那样，他的科学发现从未动摇共产党觉得有必要在 20 世纪的巴西进行"反封建"革命的顽固观念。

下文大体分析了拉美热带地区（特别是巴西）殖民化的特征，并强调了其所特有的资本主义维度。

假设我们正处于 16 世纪以前的欧洲：它远离且难以到达地处偏远的热带地区；缺乏在如今看来过于寻常且相对次要，但在当时却极为奢侈的产品。以蔗糖为例，在西西里岛只有小规模的种植，它非常的罕见且抢手，它甚至被当作弥足珍贵且备受推崇的王后的嫁妆。几个世纪以来，从东方进口的胡椒一直是意大利商业共和国的主要商品，那条通往印度群岛的漫长而艰辛的路线，除了为欧洲提供该产品以外，别无其他目的。烟草原产于美洲，因此在发现美洲以前人们不得而知，从而也就没那么重要了。后来蓝靛、大米和棉花等热带产品不也都是如此吗？

这让我们明白了热带地区对于寒冷而遥远的欧洲地区具有何种吸引力。美洲为其发展留下了广阔的空间和领土，只待人类的主动与劳作。正是这一点刺激了欧洲殖民者对美洲热带地区的占领。但尽管有着巨大的利益，欧洲殖民者仍然不愿通过体力劳动而将自身的精力投入如此困难和陌生的环境当中。不过，他只是讨厌成为一个工人，却愿意在有利可图的企业中以企业家的身份来组织具有巨大商业价值的商品生产，而其他人则将受雇为他工作。

这就是殖民者前往新大陆不同地区的主要区别——温带和热带地区。欧洲人只有当他成为主人，并拥有资源、能力和劳动力之时，才会自发地、毫不犹豫地前往热带地区。而热带农业剥削的性质，又进一步强化了这种趋势。它大规模地（也即在大型生产单位中）发生，包括大牧场、糖坊和种植园，这些地方汇集了相对较多的工人。换句话说，每个土地所有者（包括牧场主、糖坊主或种植园主）都有许多下属和无土地的工人……

正如我们所见，热带殖民地采取了完全不同于温带地区的路径。后者创建了真正的殖民据点（settlements）［勒鲁瓦—博利厄（Leroy-Beau-lieu）在其经典著作《现代人的殖民》（*Colonization among Modern Peoples*）中表述为殖民聚落（peuplements）］，这是欧洲人口过剩的出口。这些据点，再现了类似于原始欧洲社会的组织模式。另外，热带地区建立了完整的原始社会类型。我们熟知的简单商业交易所，不可能出现在美洲，但它仍具有特别的商业特征。白人殖民者的事业是整合大量自然资源，以适应具有巨大商业价值的商品生产，以及他所支配的附属种族（即美洲土著人和非洲人）的劳动。传统的商业目标决定了欧洲进行海外扩张的起因，它们在（进行这项冒险事业的）新的条件下得到了调整。这些目标在温带殖民地早已退居次要位置，却深刻地影响着热带殖民地的性质，并决定它们的命运。从国际角度来看，作为一个整体，（对于热带地区的）殖民似乎是一个巨大的商业事业。殖民地比以往的交易所更为复杂，但总有某些相似的特征。它们都为了欧洲的商业而从未经开发的土地上掠夺自然资源。这是热带殖民化的真正性质，巴西只是其中一个结果。它解释了美洲热带地区社会和经济的形成与历史发展的根本原因。如果我们研究我们社会结构的本质，会发现我们实际上是为了向欧洲商业提供蔗糖、烟草等其他产品——先是黄金和钻石，再是棉花，最后是咖啡。仅此而已！巴西社会和经济之所以得以组织起来不是为了本国利益，而是为了欧洲商业的考虑；一切安排都围绕巴西社会结构和其他所有活动来进行；以及欧洲白人到此投机或创业投资，招募所需的体力劳工（无论是美洲土著人，还是非洲人）——从纯粹生产性和商业组织形式来说，巴西殖民地便具有这些特征。

这些起因（其基本特征始终贯穿于巴西社会的形成过程）深深地、彻底地镌刻在各种国家形式和国家命脉，特别是经济结构当中。在我们刚开始从这漫长的殖民历史中解放出来时，仍是如此！只要牢记这点，就能理解巴西经济发展的本质。

智利资本主义的发展*

马塞洛·西格尔

　　智利历史学家马塞洛·西格尔（Marcelo Segall），也是最早批评拉美封建主义理论的马克思主义作家之一。他于 1920 年出生于圣地亚哥，他不但是圣地亚哥独立（大众）大学的创始人和校长，还是智利大学的教授和研究员。1973 年，他遭到皮诺切特（Pinochet）军政府的逮捕并监禁一年之久，直至一次国际运动后才得以释放；此后，他成为阿姆斯特丹国际社会史研究所拉美部的主任。西格尔自 30 年代以来一直是共产主义激进分子；1957 年，他在托洛茨基主义的影响下脱离了共产党，并在组织上保持独立。除了 1953 年关于"智利资本主义发展"的开山之作外，他还撰写过数部重要的经济和社会历史著作：其中包括《票据的社会传记》（*The Social Biography of Scrip*，圣地亚哥：马波乔，1964 年）和《世界各地的工资票据》（*Scrip Wages around the World*，智利大学通讯社，1967 年）这两部作品。

　　下文节选自其作品《关于智利资本主义发展的五篇辩证论文》（*The Development of Capitalism in Chile：Five Dialectical Essays*）。值得注意的是，西格尔后来认为他在这一时期的部分观点是过时的。他在（1976 年 4 月 23 日）致我们的信中强调："我略为机械地提出了先前的立场，它表明：自殖民时期开始，直至文中所指的实现土地从普通使用到私人商业所有、经济从自然经济过渡到货币经济这一历史性飞跃，智利一直是资本主义社会……但它并未解释这一总体过程……我目前的观点更为辩证，也更为普遍。它仍从这一历史性飞跃出发，但将之视为该社会不平衡和综合发展的一部分。西班牙征服美洲导致了私有财产关系的产生，但在现有文化（即安第斯文化）之上，却构成一种独特的演变历程。自征服拉美

---

　　* Marcelo Segall，*El desarrollo del capitalismo en Chile，cinco ensayos dialécticos*（Santiago：n. p.，1953），pp. 90 – 91，96 – 99.

以来，安第斯拉丁美洲作为一个整体可被视为资本主义社会，它是在截然不同和极不平等的文化水平上，社会综合发展的产物。"

现代农业天生具有大授地制（encomienda①）和征服者对土地的分配。它包括暴力、血腥和强制征用土著居民的土地，并迫使他们沦为奴隶。这种农奴制度是通过生产关系的变革发展而来的，即从原始集体采集的部落制过渡到一个阶级剥削另一个阶级的制度。

从大授地制时代直到现在，智利的农业制度一直被喻为：承袭古代奴隶制的欧洲封建土地所有制。

为了避免对这一制度及其术语所指产生混淆和误解，我们将简要定义和说明一下封建主义与资本主义的含义。

封建主义，在其经济意义上，是某个社会阶段的主要生产关系，该社会阶段以小规模农业和手工生产来养活领主及其奴仆为具体特征。

与此相反，资本主义，在其商业意义上，是一种或多或少注定面向市场（无论国内还是国外市场）进行生产的生产方式。这转而表明商品交换或商品生产（或交换价值），在此即为农产品。这是一种以出售劳工的劳动力为特征的生产方式。

采用大授地制除了部分满足征服者的自我需要外，其主要目的还是城市和矿山（生产商品以供交换和向西班牙皇室支付税收）的消耗及供应进行商品生产。简而言之，这是资本主义的发展，只不过属于殖民资本主义罢了……

佃农（inquilinos）屈从于征服者，不是由于所谓的"封建社会制度"，而是因为他们长期负债，这迫使他们花费所有时间无偿为"仁慈的"债主（即他们的老板）工作。

解放智利农民的关键在于佃农偿还债务所做的努力，他们还得留有一些剩余以维持自己的生活必需，这也是迫使他没日没夜工作的原因。而且，不但是他，他的家人也得工作。"这种身份由家人和子孙后代继承

---

① 又译委托监护制和恩康米恩达制，是 16 世纪到 18 世纪西班牙殖民者在美洲殖民地实行的一种农奴制度。——译者

下来，他们通过这种方式有效地隶属于债权人。"（卡尔·马克思）

显然，作为债务人，倘若气候允许或要求（因为农业性质的不可预知性），他可以在一种较简单的隶属形式下按照自己的节奏来工作（这可能很难，但他可以因此用小聪明来摆脱债务人身份），否则他必须马不停蹄、夜以继日，甚至还要连累自己的家人。

在我看来，我们可以结束存在于地主和佃农之间的父权制（或半封建）传统，即家族关系。研究员麦克布莱德（MacBride）在其作品的前几页重述过该传统。[①] 谁捍卫当前的土地制度，谁就是封建主义者。历史学家和农学家弗朗西斯科·恩西纳（Francisco Encina）称之为大体仁慈的封建主义"家长"。社会主义历史学家胡里奥·恺撒·乔布特（Julio César Jobet）则另辟蹊径，指出他们的"封建或半封建"特征。

我的观点与主流观点不同。从麦克布莱德到一般政治纲领的草拟者，大都赞同智利农业仍保持着改良过的中世纪或半封建的结构。这是整个美洲的共同立场，除了一些有趣的例外，譬如，北美的威廉·Z.福斯特（William Z. Foster），墨西哥的简·巴赞特（Jan Bazant）和西尔维奥·扎瓦拉（Silvio Zavala），以及阿根廷的塞尔吉奥·巴古，他们所有人（除了扎瓦拉）都以马克思经济学方法为分析工具，再换另一种方法对该问题进行定义。福斯特[②]将拉美农业归类为"欠发达的资本主义活动"，巴赞特则将"大授地制"定义为利用奴隶制的方法和的资本主义组织形式……

导致错误地认识智利封建主义的另一因素是将该术语与大庄园制相混淆。土地所有者的大量存在并非封建主义的基本特征：封建社会确实存在大量土地所有者，就像在奴隶社会和罗马帝国时期一样，但它们同样存在于英国资本主义时期。封建主义的特征是领主与农奴之间的阶级关系。之所以将民族地主阶级定义为封建的（这一点在胡里奥·恺撒·乔布特的作品中特别明显）另一个因素是基于他们的家族和社会旧

---

① *Chile*；*Its Land and People*. Despite its defects，it is a most valuable contribution to the question. Its investigations of agriculture are quite often correct and precise.

② *An Outline of the Political History of the Americas*（New York：International Publishers，1952）.

习——换句话说，基于道德天性行为。这种方法是基于绝大多数土地所有者为嫡长子（mayorazgos）和委托监护主（encomenderos）之后裔的事实，它允许特权阶层传统和贵族排场的继续存在。但这并不会影响（作为本质因素的）生产的资本主义性质。

殖民地经济的综合发展 *

米尔西亚德斯·佩纳

米尔西亚德斯·佩纳（Milcíades Peña）是托洛茨基主义激进分子。他作为一名理论家著有多部研究阿根廷经济和社会历史的著作［包括《五月革命前夕》（*Before May*）、《地主的乐园》（*The Landowners' Paradise*）、《领袖与精英》（*Caudillos and Elites*）］。直至 1965 年逝世前，他还是马克思主义社会科学期刊《菲查斯》（*Fichas*）的领军人物［化名为阿尔弗雷多·帕雷拉·丹尼斯（Alfredo Parrera Dennis）］。1955 年至 1957 年间，他完成了对殖民地经济的分析，并于 1966 年第一时间发表在该期刊上。他试图将托洛茨基的不平衡和综合发展理论运用到拉美社会结构上，下文正是关于该主题的一个争论，并直接反对了阿根廷共产主义历史学家鲁道夫·佩格洛斯（Rodolfo Puiggrós）的观点。

毫无疑问，在西属美洲殖民地一直存在着这样一种地主，他的行为、习惯和心理同中世纪的领主极为相似。无论是巴西糖坊主、牧场主或咖啡种植园主，还是西班牙殖民地的委托监护主（encomendero）、矿主、大庄园主、可可及蔗糖种植园主、主教、牧场主和农场主：他们更倾向于视自己为各自领地的绝对领主，自视为军事首领一样轻视中央权威，并对下属运用封建式正义。可以说，英属安的列斯群岛的种植园主同弗吉尼亚和卡罗来纳的烟草种植园主毫无区别。但美洲的"封建领主"却与

---

* Milcíades Peña, *Antes de mayo, formas sociales del transplante español al Nuevo Mundo* (Buenos Aires: Ed. Fichas, 1973), pp. 51 – 54.

他们的欧洲同行截然不同：其物质财富来源不是封闭的封地或自给自足的单位；而是面向外部市场进行生产的矿山，是奴役印第安人的大授地制，是提供产品出口的糖坊、大农场或大牧场（estancias）。正如巴古所说，这是"将等级观念强加于阶级现实"的美洲。

鲁道夫·佩格洛斯是斯大林主义学派的历史学家。几年前，他带着寻找本国封建因素（或者，如若必要则发明它们）的目的，对照一个相对进步的资产阶级，写了一部阿根廷史。尽管存在着区别，但佩格洛斯的发现仍足以与发现美洲相媲美，他写道："征服和殖民美洲转移了……在伊比利亚逐渐没落的封建生产方式"，而"美洲有助于维持……在伊比利亚半岛逐渐覆灭的封建制度"。列奥纳多·帕索（Leonardo Paso）步其后尘，也主张美洲是"封建殖民地社会"，它还具有移植到美洲的奴隶社会的某些特征。根据这些胡言乱语，乔治·阿贝拉多·拉莫斯（Jorge Abelardo Ramos）撰写了一部名为《拉美：一个国家》（*Latin America：One Country*）的作品，认为西班牙的殖民地是"在封建基础上发展经济"。

尽管佩格洛斯认为美洲是封建殖民地社会，但他同样承认"发现美洲是航海家和商人开展的事业"，它具有充分的商业目的。这明显前后矛盾，但佩格洛斯用他的"桥梁"理论规避了这个问题。根据他的"桥梁"理论，西班牙以征服的商业目的来充当服务自身的桥梁，以此在这片新的领土上建立封建制度。显然，佩格洛斯同商业公司理解的封建制度，都是通过利用密集的半自由劳工为世界市场进行大规模商品生产，这类似于几百年后，国际金融资本在亚洲和非洲种植园所用的制度。如果这便是封建主义，那么我们不禁有些不安地追问，到底什么才是真正的资本主义呢？但这不会困扰佩格洛斯，他解释道，之所以"美洲的西班牙帝国具有突出的封建特征"，是因为"西班牙皇室视新大陆为直接封地，封地的居民皆为奴仆，而不是视其为殖民地。因为'殖民地'一词，自17世纪以来一直被作为商业领域的术语来使用"。事实恰恰相反，这些言论并非比较法专家所述，而是出自自诩为马克思主义者的历史学家之口。但这类自诩的马克思主义者无异于法律文盲：他不以其生产关系结构，而以殖民地和西班牙皇室之间的关系所假定的法律形式，来认定西班牙殖民地具有封建特征，这就揭示他们是顽固不化的法律文盲。殖民地与西班牙间的关系所采用的形式无疑在法律方面具有特别的封建韵味。但在这种法律形式下，殖民地的社会经济内容是以面向市场进行生产和创造利润为中心，因此，尽管具有浓厚的封建色彩，其内容依然具备明确的资本主义特征。

再者，佩格洛斯论文中的图式和形式思维类型，是知识发展中诸多错误的源头：西班牙是封建社会，因此其殖民地也是封建社会。这个形式很完美，但推论却绝对错误。因为当西班牙到达美洲时，他们面对的是从未见过的新的现实。尽管他们在主观上希望复制西班牙的社会结构，结果却在客观上建立起一些完全不同的东西。西班牙在美洲所建立的基本上是一个资本主义社会，即殖民资本主义社会，这一点是确定无疑的。恰恰相反，在帝国主义时期，金融资本在其殖民地创立的资本主义结构，却让人联想到封建社会和奴隶社会。这就是历史发展的综合性，形式思维无法捕捉这点，它通常无法捕捉任何本质的东西。

拉美的封建经济[*]

罗德尼·阿里斯门迪

尽管在20世纪四五十年代就有了马克思主义历史学著作，但拉美共产党仍继续主张这样一种理论，即拉美殖民地经济及其现代残余为封建和半封建性质。

下文节选自马克思主义社会学家和哲学家、乌拉圭共产党总书记和传统拉美共产主义的主要理论家之一——罗德尼·阿里斯门迪撰写于1961年（发表在莫斯科期刊《共产党人》上）的一篇文章。它是对上述历史立场的简要概括，并就拉美殖民地总的社会经济结构提出了自己的看法。

---

[*] Rodney Arismendi, "Problèmes d'une revolution continentale," in Recherches internationales à la lumière du marxisme, n. 32, July 1962, pp. 31 – 34.

　　让我们回顾一下伊比利亚美洲殖民地的社会经济结构：如果美洲及其印第安黄金白银的发现、奴隶制转变为基于捕捉和贩卖非洲奴隶的贸易事业以及航海术和科技的发展等在历史上属于血腥、贪婪和令人震惊的资本主义的开端与世界市场的形成时期，那么，西班牙和葡萄牙移植到新大陆土地上的就不是资本主义，而是封建主义的生产关系和社会制度。这些制度必须适应美洲的条件、贵金属的存在或匮乏、当地的气候（主要指生产的自然条件）和使用土著劳工的可能性。但这些新兴经济基本上都或多或少带有典型的封建特征。

　　本文不再赘述那些拉美历史学家和社会学家的立场，即在西班牙和葡萄牙殖民地占统治地位的是封建生产关系还是"殖民资本主义生产关系"，等等。本文将着眼于探寻当前经济结构在其殖民时期的根源。从根本上说，这些根源乃是大庄园土地所有制和殖民地经济对大都市经济的屈从。这两个特征结合起来，明确赋予种植园、糖坊（engenhio）和普拉特牧牛场以封闭经济单位的特征，也即封建经济的典型。它们为大都市进行生产，但在大多数拉美国家，占统治地位的生产关系都建立在印第安劳工［农奴（encomiendas）、佃工（yanaconas）等］和非洲奴隶劳工或半奴隶印第安劳工［米达制（mita）］的基础之上。围绕这些基于封建所有制出口生产型经济的，是一种前资本主义地租占统治地位（劳役地租、农产品地租，很久之后才是前资本主义货币地租）的自然经济。

　　作为 18 世纪的延续，人们还能找到雇佣劳动、个体小生产和简单商品经济的零星表现。通过使用非洲奴隶和印第安劳工，中世纪式的手工艺行会得以组建起来。但主要和基本形式仍是封建或半封建的大庄园。

　　西班牙人通过皇室分封或土地兼并（composición，即封建土地买卖）的方式为殖民者划分土地。葡萄牙人则通过被称为"塞斯马里亚"（sesmarias）的制度，将著名的巴西林地划分到各个"都督辖区"（captaincies），从而为大庄园制奠定了基础。各种封建经济单位都从大庄园制发展而来：包括高度分化的墨西哥、秘鲁等地的矿山和大庄园，以非洲奴隶作为劳力的大庄园糖坊和小农户主自营的糖坊；以及尽管特殊但确实具有封建特征的广大耶稣会企业（巴拉圭、阿根廷东北部和巴西现在的米西奥内斯地区）。在既无印第安劳工，又无贵金属，更无巨大商业价值之产品的非热带地区（这些地区后来出现殖民化，如布宜诺斯艾利斯和乌拉圭），牧牛场的建立是为了生产皮革、牛脂、牛角和牛肉；然后通过剥削的强迫劳动、非洲奴隶和零星的父权雇用劳动来风干牛肉。在这些牧牛场附近，代表一种特殊分成制的社会关系得以建立。而种植园作为殖民地的一种商业投资，通过利用大量非洲奴隶的劳动而被组建起来，但它只存在于法国、英国和荷兰殖民的加勒比海诸岛。

除了大庄园和矿物及食品生产以外，殖民时期还留下了大量中间商业资本和各种形式的高利贷资本作为其遗产。马克思与列宁早已指出：商业资本的独立发展同资本主义的发展程度呈反比。这就是促进大量南美港口城市形成，并发展为真正商业市场的因素之一。

在 18 世纪和 19 世纪初，由于西班牙殖民政策的变化，以及随后拉美各国逐步获得政治独立，拉美经济被公然纳入世界资本主义市场。由于拉美初级产品与欧洲（尤其是英国）产业之间的依赖关系，欧洲（尤其是英国）出现了商品缺口，并导致多国的国内产业遭到破坏。

同世界市场的这种联系，导致拉美资本主义的发展。但在世界资本主义经济削弱并使得前殖民地经济成为其附属，从而促进国内资本主义发展的同时，也致使这些经济出现畸形。这一过程快速与否，取决于每个国家封建制度的力量（譬如，我们可以将里约拉普拉塔同玻利维亚或秘鲁进行比较）；但绝不会从封建主义和半封建殖民主义向资本主义正常过渡，这是一个缓慢、复杂且痛苦的转变过程。至于大庄园，仍将继续为外部市场生产产品，并适应外资出口、铁路延伸和航海技术的改进等等，并在随后成为资本主义向帝国主义阶段过渡的条件和决定性因素。在这一过程中，资本主义形式和前资本主义形式相互结合、相互适应。这导致国家资本的原始积累、国内市场的形成和无产阶级与现代资产阶级的出现被耽搁数十年，进而致使群众苦不堪言。

Ⅳ

"新革命"时期文献节选

古巴革命文献节选

人民社会党与古巴革命[*]

迪亚兹（A. Díaz）

　　1959 年古巴革命取得了胜利，但其根源可以追溯到 1953 年催生"7·26 运动"的对蒙卡达兵营的著名袭击。为了更好地理解其与斯大林化的拉美共产主义观念间的区别，而去了解人民社会党（古巴共产党）对此次行动采取的立场，并且大体上关于反对巴蒂斯塔独裁的斗争方法，会非常有趣。下文［节选自人民社会党机关刊物《基础》（*Fundamentos*）于 1954 年发表的一篇文章］还让我们明白：人民社会党为什么没有站到拉美大陆历史上最重要的革命运动的前列。

同志们：

　　1953 年 7 月 26 日，在 1952 年 3 月 10 日的反动政变中，将自身意志强加给国家的资产阶级大庄园主和亲帝派，实际上又发动了一次新的政变。这次是为了加强政府的反动性质，并消除其计划的一系列障碍。

　　尽管始作俑者用心良苦，但由于东部的叛乱毫无效果和错误领导，针对圣地亚哥和巴亚莫兵营的攻击，轻易就被现政权的军事机器击败了。这可以充当扫除所剩无几的民主合法性，猛烈攻击当时不断壮大并严重

---

　　[*] A. Díaz, "Balance de la actividad de la Dirección Nacional del Partido desde el 26 de julio hasta la fecha," *Fundamentos* (Havana), May 1954, pp. 111–113, 133–137.

扰乱政府计划的大众民主运动的有利借口。

7月26日之前的几周，民众抗议剧增，并逐渐转化为各种行动，甚至罢工，这极大地动摇了现政权。政府曾向其教父和保护者即美帝允诺，在古巴实施"调整计划"，以降低工资，造成大量失业，废除在我们党领导下的伟大工人斗争所取得的社会立法。作为美国扩张主义和军国主义政策的忠实执行者，政府打开国门满足美国垄断组织贪得无厌的剥削欲望，并致力于使古巴成为一个开放的殖民地，但政府在执行这些要求时面临巨大的困难。此外，随着动员群众人数的增多和抵抗政府政策的壮大，确保这些政策施用的可能性变得越来越不确定。政府冒着在选举闹剧中压倒性的反对票的危险，计划建立自3月10日以来一直寻求的法律掩护。

这就是为什么3·10政变的领导人，以如此野蛮的激动和粗鄙的热情欣然接受古巴东部的事件，并借此对上述所剩无几的民主合法性发动了迅速而猛烈的进攻，引发了一波扰乱国家的迫害和暴行。由于此次进攻，除了东部无数的街头暗杀外，还有数百人被监禁，大规模的搜查，我们喜爱的《今日报》（Hoy）等期刊被关闭。古巴不得不接受中止（3月10日后少数仍保留下来的）所有的宪法保障，并屈从于窃取政权者、可憎的盖世太保，甚至马查多的政治警察所引发的暴力统治。

7·26事件导致言论和集会自由权利被全面压制，我们党遭到镇压，工人和大众运动受到新的限制，专横的公共"秩序"法实际上抑制了出版自由，还有其他未出台的措施，扼杀了民主权利。两个月后通过的法西斯反共法，只为取缔我们党提供"法律"掩护，并以此为武器敲诈和迫害整个反帝运动和工人运动，包括反对巴蒂斯塔的资产阶级。

政府后来"恢复"宪法保障，但众所周知古巴根本没有任何保障，并且它实际上仍是一种特殊、专断、迫害和缺乏民主权利的政权。

众所周知，最猛烈的攻击和最激进的政府措施都是针对我们党的。我们党没有参与东部的事件这是公认的事实；而且事实上，我们党反对资产阶级的盲动策略，因为它们脱离群众，阻碍群众斗争，是错误的。只有自然而然地上升到更高更斗志昂扬的形式，才能打败反动派和帝国主义，正如 1933 年我们所见的那种形式和随后 1938 年至 1939 年的另一种形式。倘若真的如此，那么猛烈迫害我们党的理由是什么呢？无非是因为：我们党极大地阻碍了北美帝国主义及其在巴蒂斯塔政府内外的帮凶的计划。唯独我们党不怕恐吓、胁迫、收买或腐化。唯独我们党反对帝国主义，拒绝向华盛顿低头，坚定而毫无保留地高举彻底摆脱外来压迫的旗帜。唯独我们党是工人阶级政党，也唯独我们党提供失业救济；自由分配土地给农民，真正实行土地改革；促进人民团结；建立民族民主阵线来引导国家走出危机，推动更高水平的进步和国家发展。简而言之，我们党是和平的社会主义政党。

正因如此，作为反对"调整计划"和巴蒂斯塔亲帝反动政策最坚定的斗士，作为争取民主选举的斗争和古巴危机的民主解决方案的政党，人民社会党遭到被玷污了的古巴的反动政府最恶劣的攻击和最无情的迫害。

对人民社会党的猛烈迫害——受到普里奥（Prío）及其朋友在国外定期的反动宣言的煽动——在很大程度上取决于执政当局热衷于通过加入肮脏丑恶的反共和反苏阵营，来保住华盛顿的青睐；通过参与狂热反共的法西斯政策，来保住美帝的支持。

因此，对我们党采取这些迫害和法律措施，既不是偶然也不是暂时的。它们是以下计划的结果，该计划不仅旨在取缔我们党，正如其提出者所希望的那样，还旨在彻底摧毁我们党。但从历史角度来看，这个计划的结果能否长久，还是另一码事。我们同人民一道可以打倒这个计划以及其他所有清共计划。此时此刻，共产主义在世界三分之一地区获得了胜利，它是全人类的希望……

我们的立场，众人皆知。

自 3 月 10 日之后的几天里，我们一直坚持着被证明为正确的路线。

正如我们所说，我们无法想象古巴问题只是简单的"制度危机"。

我们抓住事物的本质，提出深刻的解决方案。这些问题不仅来自政变和反动的执政当局，最重要的是来自在全国蔓延的经济危机和帝国主义的干预遏制了国家发展。

这就是为什么我们的路线不仅从竞选局势出发，还旨在为这场危机提供深刻的解决方案。

这就是为什么我们的路线呼吁直接、自由选举，不把选举当作目的，而是当作应对古巴危机的民主解决方案的可能性路径。

这就是为什么我们的纲领呼吁形成民族民主阵线，组建一个能够运用古巴爱国纲领来解决古巴危机的政府。

我们拒斥"冒险主义"和"盲动主义"以及选举买卖（electoral sellouts）。我们反对一切无原则的阴谋、政变、恐怖和脱离群众的其他组织活动，其无效性和消极性业已被历史所证明。我们反对"无为主义（quietism）""弃权主义（abstentionism）"和迫使人们被动等待事态发展的其他方案。我们反对选举买卖，因为它只谋求微不足道的让步和眼前的优势，而忽视了真正需要解决的问题。

我们在反对这些资产阶级和小资产阶级方法时，毅然提出群众斗争、宣传群众、动员群众和团结群众的无产阶级方法。

我们的策略非常明确：我们提出统一阵线、民众联盟、反对党之间的协议，来捍卫民主权利，为政治犯赢得自由，与减薪、失业、剥削农民、种族歧视等做斗争；争取自由选举，并最终以民族民主阵线纲领、应对危机的民主解决方案参与选举。

我们的目标非常明确：获得应对古巴危机的民主解决方案，打倒屈从于帝国主义的事实政府，并建立民族民主阵线的爱国政府。

我们如何运用和发展这些政见呢？

7·26事件没有导致党背离自己的路线。尽管存在恐怖和其他新的状况，但它并未放弃争取统一阵线的斗争，反而千方百计来加强它。它没有绝望地撤销直接民主大选的口号，而是更有力地提出最高选举委员会和政府要开辟政党登记的新时期，并做出必要的改变，使选举真正成为人民协商的结果。随着随形势的高涨，党还提出建设作为选举媒介（vehicle）的统一阵线的必要性。

党积极接受这些任务，统一阵线委员会很快从国家的这端延伸到另一端。但哈瓦那的统一战线运动，更为久远更为壮大，因为它可以追溯到7月26日之前，通过倡导创建包括我们在内的各党男女同胞通力合作的民族统一阵线党，而首当其冲。

在很大程度上，正是由于这场斗争，即哈瓦那统一阵线向政府和最高选举委员会请愿，要求政府有义务操办新的选举，创建选举委员会"倾听反对派的意见"。随着事态的明朗，我们党的坚定呼声，大量支持民主选举形成政府委员会的要求和请愿，政府不但被迫推迟选举，以适应自己的计划；还有被迫开辟政党登记的新时期，都显示出"对反对派的让步"。

鉴于此，全国统一阵线委员会提交了超过 8000 位选民的政党登记签名。至此，运动的气势吓坏了反动政府。它将成为真正受反对派欢迎的选举工具。其存在为群众的团结，争取自由选举、民主要求、所有政治犯的自由等的联合斗争，打倒政府提供了新的可能性。除了肆意拒绝民族统一阵线党的登记外，巴蒂斯塔集团找不到其他任何方法来面对这种局面。因此，它冒着被揭露的危险，计划并最终实行禁止任何民主反对派参与选举，或者必要时给予叫停。拒绝民族统一阵线党的登记表明，政府的独裁措施不是暂时的，而是其计划中不可分割的一部分。

当后来登记开始和我们党被肆意禁止参与选举过程时，它利用时机再次公开指责改组过程是一种伪装，并要求群众拒绝加入参与该伪装的任何党派，无论是政府还是所谓的反对派。

众所周知，群众拒绝改组。巴蒂斯塔及其同志们拥有两百万签名，但人们知道这个数字，包括成千上万身份证被偷或强行夺走的选民，或者他们已经从人口普查名单上被除名。

正是因为这一策略的失败，政府不得不诉诸另一项无耻的特殊法令。

最近，在继续我们的斗争路线和团结群众的路线，接受统一战线的倡议时，我们党接洽了正统党（Orthodox Party）常设执行委员会，支持他们对国家提出的要求，尽管他们也存在不足之处。我们邀请正统党与我们一起协作争取这些要求的团结运动，在这争取各种民主要求和自由选举的共同活动中，可以而且应该充当团结正统党和整个反对派的基础。然而正统党常设执行委员会没有对此做出回应，我们的宣言只能朝着我们的方向发展。

事实上，如果我们继续朝着这个方向发展；如果我们在共同活动中，围绕正统党（Orthodoxos）认真开展争取他们自己的纲领的斗争；如果我们不知疲倦、耐心地同正统党与其他反对党人一道，自上而下地促进团结斗争；如果我们不轻视在工厂和车间、农村和贫民区、青年和学生中，争取经济和政治需要的团结下层民众的小行动，统一阵线思想将获得决定性的支持。它依靠有血有肉的群众，迫使那些害怕统一的领导人加入人民群众的斗争，反对事实政权及其主要支持者，即古巴民主最大的障碍——美帝国主义。

最后，在当前形势下，适合人民的道路具体如下：

一是联合反对派和群众赢得自由选举，克服"盲动主义"和"可能主义"，并停止躲在群众背后和反对群众的任何妥协。

二是无论如何扶持群众争取经济要求和民主口号、自由选举和民族民主阵线纲领的斗争；并在争取这些需求的斗争中，随时准备利用政府自己的选举闹剧。

无论如何，局势不容乐观。政府坚决反对自由选举和民主权利，并顽固地坚持其可笑的选举计划。政府之所以还能够操纵和抵制国家需要的解决方案，不但因为反对派之间显然不够团结，还因为"盲动主义"和"弃权主义"仍阻碍着群众。

这就是为什么我们党必须加强团结动员群众，继续履行自己的职责，既不让自己被某些政党圈子坚持的某些选票至上主义潮流所拖累，又不让自己被将我们等同于"弃权主义者"的伪左派潮流所拖累；我们必定以新的活力，为了正确的路线而不断战斗。

我们坚持认为局势不容乐观，但要达到我们的要求不是不可能。不要忘了，争取经济和政治需求的群众斗争不断壮大，如果我们助推群众运动，他们肯定能推行自己的解决方案。

巴蒂斯塔协同反对派成员反对民主进步。他依靠武力，滥用职权操纵选举，而没有任何真正的民众参与。

了解到这一点，我们就必须日益顽强地采取行动，来迅速改变这种局面，并将我们的斗争带入敌人的领土。

人民的口号是：自由选举以及打倒反古巴的事实政府，为民主解决方案和民族民主阵线政府开辟道路。

为此，我们愿意联合任何政党、政治团体或公民。

我们立足于而且只立足于人民的利益。这是我们的行为准则，并将贯穿到底。如果其他政党真想把古巴从黑暗和困境中解放出来，他们也应当这样做！

总之，我们必须：

·加快争取当前自由选举的斗争。

·加快团结群众、反对党等的斗争，并争取如下要求：

——赦免政治和社会犯；

——废除反共和破坏社会秩序的法令；

——停止封闭《今日报》《街道报》（*La Calle*）等期刊，恢复出版自由；

——恢复民主权利，包括工人集会、组织工会、示威和反对削减工薪的权利；

——废除法西斯主义的工会税；

——简化选举中所有民主的、劳工的、反帝的、社会主义的和进步的政党与团体的选举登记，恢复1940年宪法的原则；

——自由和直接投票。

·加快争取统一阵线的斗争；在车间、工厂、种植园、学校、办公室、社区和城市建立日益活跃的统一阵线委员会；在强大而坚实的运动中，联合所有统一阵线委员会。

·更有力地传播和捍卫作为解决古巴问题的古巴方案，即民族民主阵线思想。

·最后，如果没有取得更好的结果，尽管其可能性有限，也要最大限度地利用政府自身的选举过程来进行群众斗争，捍卫党的路线和民族民主阵线纲领，并团结群众反对巴蒂斯塔政府，支持解决古巴危机的民主方案。

古巴社会主义民主革命*

菲德尔·卡斯特罗

1960 年 10 月，古巴革命发展为社会主义革命。但直至 1961 年 4 月，发生在革命过程中的这一"质的飞跃"才得到明确认同并被宣布。

1961 年 4 月 16 日，在自危地马拉发动的反革命空袭的遇难者葬礼上所做的历史性讲话中，卡斯特罗首次宣布古巴革命为社会主义与民主性质的革命。次日，即 4 月 17 日，数千名由美国中央情报局武装和训练的古巴反革命分子在猪湾登陆，但他们在 72 小时内就被 1960 年形成的工农民兵所击溃。

帝国主义无法容忍我们的存在，他们无法容忍有尊严、正直、勇敢、意志坚定、具有牺牲和革命精神的古巴人民。

他们无法容忍我们生活在他们的眼皮底下，无法容忍我们在美国的眼皮底下拥有进行社会主义革命的权利！

我们用这些步枪和高射炮在击落侵略军飞机时所展现的勇气，来捍卫这场社会主义革命。

但我们不是依靠雇佣军而是依靠所有男女同胞来捍卫这场革命。

谁持有这些武器？也许是雇佣军？也许是富翁？反正雇佣军和富翁都一样。小富家子弟持有这些武器吗？

工头持有这些武器吗？谁持有这些武器？谁手里高举这些武器？难道是小富绅、富人和剥削者？谁手里高举这些武器？难道不是工人和农民？难道不是劳动者、创造者和穷苦人？占人民绝大多数的是富人还是工人，是剥削者还是被剥削者，是特权阶层还是穷苦人？特权阶层是否有武器，而穷苦人没有武器？特权阶层是否占少数，而穷苦人占多数？

---

* Fidel Castro, *La Revolución Cubana*, 1953－1962, (Mexico City: Ed. Era, 1976), pp. 328－329.

当穷苦人拥有武器时——这难道不是民主革命?

工农同志们,这是一场穷苦人的,由穷苦人进行的,为了穷苦人的社会主义民主革命。我们愿为此付出我们的生命!

工农同志们,穷苦的男女同胞们,你们愿意誓死捍卫这场穷苦人的,由穷苦人进行的,为了穷苦人的革命吗?

工农同志们,昨天的袭击是美国雇佣军入侵的前奏,它使我们丧失了七个英勇的生命。它的目标是摧毁我们地面上的飞机,但他们失败了。他们不但未能摧毁我们的飞机,反而大部分飞机遭到我们的破坏和摧毁。在死去的战友坟前,在其余英勇青年、工人与穷苦人的孩子面前,我们再次重申我们定将在向雇佣兵寻求报复时,像那些用赤裸的胸膛冒着子弹以及付出自己生命的人那样,以革命为傲,并自豪地捍卫这场穷苦人的,由穷苦人进行的,为了穷苦人的革命——我们将毫不动摇地捍卫它,坚决抵抗到底,直至流尽最后一滴血。

工人阶级万岁!农民万岁!穷苦人万岁!革命烈士万岁!愿民族英雄永垂不朽!社会主义革命万岁!古巴自由万岁!

人在国在,国亡人亡!我们必胜!

从马蒂到马克思[*]

菲德尔·卡斯特罗

1961 年 12 月 2 日的这个演说,是古巴革命的关键性文件。在这份文件中,菲德尔首次明确宣布自己是马克思主义者,并解释了他从激进的反帝国主义(马蒂)到马克思列宁主义的思想路线。他还揭示了古巴革命如何并为何向社会主义"过渡"。我们在此还找到卡斯特罗主义对马克思主义阐释的一些主要特征:以强烈的道德情感主义,将政治舞台当作帝国主义和社会主义的替代品。也注意到他对梅里亚(Mella)、马丁内

---

[*] Fidel Castro, *La Revolución Cubana*, 1953 – 1962 (Mexico City: Ed. Era, 1976), pp. 394 – 399, 434 – 439.

斯·比列纳（Martinez Villena，共产主义诗人和领袖，逝于 1935 年）和吉特拉斯（Guiteras）的敬意。

实际上，我们认为这才是真正英勇的劳动者：他在平原工作十五天，凑齐十五到二十比索，买一些食盐和一点黄油，然后回到山上，并如此反复多年。他不但要独自收获成熟的咖啡豆，而且每清理一小块山坡，就会出现一对农村卫兵——要么是最近哨所的主管派来的人——来收取清理的费用。

所以这个不幸的农民来到平原工作了几周、受了许多苦，只为赚取工资以拥有一小块土地来种植咖啡，并且无论何时清理土地，都能把钱交给农村卫兵下士或附近哨所的中士派出的人。

这类农民遇到一个问题：他们为种植咖啡支付了十三到十四比索，但钱是他们借的，还被索要高额利息。而尽管古巴农工开发银行（BANFAIC：Banco de Fomento Agricola e Industrial de Cuba）确实已经开始运作，但它只贷款给有庄稼的农民、有钱人、半资本家，或者通过努力工作能种植半卡瓦耶里亚土地（caballería）并收获一百公担的人。他们宁愿贷更多钱给那些收获一百公担的人，也不愿借钱给没有任何收成的人——大多是高原的农民，因为他们没有土地所有权。古巴农工开发银行不但要求借贷人拥有土地所有权，有收成，即收获了咖啡豆；倘若没有，就不会借钱给他们。这就是农民的处境。

此外，当农村卫兵造访时，他们肯定至少会顺走一只大公鸡。至少！即如果他们没带走一头小猪之类的东西。卖给农民的商品定价高昂，农村甚至没有学校和教师。当然，如果农民知道只靠六支步枪能做什么，他们就至少可以在山上闹独立——因为这里的条件最佳。对于任何一个农民来说，跟被赶出自己的土地而忍受艰难困苦相比，扛起步枪起义才是更好的命运。

这就是我们在马埃斯特腊山遇到的条件，即客观条件。这里尚未建立军事组织和政治组织！而相应的组织在平原早已建立，但只是初具雏形，因此还没有经过多年斗争缔造的纪律性革命组织。

显而易见，许多年轻人在平原上斗争，他们不怕牺牲、勇于冒险和英勇战斗。但基本上仅限于此，而不能获得我们在山区已开始收获的胜利果实。

山区是斗争的根据地。我们组织游击运动的工作就在那展开的，在为革命吸收、征服农民群众的同时，积累了大量经验。因此，我们的革命工作得以顺理成章地在马埃斯特腊山的客观条件下展开，甚至得到马埃斯特腊山农民的一致支持。

换句话说，尽管有缺少武器等一系列问题，但我们已经可以依靠这种社会力量了。斗争不断发展——它先后于第二阵线的拉斯比利亚斯和奥连特得到发展——证明了我们推行的策略取得了成功。换句话说，事实表明，在特定条件下这条道路是正确的。而盲动主义策略是企图组织力量在与军队的正面斗争中夺取政权。这种策略在斗争中逐渐占据下风，并由此开始被抛弃，而我们推荐的策略是逐步削弱暴政力量。

毋庸置疑，这就是我们深信游击斗争的原因。我们相信我国的游击斗争与许多拉美国家的条件相似。切勿认为这是由于我们的推动……难道你们不曾阻止吗？自从我们体验过这种经历，我们对它深信不疑，而且有权利相信它。

当然，我们知道，当这种信念降临到同样饥肠辘辘、备受剥削、没有土地，没有学校、没有医生、没有贷款、没有任何形式的援助，且深受帝国主义和为其服务的集团、军事贵族压迫，并被大庄园主剥削的其他人民身上时，当他们深信我们深信的一切（尤其是事件真相）时，我敢肯定帝国主义或反动势力，或军事贵族，或北约军队，将无法遏制革命运动。

我们由衷地相信，在古巴现有条件下，我们必须警惕这一策略。因为，我们的敌人正试图这样做，但区别在于他们试图在同大庄园主绝交的农民阶级中，在废除地租和每个地区都有教师的地方，在有医院、医生、贷款和援助的地方，在中间商和投机者彻底完蛋的地方，在收成得到保障的地方——换句话说，在与造就我们的条件完全相反的条件下进行革命。

所以，我们在某些条件下开展了革命，而在与我们争取的条件相反的条件下出现反革命，并妄图发动战争。总而言之，这不是巧合而是必然。但每当他们试图在马埃斯特腊山区形成反革命集团时，在四十八小时内就会陷入瘫痪。

换句话说，他们复制了这个部分，却没有复制那个部分。简而言之，它（我们的策略）无法被复制。但即使我们的敌人，甚至反动派复制创建游击斗争的思想；甚至五角大楼最终也复制我们的思想，也是截然不同的另一面。我们不必复制任何东西，只需听任事态自然发展变化。我们知道，五角大楼的所有军事科学都将与我们的现实发生冲突。但我们的现实就是拉美人民的生活处境。

游击革命的打击方法只有一种：瓦解帝国主义垄断和帝国主义剥削。这就是为什么当我们听到泰勒（Taylor）将军，或在朝鲜等地的其他任何将军，在巴拿马领导反游击训练时，得不到任何响应。因为这完全是浪费时间。

简而言之，尽管他们确实展现出自己的恐惧，却依然沉溺于人民革命斗争尚能被避免的幻想。要根除人民的各种革命斗争，别无他法，唯有消除导致人民起义的原因。这就是为什么我们不禁要嘲笑泰勒等人的训练营。我们确信，如果有一小群人在客观条件与古巴类似的国家——并不特指任何国家——开展斗争；如果这场革命运动、这个团体遵循游击队必须遵循的规则，那么我们完全确信这场演说将成为引导他们行动的导火索。

我们就像干草堆的星星之火，形成燎原之势——之所以不是甘蔗园，是因为其燎原之势相当猛烈。鉴于我国现存的条件，革命运动正是如此。斗争渐渐地变成了全体人民的斗争。只有全体人民才是这场斗争的唯一主角！只有群众能决定着这场角逐！

当我们的策略被自证成功时，人民和所有革命者立刻开始参与进来。它必将成为整个古巴革命运动、所有革命者的策略和斗争，最后还会变成全体人民的斗争。

在最后阶段、在 12 月底，即便暴政的正规军真的被彻底击溃之时，还得思考革命运动要如何才能避免圣多明各正发生的一切？换言之，要如何才能避免反动派和帝国主义在美洲各地的企图呢？答案是：唯有发展人民的革命意识，以及群众的积极参与才能够做到这点。

是什么使美国大使馆和反动派的花招像校园里的糖果一样消融？无非是大罢工！没有必要再另辟蹊径！是时候提出"大罢工"的口号了！

当然，此前我们曾过早地提出过这个口号。这意味着什么？这意味着主观标准占主导地位，但忽略了客观情况。我们自己的革命有各种各样的例子。我们希望万事俱备。我们希望用简单的口号发动大罢工，瓦解暴政。这是心之所想、心之所望。而我们恰巧能够让这些愿望变成现实，但这只是我们的想象。

革命者要做些什么？他必须解释现实。我们没有解释该现实，而且我们还犯了一个错误。由于当时的条件还不够成熟，以及我们所采用的策略导致没有出现这样的罢工。总而言之，当时的条件基本上还不成熟。革命的军事力量还不足两百人。

当现在再次提出这个口号时，我们已经在整个省独立了，彻底摧毁了敌方组织，并真正击溃了敌人——而与此同时，敌人总是越过我们想要的领土，控制国家的局势。当在正确的时间提出这个口号时，通过群众革命夺取政权的战略就很容易实现。这就是真正的革命运动和政变之间的区别。

动员群众的因素是什么？游击斗争成为动员群众、激化斗争与镇压、激化政权矛盾的一个因素。简单地说，人民夺取了政权，政权被群众所掌握。这是第一个基本特征。

摧毁政权、军事机器和支持该政体的机关成为可能。换句话说，一系列革命规律正在被实现；首先由群众夺取政权，其次摧毁机器，摧毁支持这整个特权政体的军事机器。

反对派和帝国主义的企图是什么？他们在这次危机中试图维护什么？拉美历史上充满这样的例子。他们不惜一切代价试图维护现有体制的军事机器。帝国主义及其统治阶级最终关心的是：谁是总统、谁是代表、谁是参议员？

当然，如果可能的话，帝国主义和反动派宁愿总统不是一个十足的小偷；宁愿他值得尊敬，并适当地投资以提高统治阶级的利益。他们宁愿公共行政部门诚实地运作。最后，他们更喜欢由偷窃少的人组成的政府，而不是由贪婪无度的人组成的政府。

帝国主义想要什么？它当然想要一个保证其垄断利润的政府。无论是佩雷斯·希门尼斯（Pérez Jiménez），还是罗慕洛·贝坦库尔特（Rómulo Betancourt）对他们来说都一样。如果你愿意，你对他们来说也一样……

从世界历史进程的角度出发，从世界各国人民为摆脱饥饿、穷困、剥削、殖民主义和歧视所做的巨大努力的角度出发——譬如，亚洲、非洲和拉美人民的斗争——我们绝不会自觉地站在帝国主义的一边。许多人受到充斥着谎言的《读者文摘》、美国电影、《生活》杂志和合众国际社与美联社电报的影响，可能会就此相信美国的政策是正确的、高尚的和人道主义的。

对当今世界形势一清二楚，有思想和理智的人怎么可能忠实地站在帝国主义政治的一边呢？

从人类的普遍利益而不是民族价值观与情感的角度出发，我国永远不会站在这些政策的一边，而是理所应当地站在现在支持和捍卫全人类权利的政策这边。有些人可能超越了自己的经济问题，而更清楚地领会到了这点。为了那些没有领会的人，我国必须在两种选择中做出选择，即要么选择资本主义政策和帝国主义政策，要么选择反帝国主义政策和社会主义政策。

我们必须认识到在资本主义和社会主义之间没有中间道路可走。那些坚持寻求第三条道路的人只会陷入完全错误和乌托邦的境地。这不仅是自欺欺人，还意味着与帝国主义狼狈为奸。任何对阿尔及利亚的斗争始终无动于衷的人，完全可以被理解为法帝的帮凶。无论是谁，只要对美国干预多米尼加共和国无动于衷，他就是美国干预多米尼加共和国的帮凶。无论是谁，只要对卖国贼罗慕洛·贝坦库尔特对委内瑞拉的工人和学生——同样还有捍卫我们的工人和学生——发动的迫害始终漠不关心，他就是这场迫害的帮凶。无论是谁，只要对西班牙的佛朗哥（Franco），对德国重整军备，对现在德国战争贩子、纳粹军官被武装起来，甚至要求热核武器的事实无动于衷；无论是谁，只要对南越、刚果和安哥拉正在发生的一切无动于衷；无论是谁，只要对这些事件无动于衷和主张采取第三种立场，就不是真正采取第三种立场，而实际上是采取了与帝国主义狼狈为奸的立场。

有些人自作聪明地宣称"古巴革命"本应从美国人和俄罗斯人那里攫取金钱。

鼓吹如此令人厌恶、如此懦弱、如此低劣和低下政策的不乏其人。换言之，出卖自己、出卖自己的国家，如同出卖任何商品给帝国主义一样。为从帝国主义手中牟利，而用与苏联的友谊来恐吓他们——这就是勒索者。他们提出了这种勒索理论。

但我们怎样才能达成勒索的目的？怎样才能执行这种勒索理论呢？真没什么可勒索的。这将意味着维持我国现状，尊重帝国主义的所有利益，他们的数千英亩土地，他们的糖厂，他们的电力垄断，他们的通信公司，他们控制我国的内外贸易和银行。任何决定摆脱北美贸易垄断，实行土地改革，拥有自己的产业，拥有独立政治的国家，都必须面对帝国主义。

换句话说，除了革命，还有背叛，必须在叛国或革命之间做出选择。

我们想起为这场革命牺牲的人，想起在斗争中倒下的同志们，因为所有革命者都应该牢记那些自吉特拉斯、马丁内斯·比列纳和梅利亚以来倒下的人——虽然马丁内斯·比列纳实际上不是被暗杀，而是由于那场斗争的失败而死。除了马蒂，尽管他同样很有远见，所有这些革命家都未替如今的革命者着想。

因为，对钦佩马蒂的我们来说——马蒂的价值是什么呢？他是马克思列宁主义者吗？虽然他不是马克思列宁主义者，但他评价马克思富有同情心，因为他站在穷人的一边。

这是因为古巴革命是反对西班牙殖民势力的民族解放革命，是首次寻求民族独立的斗争，而不是社会斗争。即便如此，马蒂在此期间还是评价马克思说："因为他站在穷人一边，所以他值得尊敬。"

马蒂还预见什么？他在 1895 年北美帝国主义尚未诞生时，便成功预见了北美帝国主义。这就是所谓具有长远的政治眼光。

因为北美帝国主义在干预古巴后开始积极发展，在它几乎霸占古巴的财富、霸占波多黎各和菲律宾之后，由此进入了北美资本主义的帝国主义阶段。

马蒂还在 1895 年预见美国作为帝国主义势力的发展，并写下来警示众人、表明自己反对的立场。由此可见，马蒂确实是一位天才革命家。他早在 1895 年，当帝国主义作为一种国际势力尚未开始显露峥嵘时，就告诫我们要提防帝国主义的崛起。

所以，我们要想想所有倒下的人，所有死去的人和所有奋斗的人。他们为什么而奋斗？电力公司非得是美国公司吗？大西洋沿岸六十万英亩的土地非得是外国所有吗？我们的农民就应该没有土地、饥肠辘辘、穷困潦倒吗？银行非得是外国所有吗？他们凭什么每年榨取我国数亿美元？我国仍要有百万文盲吗？农民仍要没有学校、没有医院、没有家，就住窝棚和贫民窟吗？在人民期待的获得了独立的五十年后，仍还要如此吗？

当然，我不是在问（也不必问）革命者，而是在问那些麻木不仁、无动于衷、迷惑不解、不知所措的人。

众所周知，这些人的牺牲不是为了大庄园主能够保有数千卡瓦耶里亚的土地。否则他们制造一场革命，领导众多的年轻人投入战斗和斗争，并为此牺牲众多的生命，那么革命领导者准是卖国贼。根本不值得为了如此微不足道的荣誉而战斗和牺牲。我们拿起武器来战斗或斗争，去忍受国家遭受的苦难，应当为了更大的荣誉。

有人宣称，正因为人们为这种剥削制度的延续鞠躬尽瘁，所以成千上万的家庭才能像首都和城市的王公贵族一样维持生存，并且这种存在剥削、饥饿、穷困、歧视和诸多弊病的政权才能得以维系。他们如是宣称，并似乎相信革命大抵如此。有些人甚至在最后关头还做购买债券等蠢事。他们大错特错了！他们认为那会为我国带来一定收益，但早在 1895 年独立战争时期就已提出：这些收益将被削减，事态会一如既往地持续下去。

显然，这些廉洁政策、革命政策和与时俱进的政策，符合全世界欠发达和被剥削民族的情怀和利益，符合民族利益和民族尊严。这些政策非常不易。它们必然有所牺牲，因为如果我们想要将人民从缺乏文化、失业、饥饿和穷困中解救出来；想要发展我们的经济，实现经济的独立自主，并伴随经济和政治的独立，摆脱失业、缺乏文化、穷困、落后、贫穷、无知、疾病和我国绝大多数人不幸的生活处境，就必须坚持贯彻革命政策。这意味着要全力以赴对抗帝国主义。这就是我们的壮举！

当然，我们的革命领袖也都是革命者。如果我们不是革命者，我们根本不会发动革命。我是指革命者和革命群众，即被剥削的广大人民群众，勇于为此作出一切必要的牺牲，付出一切必要的代价。

大腹便便、无动于衷、麻木不仁和腐败不堪的人会说：最好不要自找麻烦，要尊重这一切利益。他们在这点上确实"言出必行"！

我们应继续处在帝国主义的统治、剥削和傲慢之下，忍受美国大使给我们下达的命令，让我国依旧处于穷困状态，还是进行反帝和社会主义革命呢？

我们别无选择！只有一条光荣的道路，只有一条值得我们效忠的道路，它符合我国曼比军①（mambises）的传统，符合所有争取我国福祉之人的传统。我们遵循的是反帝斗争和社会主义革命的道路。因为，舍此别无他途！因为其他的都是错误的和荒谬的。我们绝不会采取那样的立场，也绝不会动摇。绝不！

帝国主义应该知道我们永远不会与他们有任何瓜葛；而且不管有多大困难，不管建设我国、建设我国未来和创造我国历史价值的斗争多么艰难，帝国主义绝不应对我们抱有一丝希望。

对此许多人原本不明白，但现在明白了，还将越来越明白点。对我们来说，所有这一切更明朗、更明显、更不容置疑。

这就是革命必须遵循的道路：反帝斗争与社会主义的道路。更确切地说，允许所有大工业和大商业国有化，允许基本生产资料的国有化和社会所有，允许在占有我们的资源和国外援助的基础上以最快速度有计划地发展经济。事实上，我们还可以依靠援助与团结，让我们不必作出其他民族必须作出的巨大牺牲，来推动革命进程。

我们必须进行反帝和社会主义革命。它们同为一场革命，因为只有一场革命。帝国主义和反帝的社会主义是人类伟大的辩证真理。其结果是社会主义的胜利、迈进社会主义新纪元，战胜资本主义和帝国主义，

---

① 反抗西班牙殖民者的独立战士。——译者注。

建立社会主义时代，然后建立共产主义时代。

假使这儿仍有一些反共分子，也无须惊慌！至少三十年不会实现共产主义。

虽然在此只有寥寥数语，但即便我们的敌人也能据此了解什么是马克思主义。简单地说，就是我们不能跳过某个历史阶段。或许资本主义建设是一个今天一些欠发展国家能够跨越的阶段，即这些国家能够通过走计划经济、走社会主义道路来发展国民经济。但，社会主义（阶段）是不能跳过的。即便苏联也是经过四十多年（社会主义建设）后，才开始共产主义建设，并且希望二十年后能沿着这条道路取得长足进展。因此，我们仍处在社会主义建设阶段。

那么，我们应该运用哪种社会主义呢？简单地说，我们应该运用科学社会主义，而不是空想社会主义。这就是为什么我一开始就坦诚地说，我们相信马克思主义，相信它是唯一最正确、最科学的革命真理。在此，我非常骄傲和自信地宣布：我是一名马克思列宁主义者，我将誓死信奉马克思列宁主义！

卡斯特罗主义与格瓦拉主义文献节选

游击战：一种方法[*]

欧内斯特·切·格瓦拉

　　格瓦拉这篇写于 1963 年的文章可以看作是为拉美斗争总结一些古巴革命经验的最有趣尝试之一。这篇文章的一个中心论点是，拉美革命的社会主义性质与其对民族资产阶级的分析有着直接的关联。格瓦拉还以一种简明而有力的方式呈现了其在整个拉美大陆进行游击战的观念；需要指出的是，虽然他的肤浅批判并没有抓住问题的关键，但格瓦拉看到了游击战作为一种政治军事行动所具有的那种大规模斗争的特征。当然，格瓦拉关于游击战的观点也直接受到了古巴革命的影响：乡村斗争的优先性；早期游击中心（initialfoco）的核心作用；等等。

　　在历史上，游击战已经在不同的条件下，为了不同的目的而被无数次地采用。最近，它也被各种人民解放战争所采用，在这些地方，人民先锋队选择了非正规的武装斗争道路来同更强大的潜在军事敌人做斗争。在同封建剥削、殖民剥削或者新殖民（neo-colonial）剥削所进行的夺权斗争中，亚洲、非洲和拉丁美洲所处的正是这样的情形。在欧洲，游击战也已经被视为对正规军或同盟军的一个补充。

---

　　* Ernesto Che Guevara, "Guerra de guerrillas, un método", in *Obra revolucionaria* (Mexico City: Ed. Era, 1973), pp. 551 – 552, 556 – 563.

拉丁美洲在不同时期也都采用过游击战。作为最直接的例证，我们可以提到奥古斯托·凯撒·桑地诺（Augusto César Sandino）在尼加拉瓜可可河（Coco River）对抗美国远征军的事件，而更近的则是古巴的革命战争。自此以后，游击战的问题便被拉美大陆的先进政治党派提升到理论的层面来予以探讨，而游击战的可能性及其适用性则成为论辩的主题。

这些笔记会试着表达我们有关游击战及其正确使用的观点。

首先，我们必须明确，这种斗争形式是一种方法——一种用实现某种目标的方法。这种对所有革命而言都不可或缺也无可避免的目标，便是对政治权力的征服。因此，当我们在分析拉美不同国家的具体情形时，我们应当把游击战的概念视为一个简单的范畴——实现这一目标的斗争方法。

问题几乎立刻就出现了：在整个美洲，游击战是夺取权力的唯一方法吗？或者，无论在何种情形下，它都是主要的形式吗？或者，它只是在斗争中所采用的众多方法之一吗？最近还有人问到古巴的例子是否适用于拉美的其他地区这一问题。在辩论的过程中，人们习惯性地批评那些希望采取游击战的人，声称他们忽略了群众斗争，好像它们是彼此对立的方法似的。我们拒斥这种立场背后的观念；因而游击战是人民战争，也是群众斗争。没有人民的支持而实施这种战争的企图乃是发生不可避免之灾的前兆。游击队员是人民的战斗先锋，他们位于特定区域的特定位置，随时准备通过武力的方式实施一系列战争行动，他们唯一可能的战略目标便是夺取权力。他们得到了他们采取行动的那些地区和范围内的工人和农民群众的支持，没有这些前提条件，游击战便是不可能的。

"就拉美的情况而言，我们认为，古巴革命为拉美的革命运动技巧（technique）做出了三个基本的贡献。第一，群众武装能够在战争中战胜军队；第二，不必等到所有的条件都具备之后再发动革命——起义的活动中心就能够创造这些条件；第三，在欠发达的拉丁美洲，武装斗争的区域基本上必须是农村。"（《游击战》）

这些就是我们为拉美革命斗争的发展所做的贡献，它们适用于南美大陆上任何一个采用游击战的国家……

在拉美革命斗争的发展过程中，有两个对于革命的未来极其危险的时刻。第一个发生于前期的准备阶段，而其解决的方式则表明了斗争的决心达到了何种程度，以及是否清楚人民武装力量的目的。当资产阶级政府向人民的立场发起进攻的时候，我们显然需要组织防御措施以对抗敌人，而且，谁发动进攻谁便占据优势。如果主观和客观条件有了最起码的改善，那这场防御就应当被武装起来，但通过这种方式，人民武装力量并没有成为敌人的唯一打击对象；人们不应当使武装防御成为躲避捕杀的最后避难所。虽然在某些特殊时刻，游击战是一种防御性的人民运动，但人们应当拥有并且必须不断地发展进攻敌人的能力。这种能力迟早会成为决定其作为人民武装力量的催化剂这一特征的东西。也就是说，游击斗争并不是消极的自我防御，它是防御和进攻。一旦确定了这一点，对权力的征服便成为最后的前景。

这一时刻十分重要。在社会进程中，暴力和非暴力的差别并不在于彼此投弹的数量，而是与具体的、变化的环境相对应。我们必须能够识别出人民武装力量中那些转瞬即逝的东西，意识到其相对的弱点，但与此同时也要明白其战略力量，我们应当迫使敌人采取必要的措施以防止情况的进一步恶化。我们必须打破寡头政治独裁和群众压力之间的均衡。独裁政府不断尝试在不引人注目地使用武力的情况下发挥作用；这迫使它毫无掩饰地展现自身，也就是说，这将有助于揭露其作为反动阶级暴力独裁的真实一面，而且也会使得斗争深化到开弓没有回头箭的地步。当面对迫使独裁政府在撤退和发起斗争之间作出决定这一任务时，一场长期的武装行动的可靠起点便取决于人民武装力量如何发挥其作用了。

对于人民武装力量的增长（growing power）的依赖避免了其他的危险时刻。马克思一直强调，革命的进程一旦开启，无产阶级就必须罢工，无情地罢工。一场不能不断深化的革命就是一场倒退的革命。疲劳的战士们开始失去信心；此时此刻，资产阶级的那些使我们习以为常的策略（maneuvers）便能够取得成效。这些策略可能包括选举（把权力转移到另一个绅士手中，而他拥有的不过是比当今的独裁者更甜美的声音和更天使般的面孔），或者是反动派所发起的一次政变（通常由军队领导，并从一些进步势力那里寻得直接或间接的支持）。还有一些其他的战术计谋，但我们并不打算再对其加以分析。

让我们从原则上看一下我们上面所提及的军事政变的策略。对于真正的民主而言，军队能起到什么作用呢？如果他们只是反动阶级和帝国主义垄断的统治工具，而且作为一个其价值依赖于其所拥有的武装的等级制度（caste），他们只热衷于维持他们的特权，那么，他们能要求何种忠诚呢？

当局势对压迫者而言变得困难的时候，军队便会密谋推翻独裁者（他在事实上也已经被击败了），我们认为，之所以出现这种情况是因为不通过极端的暴力，独裁者便无法维持其阶级特权，但这种暴力通常又损害了寡头们现实利益。

这一陈述绝不意味着当我们把军人（military men）与他们在其中发挥作用（实际上是他们所反抗）的社会环境相区别的时候，我们拒绝把军人当作一个个战士（individual fighters）来看待。但是，（我们也要申明）只有当他们作为战士而非等级制度的代表并成为革命领袖之时，这种区分才能实现。

很早之前，在《法兰西内战》第三版序言中恩格斯就曾指出，每一次革命之后，工人都被武装了起来："因此，解除工人的武装就是那些掌握着国家机器的资本家的诫命。此后，工人每赢得一场革命，一场新的斗争就会以工人的失败而告终。"（引自列宁：《国家与革命》）

这场持续斗争的游戏已经在资本主义世界中延续了几十年，其中，一些形式的变化取得了胜利，随后又战略性地撤退。更加糟糕的是，在这一点上对无产阶级的定期欺骗已经周期性地进行了一个多世纪。

还有一种危险，那就是，由于进步政党的领袖们想要利用资产阶级法制（bourgeois legality）的某些方面以尽可能长地保持革命活动的最有利条件，因此他们有可能会忽视他们的目的（这在革命活动中是十分常见的）并遗忘他们明确的战略目标：取得政权。

我们所概括的对革命而言的两个困难时刻都是可以避免的，只要马克思—列宁政党的领袖们能够看清这种时刻的意义，最大限度地调动人民群众，并带领他们沿着正确的道路去解决根本性的矛盾。

在对此一主题的拓展中，我们假设武装斗争的观念以及作为一种斗争方式的游击战方案最终会被接受。在拉美当前的条件下，我们为什么会认为游击战就是正确的道路呢？这是因为，在我们看来，有以下几个基本的论据决定了游击活动在拉美作为斗争之中轴（central axis）的必要性。

第一，我们要接受这样一种事实，即敌人会努力维持政权，我们必须考虑如何摧毁压迫者的军队；而为了摧毁它，我们必须通过一支人民军队来与之进行直接对垒。这样一支军队并非自发产生的，而是必须用敌人的兵工厂来进行武装，这是一场漫长而艰苦的斗争，在此期间，人民武装力量及其领袖会一直遭到敌人优势兵力的袭击而没有足够的条件来加以防御或使用策略。

另外，根据斗争的有利地形而建立的游击队核心（guerrilla nucleus）确保了革命指挥的安全性和连续性。在人民军队总参谋部的指挥下，城市武装力量能够执行许多重要的行动。就算这些组织最终都毁灭了也不会破坏革命的灵魂——其领导阶层——因为它会继续促进群众的革命精神并从其乡村堡垒（fortress）中为别的战斗集结新的武装力量。

此外，未来政府机构（apparatus）（它将在整个过渡期承担有效领导阶级专政的责任）的结构化也是从这一地区开始的。斗争持续的时间越长，行政问题也就越发严重和复杂，而其解决方案便是培养干部，从而使他们能在以后的阶段应对巩固政权和发展经济这些困难的任务。

第二，当地和国外的剥削者之间存在着一种社会联盟，这种背景构成了拉美农民所面临的一种普遍状况，以及在他们反封建制度的斗争中逐渐爆发出来的特征。

回到《哈瓦那第二宣言》：

19世纪初，美洲人民把他们自己从西班牙殖民统治手中解放了出来，但他们并没有把他们自己从剥削中解放出来。封建地主取得了西班牙的统治权，印第安人仍旧处于繁重的奴役之中，拉美人民也仍旧以这样或那样的形式保持其奴隶的身份，他们最卑微的希望也在寡头政权和外国资本的束缚下破灭了。这已经成为美洲的现实，至多不过有着细微的差别和些许的变化。如今，拉丁美洲正遭受着比西班牙殖民帝国主义更为残忍、更为强大，也更为无情的帝国主义折磨。

美帝国主义对于拉美革命这一客观的、历史无可阻挡的现实是什么态度呢？它准备发动一场反拉美人民的殖民战争并建立起反动寡头所同意的强制体制、政治话语和非法机构以镇压拉美人民血与火的斗争。

这种客观情况向我们显示了我们农民的潜在力量以及用这种力量来争取美洲解放的必要性。

第三，斗争的大陆特征。

我们能把美洲解放的这一新阶段看成是两种当地势力在一个特定领域内关于权力之争的对峙吗？恐怕有些困难。这将是所有人民武装力量和所有的镇压势力之间你死我活的斗争。以上所引段落也预示了这一点。

美国之所以会加以干涉是因为他们之间有着共同的利益，而美洲人民的斗争对此则是决定性的。实际上，他们在准备镇压势力以及组织大陆作战机构（fighting continental apparatus）的过程中已经开始干涉了。但从今以后，他们会全身心地投入这一工作：他们会使用毁灭性武器严厉打击人民武装力量；他们也不会允许革命力量得到统一；如果出现了这样的情况，他们将会不断发起进攻。他们不会对其予以承认，而且会尽力瓦解这种革命武装力量。他们会引入各种破坏分子，制造边境冲突，发动其他的反动政府来对付革命武装力量，并试图在经济上孤立新生政权——总之，要尽全力将其毁灭。

考虑到美洲的这一境况，因此，想要在一个孤立的国家中赢得胜利并对之加以巩固将是十分困难的。团结的镇压势力必须要由团结的人民武装力量来对付。无论在哪一个国家，只要有无可容忍的镇压，就必须高举反抗的大旗。而这一旗帜，由于历史的必然性，将拥有一种大陆特征。正如菲德尔所言，安第斯山脉将会成为美洲的马埃斯特拉山脉（Sierra Maestra）①，这片大陆上所有的广袤土地都会成为我们与帝国主义势力血战到底的战场（scenes）。

我们不知道这场斗争何时会呈现这一大陆特征，也不知道它将持续多久；但我们可以预知它的来临和胜利；因为它是历史、经济以及政治环境的必然结果，这一进程无可更改。在任何一个国家，革命武装力量

---

① 安第斯山脉位于南美洲西海岸，马埃斯特拉山脉位于古巴东南部。这句话在这里是将南美洲革命与古巴革命进行类比。——译者注

的任务就是当条件成熟并且能够独立于其他国家的形势的时候就发起革命。斗争的发展将会为我们的总体战略创造条件；我们关于这场斗争的大陆特征的预测乃是基于对各方竞争实力加以分析的结果，但并不完全排除特例的出现。正如一个国家某个地区所出现的斗争可能会导致其向整个地区发展那样，一场革命战争的发起也可能会为其他邻国的革命发展创造新的条件。

革命的发展常常会成反比例地（in inversely proportional）出现顺流和逆流。革命的潮流往往与反革命的退却相对应；相反，当革命退却之时，反革命就会上升。在这些时期，革命武装力量的处境逐渐变得有些困难，他们必须诉诸更好的防御措施以便将可能遭受的损失降至最低。敌人异常强大且遍布整个大陆。这就是为什么一个人不能只通过分析当地资产阶级的相对弱点就做出关于特定区域（limited areas）的决定。更不用说我们还能想到的在这些寡头政府和人民武装之间所达成的某个最终联盟。古巴革命已经为我们敲响了警钟。势力的分化（polarization）将会是总体的（total）：一方是剥削者，另一方是被剥削者。小资产阶级群体将会倒向一个阵营或另一个阵营，这取决于他们的利益以及对待他们的政治技巧；中立将会是一种例外。这就是革命战争将会成为的模样。

让我们考虑一下我们应如何开始一个游击活动中心吧。

选择相对较小的核心区（nuclei）作为有利于游击战发起反击或渡过难关的据点（根据点），并在这里开始行动。我们必须清楚以下几点：开始的时候，游击队相对较弱，他们应当这样来定位他们的目标，即只是使他们自己能够在这一带立足，了解他们周围的环境，与当地居民建立联系，加强那些最终会成为他们的后勤基地的区域。

游击运动要想幸存需要三个条件，那就是：不断移动、不断警惕、不断怀疑。如果不能充分使用军事策略的这三个要素，那么游击武装力量将很难幸存。需要记住的是，对于游击队而言，英雄主义在这些时期是必要的，为了实现他们的目标，他们不得不承受一系列巨大的牺牲。

这些牺牲并不包括与敌人进行日常的、面对面的战斗；它们拥有更巧妙的（subtle）形式，而且，这些牺牲对于单个的游击队员的身心而言，也更难以承受。

他们可能会遭到来自敌军的严厉打击，并不时地被分隔成不同的小组。一旦沦为俘虏，便有可能会被杀害。在他们选择进行战斗的地方，他们有可能像猎物那样被追捕，并会为此而不断担惊受怕。他们不停地怀疑所有的人，因为这一地区的农民有时为了自保也会将他们出卖给镇压的军队。死亡的威胁持续存在，胜利成了革命唯一能够梦想的神话，而在死亡或胜利之外，别无他路。

这就是游击队的英雄主义。这也是为什么有人称行军也是一种战斗，有时，从战斗中消失只不过是另一种方式的战斗。面对敌人的总体优势，游击队的策略就是寻找战术方法，或者集中比敌人更多的兵力，或者通过确保地形优势以打破实力平衡，从而实现其在某一点上的相对优势。在这些条件下，一个人确保一种战术的胜利；如果这一相对优势不够确定，那最好不要执行。只要一个人还能选择"如何"及"何时"，一个人就不应轻易出战，除非它将带来胜利。

在政治—军事活动风起云涌的背景下，游击运动作为其中的一部分也不断发展和巩固。他们不断建立后勤基地，这是想要游击队繁荣昌盛的基本要素。而这些后勤基地也是敌军唯有通过付出惨重的代价才能渗透的地区（points）。它们是革命的堡垒，也是越来越多的英勇的远距离袭击的避难所和跳板。

如果他们能够同时克服战术上和政治秩序上的困难，那么这一运动就能成功。游击队员永远都不能忘记他们的职责，不能忘记他们作为人民先锋的角色，因此，他们必须创造必要的政治条件以建立能够得到群众全力支持的革命力量。农民的主要需求必须以环境所允许的程度和方式来加以满足，从而使全体居民能够组成一个亲密而忠诚的群体。

如果军事环境在一开始的时候比较困难，那么政治环境也会同样棘手（delicate）；如果一个军事错误能够葬送游击队，那么一个政治错误也能够阻碍它们的长期发展。

游击斗争必须被理解成一项"政治—军事"斗争并照此发展。

随着游击运动的发展，它的行动能力将覆盖某一特定地区，那里会有太多的战士，这一地区也会变得过分集中。而当一个领袖，一个卓越的游击队员，跳至另一个地区并开始复制游击战的发展链条的时候——

当然，他仍听从中央的指挥——"蜂窝"效应（"beehive"effect）便开始了。

现在我们必须指出，没有人民军队，我们便不能期望胜利。纵然游击队武装力量能够发展到一定的规模，城市及其他可渗透的敌战区的人民武装力量也能够造成严重的破坏，但是，反动派的军事潜力可能仍然毫发无损。我们要一直记住，最终的结果必须是消灭敌人。因此，所有的新建区，所有的敌后渗透区以及所有活跃于大城市的武装力量，都必须与中央指挥保持依赖关系（dependent relation）。除了战略指挥链之外，我们不能在军队中要求封闭的等级体系。虽然有便宜行事的行动自由，但游击队也必须执行中央指挥的战略决议。中央指挥则位于最强、最安全的区域，并为在某一时刻联合所有的武装力量做好准备。除此之外，我们还有更好的选择吗？

游击解放战争一般有三个阶段。第一是战略防御阶段，在这一阶段，小股的武装势力蚕食敌军后便立即撤退（flees）。他们不会为了在一个小圈子里寻求庇护而建立起消极的军事防御；相反，他们的防御乃是由他们所能发起的有限攻击而构成。第二便是均衡期，此时，敌军和游击队的战斗潜能保持着平衡。第三便是压倒敌军的最后时刻，即占领大城市，进行总决斗，并消灭全部敌人。

进入均衡期以后，势力双方彼此谨慎从事（respect），游击战将继续发展并获得新的特征。策略（maneuver）的概念得到引入：袭击据点（strong points）的大规模纵队（large columns），需要转移相当强大的武装和军备的运动战。但是，由于敌人仍然具有抵抗和反击的能力，这种策略战并不能决定性地代替游击战。除非军种齐全的人民军队最终得以建立，否则，它就只是同样事物——更大规模的游击武装力量——的另一种形式。但即便如此，游击队仍旧保持着它们的"纯态"（pure state），即破坏通信以及敌人的所有防御装置。

我们预计战争会在大陆范围内继续。这就意味着战争将会延长。在很长一段时间内，将会产生很多战线，也需要付出许多鲜血和无数的生命。但是，美洲出现的势力分化——在将来的革命战争中，剥削者和被剥削者之间将会出现清晰的区分——表明，当人民武装先锋夺取政权之后，这一或这些国家将会同时摧毁帝国主义者和当地剥削者的压迫。社会革命的第一阶段将会具体化（crystallized）；人民会包扎好伤口并投入社会主义建设之中。

有没有其他流血更少的可能？

此前，在上一次瓜分世界的时候，美国占有了我们这个大陆的最大份额。如今，旧世界的帝国主义分子再次形成（developing），欧洲共同市场的活力使这些同为帝国主义的北美人感到恐惧。这或许会让我们认为，我们能对这场帝国主义的内部斗争袖手旁观，并获得发展，也许能与最强大的民族资产阶级结成联盟。这种想法甚至都没有考虑到，在阶级斗争中，消极的政治永远不会带来积极的结果，虽然民族资产阶级在某些时刻可能会显示出革命性，但与其结成联盟只具有一种暂时性特征，如今还有带领我们采取行动的时机问题。美洲基本矛盾的尖锐化似乎相当迅速，它甚至影响到了帝国主义阵营在争夺市场方面的矛盾的"正常"发展。

绝大多数民族资产阶级已经同北美帝国主义相融合并将在任何一个国家面临同帝国主义相同的命运。然而，在民族资产阶级同其他帝国主义之间的利益发展相一致的情形中，只有当一种基本的斗争在其发展过程中能必然地将所有的被剥削者和剥削者联合起来之时，与民族资产阶级进行联合的情况才会出现。到目前为止，阶级敌人敌对势力的分化比剥削者在有关战利品的瓜分上的矛盾的发展还要迅速。存在着两个阵营；对于每一个个体和每一个社会阶层而言，如何选择、选择什么正变得越发清晰。

进步联盟便是不可为而为之（stop the unstoppable）的一次尝试。

但是，如果欧洲共同市场或者任何其他建立在美洲市场之上的帝国主义组织的发展比这种基本矛盾的发展更为迅速的话，我们唯一的选择便是趁新的入侵者（我们很清楚他们的最终企图）初来乍到之际，将人民武装力量作为弹药装入后膛，领导他们的整个斗争。

我们绝不向阶级敌人交出一寸土地、一件武器或者一个秘密，否则我们便可能失去一切。

事实上，美洲的斗争已经爆发了。其中心将会是在委内瑞拉、危地马拉、哥伦比亚、秘鲁还是厄瓜多尔？如今这些小规模的冲突只是尚未见成效的不安定（restlessness）的显示吗？如今的斗争结果无关紧要。一两次运动暂时的失利并不会导致满盘皆输。起决定作用的是斗争的决心（这种决心正日益成熟），是需要进行革命性改变的觉悟，以及对革命可能性的确定。

这只是一个预言。我们相信历史会证明我们是对的。对美洲及帝国主义世界的主客观因素的分析向我们表明了这些基于哈瓦那第二宣言的断言的确定性。

致三大洲会议的信*

欧内斯特·切·格瓦拉

这份 1967 年初写就于玻利维亚灌木丛中的文件发展了格瓦拉有关世界革命和无产阶级国际主义的思想。它是以一封信的形式提交给亚非拉人民团结组织（OSPAAL）（该组织于 1966 年在三大洲会议上形成）行政秘书处的。

我们此处重印的论述拉丁美洲的文章既坚持了革命的社会主义特征，又坚持了武装斗争的不可避免性。它已经被拉丁美洲的卡斯特罗主义分子和托洛茨基主义分子视为一个纲领性文件。

帝国主义剥削的主要地区是三个欠发达的大洲：美洲、亚洲和非洲。虽然每个国家都有自己的特征，但每个大陆都受到了剥削。

美洲构成了一个或多或少均质的单位（homogeneous unit），北美垄断资本主义几乎在所有领域都维持着一种绝对的霸权。其傀儡政府或者（在最好的情况下）软弱而怯懦的政府，无法违抗它们的主人美国的命令。北美统治者几乎达到了他们政治和经济控制的顶峰，从而已经没有

---

* Ernesto Che Guevara, "Mensaje a la Tricontinental", in *Obra Revolucionaria* (Mexico City: Ed. Era, 1973), pp. 643 – 648.

什么提升的空间了。在这种情形下，任何改变都可能导致其霸权的削弱。他们的策略就是维持现状。他们目前的行动方针已经沦落到野蛮地使用武力来阻止任何形式的解放运动。

在"没有更多古巴"这一标语下潜藏着的是怯懦地发起进攻的可能性，就像他们之前对多米尼加共和国所犯下的罪行或者在巴拿马所进行的大屠杀那样，美国军队的明显威胁就是它随时准备对美洲的任何地区加以干涉，只要这些地区的固有秩序发生了改变并且其利益受到了威胁。

这一政策可以期待完全不用受惩罚。美洲国家组织（O. A. S. ）是一个有用的伪装，尽管其名声不佳。无论是荒唐还是悲剧，联合国同样没什么效果。美洲所有国家的军队都准备插手镇压他们的人民。事实上，一个针对犯罪和叛国的国际组织（an International）已经组建起来了。

另外，民族资产阶级已经完全丧失了抵抗帝国主义的能力——如果他们之前还具有的话——而今也成了帝国主义的后卫部队。要么进行社会主义革命，要么成为革命的笑话（caricature），除此之外我们别无他路。

在拉美，危地马拉、哥伦比亚、委内瑞拉和玻利维亚正拿起武器进行斗争，巴西也打响了第一枪（shoots）并逐渐发展起来（blossoming）。还有一些其他的抵抗中心出现又被消灭了。但是，大陆上几乎所有的国家都已经为进行这样一种斗争做好了准备，即，为了胜利，这种斗争不接受除了建立一个社会主义性质的政府之外的任何东西。

实际上，除了巴西以外，这片大陆上的所有人都只说一种语言，而鉴于西班牙语和葡萄牙语之间的相似性，因此，巴西人是能够理解西班牙语的。这些国家的阶级之间存在着一种巨大的同一性以至于"跨国美洲人"这种类型能够达到一种比在其他大陆所能达到的更深的程度。语言、习俗、宗教以及一个共同的主人使得他们能够联合起来。在我们美洲的大部分国家，无论是剥削者还是被剥削者，剥削的程度和形式在效果上都是相似的。这里的反抗正在迅速成熟。

我们可能会自问：这种反抗怎样才能有结果？它结的又是何种果？考虑到这些相似的特征，我们有段时间曾经主张，美洲斗争在它的时代将会遍及整个大陆（continental dimensions）。美洲将会成为人类为争取解放而进行的许多伟大战役的见证（scene）。

在这场遍布整个大陆的斗争的背景下，那些最近所发生的斗争只不过是些插曲，但在这些斗争中已经出现了将在美洲青史留名的烈士，这些人在为人类的彻底解放而斗争的最后关头献出了他们的生命。在此也列出他们的姓名：指挥官（Commandante）图西奥斯·利马 Turcios Lima），牧师卡米洛·托雷斯（Camilo Torres），指挥官法布里西奥·欧杰达（Fabricio Ojeda），指挥官罗巴顿（Lobatón）和路易斯·德·拉·普恩特·乌塞达（Luis de la Puente Uceda），这些都是危地马拉、哥伦比亚、委内瑞拉和秘鲁革命运动中的关键人物。

但是，对人民的积极动员又产生了新的领袖：凯撒·蒙特斯（César Montes）和约恩·索萨（Yon Sosa）在危地马拉举起了大旗；法比奥·巴斯克斯（Fabio Vázquez）和马鲁兰达（Marulanda）则在哥伦比亚做着相同的事情；道格拉斯·布瓦洛（Douglas Bravo）和亚美科·马丁（Américo Mártin）分别在委内瑞拉的西部和埃尔·巴奇列尔（El Bachiller）各自领导他们的阵线。

在这些以及其他国家，新的战争还会爆发，就像玻利维亚已经发生的那样，而且它们还会伴随着与现代革命这一危险行为（profession）相关的所有兴衰而继续发展。许多人将会死去，成为他们自己所犯错误的受害者；其他人将会陷入未来的艰苦战斗。在革命斗争的热潮中将会涌现新的战士和新的领袖。人们会在这场战争的选择过程中产生他们的战士和领袖，美国的镇压人数也会增加。如今，所有发生武装斗争的国家都有顾问，像由美国所提议和训练过的秘鲁军队已经发起了一场针对秘鲁革命人士的成功战役。但是，如果这些游击活动中心拥有充分的政治和军事技能，那么他们实际上将会战无不胜并且会牵制更多的美国军队。在秘鲁，新的领袖虽籍籍无名，但仍固执而坚定地重组游击斗争。渐渐地，已经足够镇压小股武装组织的旧式武器将会变成现代武装，北美顾问们也会成为参战人员，直到有一天，他们不得不派出更多的正规军以确保这样一个政府的相对稳定，即，它的傀儡军在面对游击袭击时正逐渐瓦解。这是越南人所走的道路，也是我们的民族必须要遵循的道路。

美洲由于其特殊性也要遵循这条道路，其武装组织可以创建像"协调委员会"这样的机构以使得美帝国主义的镇压任务变得更为困难，从而有利于美洲自身的事业。

美洲，一个被近来的政治解放斗争甩在后面的大陆，一个通过其人民先锋——古巴革命——的声音而被三大洲所知晓的大陆，将会迎来一个更为重要的任务：创建世界上第二个或第三个越南，或者第二个和第三个越南。

我们必须明白，帝国主义是一个世界体系，是资本主义的最后阶段，它必须在一个大的、世界范围的交锋中才能被击败。这场斗争的战略目标必须是摧毁帝国主义。而落在我们这个受剥削、欠发达世界身上的任务就是，消除产生帝国主义的基础：我们这些受压迫的国家——它们从这些国家榨取资本、原材料、廉价的技术和劳动力，并向这些国家输出新的资本（统治工具）、武器、各种各样的商品，从而将我们淹没在绝对的依赖性之中。

因此，这一战略目标的一个基本构成就是我们民族的真正解放，一个在大多数情况下通过武装斗争来实现的解放，而这种解放又将不可避免地变成一场社会主义革命。

为了集中摧毁帝国主义，我们必须找出其首领，而他不是别人，正是美国。

我们必须执行一项普遍性任务，其战术目标就是把敌人从他们自己的环境中引出来，并迫使他们在那些他们所不习惯的地方进行战斗。我们决不能低估我们的对手。北美的战士拥有技术能力，并且受到一些使其感到恐惧的手段的支持。他所缺乏的只是意识形态上的动机，而这种动机，在他最痛恨的敌人——越南士兵那里达到了最高峰。只有瓦解了这支军队的士气，我们才能战胜它。为了达到这一点，我们需要让它吃些败仗并不断让它尝到苦头。

然而，有关胜利的这一简单规划却需要我们的人民付出巨大的牺牲，但我们必须从现在起就公开要求这种牺牲，否则，如果我们继续逃避斗争，任由他人从火中取走我们的栗子（letting others pull our chestnuts out of the fire）的话，那么人民将不得不承受更大的痛苦。

前一个国家可能不需要武装斗争就获得了解放，这个国家的人民也幸免于帝国主义所挑起的长期而残酷的战争，这是有可能的。但也有可能，这个国家无法在一个世界范围内（world proportions）的冲突中避免这场斗争或者其影响，它将遭受同样甚至更多的苦难。我们无法预知未来，但我们决不能屈服于这样一种没有骨气的诱惑，即既想成为一个渴望自由的民族的旗手，又放弃了必要的斗争，等待天上掉馅饼。

避免无用的牺牲是绝对正确的。因此，对于依赖性美洲是否具有丝毫的可能性能通过和平手段来解放自身这种问题保持清醒的认识是十分重要的。对我们而言，答案是十分清楚的：这可能是也可能不是开展斗争的最佳时刻，但我们决不能存有任何幻想，不通过斗争，我们根本就无法增加我们的自由。战争不只是用石头对抗催泪瓦斯的街斗，也不只是和平的大罢工，或是一个愤怒的民族在两三天内奋力摧毁寡头政府的镇压机器。这将是一场长期的流血斗争，其阵线将分布在游击战区（guerrilla sanctuaries）、在城市、在战士们的家乡（在这里，镇压势力很容易在他们的家中找到替罪羊）、在被屠杀过的乡村和被敌人炸毁后的城镇。

他们逼着我们投入这场斗争；除了做好准备并决心战斗，我们无路可走。

委内瑞拉游击运动 *

道格拉斯·布瓦洛

道格拉斯·布瓦洛（Douglas Bravo）是委内瑞拉共产党（PCV）领导人以及委内瑞拉共产党在民族解放阵线（FLN）——委内瑞拉共产党、左翼革命运动（MIR）以及20世纪60年代早期其他独立群体组建的一个游击联盟——领导层中的代表，并很快成为受古巴革命影响而在拉美发

---

* Douglas Bravo, "Informe del Comité Rogional de la Montaña, aprobado por el FLN y por la Comandancia General del Frente Guerrillero José Leonardo Chirinos", October 18, 1964.

展起来的新左派武装（the armed new left）的传奇人物之一。他于1965年同正渐渐远离武装斗争的委内瑞拉共产党决裂。数年后，布瓦洛创建了他自己的组织，即委内瑞拉革命党（PRV），并于70年代同一个小型的游击核心一起留在山区（sierra）。1979年，他得到特赦，结束了其近30年的地下组织活动，开始了合法的政治活动。

以下是道格拉斯·布瓦洛和民族解放阵线山区委员会的伊莱亚斯·马纽特（Elías Manuit）在1964年所写的一个文件的节选，其中解释了他们有关委内瑞拉革命特性的观点。

委内瑞拉道路

从我们已经注意到的我们的解放战争的特性开始，我们会逐步阐释支配并将继续支配我们的革命进程的基本法则（laws）。类似地，从理解这些既普遍又特殊的基本法则开始，我们也会得到一种能充当我们的战术方针之基础的规划。对于我们的经济、社会以及政治现实的审视使得我们的中央委员会能够对我们的解放战争的持久性做出解释。但这一概念在应用中却出现了一个严重的错误。一方面，就像我们已经说过的那样，我们夸大了我们的特殊性，而且我们制定的战术都是很短期的，这反映了我们对于选票至上主义和政变可能性的双重幻想。另一方面，我们放弃了这些方法并寄希望于应用一种与我们的现实相左的计划——一个经典的、三阶段的持久战（prolonged war）。

国际经验已经向我们显示了我们的友邦所经历的两条武装斗争道路：经典的短期起义和经典的长期解放战争。我们的国家拥有我们所指出的一些特点和法则，它需要一种新的方案，而这一方案必然也同样适用于其他拉美国家。我们距离经典的圣·匹兹堡式起义还很遥远，那场危机的最危险（conjunctural）时刻就是利用不足48小时的时间去发动对于政权的袭击并改变旧秩序。在这一事件中，城市是首要因素，乡村是次要因素。在中国和亚洲的其他国家，走的却是三阶段的持久战。在这些国家所发起的战争中，早期的军队先转入第二阶段的相持，然后进入优势阶段（即所谓的战略军事反攻阶段），而后再着手接管政权。在这一事例中，革命运动的优势就在于其与正规军的存在有着直接的联系，这支正规军拥有自己的解放区，并能对常规战争进行全面的统治。更形象一点，我们可以说，从0℃开始，他们最多只能达到100℃，也即沸点，而其中的关键前提便是他们所使用的大型军事力量——一支在战略和战术上准备进攻的军队。

但我们的情况却有所不同——既不是经典的城市起义，也不是经典的三阶段持久战。我们可以把委内瑞拉道路恰当地称为联合起义（Combined Insurrection）。持久战的本质并不会改变，但现实的特定因素却允许我们跳过中间环节而直接达到沸点。但这并不是由于存在着一支正规军、一场常规战争以及一次全面的战略和战术的军事进攻的结果。倒不如说，我们的优势在于政治和军事的因素刚好在农村、郊区和城市等地区得到了结合，从而使我们能够在一场起义浪潮（explosion）中利用多种形式的斗争——武装的和非武装的、合法的与不合法的、大规模的经济和政治斗争。作为一条被遵循的战略方针，联合起义是一个持久的（permanent）过程，它利用各种斗争形式的所有益处，并在战略上从属于武装斗争——尤其是乡村游击运动这一夺权斗争的基本形式——的发展。也就是说，它将我们的情况中所存在的有关起义的基本因素与同样存在的有关持久战的基本因素加以协调，从而在我们国家现存的首要和次要因素、政治和军事因素、社会和经济因素以及其他因素之间产生出一种辩证的交互关联（interrelationship）。这些因素体现在潜在的群众浪潮（mass upsurge）之中，由于我们缺乏充分的政治和军事战术，在起义爆发之前，我们尚无法对这些因素加以利用或引导（channel）。这也正是为何我们说我们的革命法则能够用联合起义这一战术方针来加以概括……

从这种情形开始，联合起义将其政治—军事战略奠定于这样一个基础之上，即它通过与战术作战单位（Tactical Combat Units）和郊区游击队的军事活动以及居民区群众的各种形式的非武装活动的恰当联合而迫使敌人通过维持大部分军队的方式来保护城市和郊区。城市和郊区持续的政治—军事活动将减少与农民游击队作战的敌军数量，从而使游击队更容易摧毁镇压机器。这种通过永久联合起义而应用于革命运动的战略为敌人出了一道无法破解的难题，由于敌人永远没有足够的镇压军队，因此，敌人将不得不把一部分兵力转移至那些遭受攻击的阵线上去，从而有利于我们进行毁灭性打击。此外，在人民群众的参与下，这一战略还允许革命运动超出我们当前解放战争的先锋性而变成真正的人民战争，在他们拿起武器开始接管政权之前，他们会一直罢工、游行、抗议……

道格拉斯·布瓦洛

伊莱亚斯·马纽特

致法尔孔山地武装地区委员会（For the Regional Committee of the Falcón Sierra-in-Arms）

伊拉卡拉（Iracara），1964 年 10 月 18 日

致基督徒[*]

卡米洛·托雷斯

卡米洛·托雷斯（Camilo Torres），1929 年生于波哥大，1954 年接受任命成为一名牧师。同年，他游历欧洲并在鲁汶大学学习社会学，直到 1958 年底才离开。1959 年，他回到哥伦比亚，成为哥伦比亚国立大学的一名社会学教授。在 20 世纪 60 年代，他更直接地参与到哥伦比亚的人民斗争之中。

这里节选的第一篇文献于 1965 年 8 月发表于人民团结阵线（the People's United Front）的《团结阵线》（*Frente Unido*）上，是一篇十分重要的文件；它展示了作者思想的转变，通过这种转变，一个激进的基督徒开始投身于革命运动。它以一种至深至诚的方式将一个人对于人类的爱这种宗教问题同马克思主义的阶级斗争理论结合了起来，将慈爱的义务同革命的义务结合起来。

---

[*] Camilo Torres, "Mensaje a los cristianos", 1965, and "Al pueblo colombiano desde las montañas", 1966, in *Cristianismo y revolución* (Mexico City: Ed. Era, 1972), pp. 525 – 528, 571 – 572.

一年后，卡米洛·托雷斯发现他在人民团结阵线的宣传工作越发受到限制，于是他同民族解放军（由法比奥·巴斯克斯所领导）建立了联系并决心加入游击运动。同切·格瓦拉一样，卡米洛·托雷斯相信领袖们需要在参与斗争的过程中树立起个人榜样。1966 年 2 月，他在与哥伦比亚武装势力的遭遇战中牺牲。这里节选的第二篇文献则解释了这种献身的原因。

致基督徒

近来的政治、宗教和社会事件所引发的社会动乱可能使得哥伦比亚的基督徒们感到有些困惑。在我们历史上的这一决定性时刻，我们基督徒必须要坚守我们宗教信仰的根基。

天主教的本质在于爱邻如己（love for our neighbor）。"爱别人的，就成全了律法。"（圣保罗：罗马书，13：8）为了成为现实，这份爱必须以有效为旨归。如果善良、施舍、免费学校、住宅工程——众所周知的"慈善"——并不能为饥饿的大多数人带来果腹之食，或者为赤裸的大多数人带来蔽体之衣，或者为无知的大多数人带来可学之知，那么，我们就必须为这些大多数人寻求有效的手段。

一般来说，这些掌管权力的少数特权阶层是不会寻求这些手段的，因为这些有效的手段将迫使这些少数人牺牲他们的特权。例如，由于哥伦比亚将会有更多的工作岗位，所以对他们而言，最好是投资于这个国家的就业来源，而不是将其资本以美元的方式投放到海外。但是，由于哥伦比亚的比索（peso）日渐贬值，那些拥有资本和权力之人是绝对不会禁止资本输出的，因为通过资本输出，他们能够抵挡贬值所带来的影响。

因此，从少数特权者手中夺取政权并将其交到贫苦大众手中是十分必要的。这（如果它能够迅速完成的话）就是革命的实质。如果这些少数人放弃暴力反抗，那么革命就是和平的。因此，革命是一种方法，它所要实现的政府应使饥者有所食、寒者有所衣、愚者有所教，它能够实现慈与爱，它不是偶然的和短暂的，也不只是为了少数人的，而是为了我们大多数人。这就是为何对于那些把革命视为实现对所有人的爱的唯一有效且影响深远的方式的基督徒而言，革命不仅是允许的，而且是我们的义务。"没有权柄不是出于神的"（圣保罗：罗马书，13：1），这是一句真理。但圣托马斯也说，是人民对权威做出了具体的贡献。

当权威开始反对人民的时候，这个权威就是不合法的，也就被称为暴政。基督徒可以而且必须同暴政做斗争。如今的政府是暴虐的，因为它只得到了20%的选票，而且它的所有决定都来自于那少数的特权阶层。

教会的暂时失利并不让我们感到震惊。教会是人类的。重要的是要相信教会同样是神圣的，只要我们基督徒履行了我们爱人如己的职责，我们就能增强教会的力量。

我已经放弃了作为一名神职人员的职责与特权，但我仍然是一名牧师。我相信我之所以参加革命是出于我对同伴的爱。我不再在现世的、经济的和社会的层面通过做弥撒来实现这种兄弟般的爱。当我的同伴不再对我怨恨，当革命已经发生，如果上帝允许，我将重新做弥撒。我相信我是在遵从基督的训命："你在祭坛上献礼物的时候，若想起弟兄向你怀怨，就把礼物留在坛前，先去同弟兄和好，然后再来献礼物。"（马太福音，5：23—24）

革命之后，我们基督徒将会明白，我们正着手建立一个趋向爱人如己的体制。

革命是漫长的；现在，让我们开始吧。

致哥伦比亚人民

哥伦比亚人民：

多年来，我们国家的贫苦人民都在等待一场战争，以使他们能够投身其中，同寡头政府做最后的斗争。

当人民绝望到极点之时，统治阶级总会找到某种方法来愚弄人民，转移人民的注意力，并用新的方案来平息人民的愤怒。但所有这些方案的结果都是一样的：人民受苦，特权阶级享乐。

当人民想寻找领袖并发现了豪尔赫·艾里舍·盖坦（Jorge Eliécer Gaitán）之时，寡头政府便将其杀害了。当人民要求和平之时，寡头政府便在国家播种暴力。当人民在暴力面前无可退缩并组织游击队进行夺权之时，寡头政府便上演了一出军事政变从而骗得游击队选择放弃。当人民要求民主之时，他们在公民投票中再次遭到了愚弄，民族阵线也成了寡头政府独裁统治的强加之物。

现在，人们再也不会相信他们了。人们也不再相信选举了。人们知道他们已经穷尽了所有合法的途径。人们也知道，除了武装道路之外别无他法。人们已经绝望了，他们宁愿冒着生命的危险也要让下一代哥伦比亚人不再成为奴隶；那些愿意献出生命的人的孩子将会获得教育、住房、食物、衣服，以及至为重要的尊严；在将来，哥伦比亚人会拥有他们自己的祖国，而不受北美的统治。

所有真诚的革命者都承认，武装斗争是我们唯一所剩的道路。而人民正等着他们的领袖们用行动（presence）和榜样为战斗进行呐喊。

我想告诉哥伦比亚人民，时机已经成熟；我并没有背叛你们；我穿越城镇的广场，为夺权的人民群众的团结和组织而奔走呼号（campaigning）；我也愿为这些目标的实现而鞠躬尽瘁。

万事俱备。寡头政府想要再组织一次选举闹剧，候选人先是拒绝然后再接受任命，委员会由两党联立（bipartisan），所谓的"复兴运动"建基于陈旧且背叛人民的思想之上。哥伦比亚人，我们还在等什么？

我已经加入了武装斗争。

我打算在哥伦比亚山区继续斗争，握紧手中的枪，直到我们为人民打下江山（conquer power）。我已经加入了民族解放军（ELN），因为我在这里发现了团结阵线的理想。在基地中，在农民的基地中，我发现了对于实现团结的渴望，它无关乎宗教或政党传统，不为任何部门、运动或政党的革命要素进行奋斗，也没有领袖（caudillos）：这是一场旨在将人民从寡头政府和帝国主义的剥削中解放出来的运动；除非人民完全掌握了政权，否则它绝不放下手中的武器；并且，这场运动还把接受团结阵线的平台作为其目标。

所有的哥伦比亚爱国者都应当进入战备状态。有经验的游击队领袖们会逐渐深入到这个国家的每一个角落，但与此同时，我们必须要做好准备。

我们必须收集武器和军需用品，训练游击队员，与我们最亲密的伙伴交谈，收集衣物、药品和食品，为持久战做好准备。

当胜利在握之际，我们可以对敌人发动小规模袭击。我们可以对那些自称是革命者的人加以考验，清理叛徒。我们不要犹豫，但要有耐心。在持久战中，每个人都会在某一时刻采取行动。重要的是，我们要在正确的时刻为革命做好准备。我们不必什么事情都做，而且必须要进行分工。团结阵线的激进分子应当成为主动（initiative）和行动的先锋。等待之时要有耐心，要对最后的胜利充满信心。

人民的斗争必须要成为民族的斗争。道路漫长，我们已经踏上征程。

哥伦比亚人，不要对人民和革命的呼唤置若罔闻。

团结阵线的激进人士们，让我们把口号变成现实。

为了人民群众的团结，至死方休！
为了人民群众的组织，至死方休！
为了工人阶级的夺权，至死方休！

至死方休，因为我们决心进行到底；直到胜利，因为一个至死方休的民族终将胜利。与民族解放军的口号一起，直到胜利！

决不后退！

不解放，毋宁死亡！

拉美团结组织宣言*

拉美团结组织

1967 年 8 月，拉美团结组织（OLAS）第一次（也是唯一一次）代表大会在哈瓦那召开，与会人员都是倾向于古巴革命的拉美政党代表。卡

---

* "Declaración General de la Primera Conferencia Latinoamericana de Solidaridad", in *Primera Conferencia de la OLAS* (*Documentos*) (Havana: Ed. El orientador revolucionario, Instituto del Libro, 1967), pp. 68 – 78. For the complete text, along with Castro's speech to the OLAS conference, see *International Socialist View*, v. 28, n. 6, November 1967.

斯特罗主义潮流明显占据主导地位，但一些传统的共产党代表［尤其是乌拉圭共产党的罗德尼·阿里斯门迪（Rodney Arismendi）］同样也发挥了重要作用。此外，巴西、委内瑞拉以及阿根廷政党则拒绝参加本次代表大会。

拉美团结组织的文件在拉美，尤其是在巴西，产生了相当深刻的影响，在巴西，这些文件加速了共产党的政治危机。但拉美团结组织从来没有能够在全大陆范围内组织起来。

我们这里所摘录的整个宣言概括了这次代表大会的中心主题，并在马克思主义的语境下重温了大陆革命的"玻利瓦尔"视角。

1967 年 7 月 31 日至 8 月 10 日，拉美团结组织第一次代表大会在古巴首都哈瓦那召开。

这次大会构成了我们大陆上那些在山区和城市的各族人民为了最后所有民族的社会解放而发起的革命斗争的一个耀眼的路标。在拉美的历史上，那些受饥饿、受剥削、受压迫的劳苦大众的真正代表第一次聚在一起讨论、组织并促进革命的团结，他们在一个稳固的思想基础上交流经验、协调行动，并在革命往昔和当前条件的经验教训的指引下与帝国主义和民族寡头政府的全球反革命战略相对峙。

这次会议的主要目标，简单说来，就是加强拉美反帝国主义斗争之间的军事团结纽带，并制定出大陆革命发展的基本路线。这次重大集会为对革命战略和战术中的旧问题进行一次广泛而深刻的讨论打开了可能，同时，它也为就不同阶级和社会阶层在大陆当前历史进程中所起的作用进行意见交换提供了可能。交换意见、对共同路线的阐述以及创建一个稳固的团结组织构成了鼓励和促进拉美革命斗争的重要一步。在古巴已经取得成功并且在委内瑞拉、哥伦比亚、危地马拉和玻利维亚已经开始了的革命武装斗争，在它摧毁资产阶级和地主们的官僚和军事机器并建立起劳动人民的革命政权之前是不会结束的。它会面对国内的反革命和美国的干涉并毅然同根深蒂固的帝国主义统治相决裂。

已经打响的战役不会结束，除非支持英勇而忘我的解放军的那些人的合法继承者们（descendants）取得了胜利。我们正生活在第二次独立战争的旗帜之下……

我们这些美洲人民的代表，既熟悉大陆的现状，也知道美帝国主义反革命的通常战略。

我们宣布：

1. 发动革命是正确的，而且是拉美人民的职责。

2. 拉美革命在 19 世纪反欧洲殖民主义的解放运动中，在 20 世纪反帝国主义的斗争中拥有其最深层的历史根源。美洲人民史诗般的斗争以及我们的人民在几十年前所进行的伟大的反帝国主义的阶级战争构成了拉美革命运动历史灵感的来源。

3. 拉美革命的基本内容可以在其与帝国主义、资产阶级以及与地主寡头的对抗中得以发现。因此，革命的特征就是为了民族独立、为了摆脱寡头政府、为了经济和社会充分发展的社会主义道路而进行的一场斗争。

4. 马克思—列宁主义原则会指导拉美革命运动。

5. 武装革命斗争构成了拉美革命的基本路线。

6. 所有其他形式的斗争都应当为武装斗争这一基本路线服务，而不是拖其后腿。

7. 对于大部分大陆国家来说，组织、发起、发展和完成武装斗争是如今革命运动的直接和基本任务。

8. 在那些尚未立即提出此任务的国家，革命斗争的发展乃是不可避免的，因此，所有形式的斗争都应当在此视角下得到审视。

9. 每一个国家的人民和革命先锋都肩负着把他们自己国家的革命向前推进的历史使命。

10. 在我们大部分国家，作为解放军萌芽形式的游击运动是发起和展开革命斗争的最有效方式。

11. 为了保证革命的成功，革命领导层需要一个统一的政治和军事指挥作为其组织原则。

12. 革命运动能为彼此提供的最有效团结就是在各自的国家发展并完成斗争。

13. 与古巴的团结以及与武装革命运动的合作构成了大陆上所有反帝国主义组织的一项无可避免的国际职责。

14. 作为武装革命运动成功的象征，古巴革命是拉美反帝国主义运动的先锋。那些发起武装斗争的民族在他们沿着这条道路前进的意义上同样也是先锋。

15. 那些直接被欧洲大都市所殖民或直接受美国殖民统治的民族，在他们的解放道路上，都拥有一个直接而根本的目标，即为独立而斗争并维持同整个大陆斗争之间的关联，而且这也是他们避免被北美新殖民主义（neo-colonialism）所吞噬（absorbed）的唯一途径。

16. 哈瓦那第二宣言概括了美洲历史近150年来出色而光荣的革命传统，它构成了拉美革命的纲领性文件，并在近5年里被我们大陆人民所不断确证、深化、丰富和彻底化。

17. 拉美人民对世界上任何其他民族都不怀敌意，对于那些迫切要求同帝国主义垄断的压迫政治做斗争的美国人民，我们也愿意伸出援助之手。

18. 拉美斗争正加强着其与亚非人民、社会主义国家以及资本主义国家工人之间的团结纽带，尤其是与美国黑人之间的团结，这些黑人曾遭受阶级剥削、穷苦、失业、种族歧视以及对于他们最基本人权的否定，他们构成了革命斗争中的一支重要力量。

19. 越南人民的英勇斗争对于所有同帝国主义做斗争的民族而言都是一种无可估量的支持来源，它也构成了拉美人民的一个鼓舞人心的榜样。

20. 我们这些拉美人民的真正代表已经通过了拉美团结组织章程，并在哈瓦那设立了一个常务委员会。

我们是美洲的革命分子，是美洲南部的赤胆龙威（Río Bravo），是为我们赢得第一次独立的那些志士们的继承人，我们拥有坚定的斗争意志，拥有革命的和科学的方向，除了枷锁，我们一无所有，我们相信：

我们的斗争必将为人类摆脱奴役和剥削的斗争历史做出重要贡献。

每一次革命的任务就是制造革命。

图帕马罗城市游击队*

劳尔·森迪克（Raúl Sendic，1925 年生）是图帕马罗斯民族解放运动（The Tupamaros Liberation Movement）的创建人，律师，乌拉圭社会党成员，乌拉圭北部农场工人的组织者。起初，图帕马罗斯①（Tupamaros）只是乌拉圭社会党的一个"武装分支"，但当他们在 1963 年发动第一次武装行动之后不久，便成为了一个独立的组织，并一直对社会主义、共产主义以及无政府主义激进分子保持开放。1965—1972 年间，图帕马罗斯［该名称所指的是 18 世纪一场反西班牙本土起义的领袖，图帕克·阿马鲁（Tupac Amaru）］获得了空前的成长，他们通过一系列惊人的城市武装行动，诸如没收、绑架外交官，处决虐待者等等，赢得了大部分人民（尤其是年轻人）的同情和支持。但在 1972 年以后，由于镇压的摧毁和分裂的削弱，这一运动经历了一场严重的危机。

以下内容节选自《三十问图帕马罗游击队员》（Thirty Questions to a Tupamaro），这份文件于 1968 年 6 月 2 日发表于《最后一击》［（Punto Final），智利的一本受左翼革命运动（MIR）影响的杂志］，这本杂志充当了这场运动的一个政治和战略平台。

三十问图帕马罗游击队员

1. 迄今为止，你的组织将其活动建基于何种基本原则之上？

我们的基本原则就是革命行动本身，我们自我武装、自我准备、自我供给，并实施违反资产阶级法律的行动，我们的行动会创造意识、组织和革命环境。

＊ "Treinta preguntas a un Tupamaro"，1968，in Omar Costa，*Los Tupamaros*（Mexico City：Ed. Rea，1975），pp. 68－73.

① 图帕马罗斯（Tupamaros）即图帕马罗斯民族解放运动，又称图帕马罗城市游击队（Tupamaro Urban Guerrillas），20 世纪六七十年代活跃于乌拉圭的城市游击队组织。——译者注

2. 你的组织和其他左翼组织有何根本差异？

大部分左翼组织更相信是声明和理论宣言为革命准备了激进分子并创造了革命条件，他们不知道的是，从根本上来说，是革命行动积淀出革命形势。

3. 你能举出历史上的实例来论证"革命行动产生意识、组织和革命环境"这一原则吗？

古巴就是一例。古巴人民并没有一个产生群众政党的长期过程，相反，他们仅靠十几个人就创建了一个游击活动中心，这一行动所创造的意识、组织和革命环境在一场真正的社会主义革命中达到了高潮。面对这样一种革命行动，所有的革命分子都不得不紧随其后。

4. 你是说革命行动一旦发起，左翼人士将在斗争中创造出备受赞誉的（much-vaunted）团结？

是的，如果那些自称是革命分子的势力必须在支持或者毁灭之间做出选择的话。在古巴，人民社会党（Popular Socialist Party）选择支持一场既不是由他们发起也不是由他们所领导的斗争，结果他们得以继续存在。普里奥·苏卡拉斯（Prío Socarrás）虽然声称自己是巴蒂斯塔（Batista）的主要反对者，但他并没有支持这场斗争，于是就遭到了毁灭。

5. 这个问题涉及左翼。通常来说，人民该何去何从呢？

对于那些真正不赞同当前政体的人而言，做出选择是十分简单的。如果他们想要改变的话，那么他们就必须在以下两者之间做出选择，即要么是一些组织通过公告、宣言或者议会活动而向他们所提供的不大可能的、遥远的改变，要么是武装组织及其革命行动所代表的直接路线。

6. 是不是说，武装斗争在摧毁资产阶级政权的同时，也会创造出一个起义组织需要制造革命的群众运动？

是的。在发起武装斗争之前，我们先撇开那些为了组建一个政党或一次群众运动而付出的努力，我们应当承认，武装斗争会加速和刺激群众运动。无论是在古巴还是在中国，群众政党都是在武装斗争的过程中创建的。也就是说，某些理论家所谓的"先创建政党，再发起革命"这一严格的公式，从历史上来看，与其说是规律，不如说是例外。在这个高级的历史阶段，没有人会否认，相比于一个将自身限定在提出"革命主张"范围内的组织而言，一个武装组织（尽管其规模可能不大）更有可能发展成为一支大规模的人民军队。

7. 然而，一场革命运动也需要平台、理论、原则等等。

当然，但我们不应为此感到困惑。单靠理想的平台和程序并不能产生革命。社会主义革命的基本原则已经被制定出来并且在古巴这样的国家得到了检验，这没什么要讨论的了。坚持这些原则并使我们的行动朝向起义之路前进——也即应用这些原则，这就够了。

8. 你认为革命运动在任何阶段都应当为武装斗争做准备吗，即便武装斗争的条件并不存在？

是的，至少有两个原因。首先，武装左派运动在其发展过程中随时可能会遭受到打压，它需要做好捍卫其存在的准备（回想一下阿根廷和巴西）。

此外，如果每一个激进分子在最初的时候都没有被灌输一种战士的心态，那么我们所建造的就是其他的东西——比如，仅仅是对于由他人发起的革命的支持运动，而非革命运动本身。

9. 这可以被理解为除了为战斗做准备，其余的所有活动都是次要的吗？

不。把人民推向革命立场的群众工作同样重要。所有的激进分子，即使那些领导群众的激进分子，都必须知道，一旦武装斗争打响，他们都不可能待在家里等候结果的到来。他们必须要做好准备，即使当前他们的活动是在另一个阵线上。更重要的是，这将会为他们持续的革命热情带来权威性、真实性、真诚性以及严肃性。

10. 在你们的组织中，一个群众运动中的激进分子的具体任务是什么？

在工会或群众运动中，一个激进分子应当试着去创造一个舞台，这个舞台或是这个工会中的一个组织，或是整个工会，在其中，他能够为武装组织的活动提供支持并准备加入其中。在这个舞台上，主要的具体任务就是代表武装斗争进行理论和实际的训练、征兵和宣传，并尽可能地使工会参与到更彻底的斗争和更高层次的阶级斗争之中。

11. 这一阶段运动的基本目标是什么？

创建一个能够在行动中经得起考验的武装组织，并且这个组织还要尽可能做好准备和装备，能够和所有支持这种斗争的人民运动保持良好的关系；创建宣传机构来激化斗争和增强意识；创建一个有效的机构以征募那些能在理论上有所发展并在群众运动中结成组织以履行上述职责的激进分子。

12. 既然准备武装斗争如此重要，是否意味着战士们不能随便采取行动呢？

武装斗争是一项技术活动，因而需要技术知识、训练、实践、军需品以及作战心理学。在这个阵线上随便采取行动（improvisation）将会付出生命和灾难性惨重代价。那些含糊地谈论一场由"群众"或者由"人民所发起的革命"的人，他们所支持的那种自发性，或者仅仅是拖延，或者会把革命的最后阶段交付给这种即兴行动。所有的先锋运动，为了在斗争的最后时刻保持他们的先锋性，都必须插手其中并且知道如何在技术上组织人民进行暴力反抗，只有这样才有望以最少的牺牲来实现目标。

13. 你是否觉得，左翼政党能够通过保持一个小型的"突击队"或者自卫组织从而为武装斗争做好准备？

如果一个政党不能在各个方面严肃对待这个问题，那么，它也就无法履行其革命原则。在斗争的每一个阶段，直面反动（reaction），没有其他方法能够达到有效性的最高可能水平。否则，它就可能导致致命的疏忽（像巴西和阿根廷那样）或者错失革命时机。

没有特定目标，一个小的武装政党组织就有可能变成政治谋略的可悲工具。一个令人难过的例子发生在去年的五一集会上：一些武装组织沦为刊发一份攻击其他左翼组织的声明的的保护伞，而其他武装组织则试图去阻止这份声明的发行。

14. 你如何看待武装政党组织中的激进分子应当有他们各自的领袖？

他们的活动只能朝向反对阶级敌人，即资产阶级机构及其代理人。如果武装组织的领导层不能满足以下最低要求，那么他们就无法完成其特定目标：

1）他们应当坚持不懈，以表明他们对于武装斗争原则的坚定不渝，要重视这一原则并给其组织以必要的物质手段。

2）给那些从事非法活动的激进分子提供必要的安全和灵活度。

3）由于运动的幅度及其正确路线，他们可能会直接领导普罗大众。

15. 你不认为一个武装组织应当与一个政党相关联吗？

我觉得，在革命进程的任何一个特定阶段，任何武装组织都应当成为群众政治组织的一部分，如果这样一个组织并不存在，那就应当努力将其创造出来。考虑到左派当前的处境，我并不是说将其自身与一个现存的政治组织相关联或者创建一个新的政治组织是一项责任。而是说要保持当前的运动状态或者接受这种处境。我们要同这样一种琐碎的想法做斗争，即把一个政党看作一个指挥部、各种会议、一份报纸、有关各种问题的立场以及这样一种墨守成规的期望，即其他的左翼政党在该政党的口诛笔伐面前将会衰落，而它们的基地和人民终有一天会听从该政党的领导。这种事情在乌拉圭已经延续了六十年，你们可以看到其结果是什么。我们应当承认，所有的左翼政党中都存在着真正的革命志士，他们很多人并没有被组织起来。无论这些人和组织可能会在哪儿，找到他们并把他们团结起来乃是一般意义上的左派（当他们抛开门户之见的时候）的一个任务。有些事并不取决于我们。但到了那时，革命便不可阻挡和等待。每一场革命，每一个革命组织，有且只有一项职责：为发动革命做好准备。就像菲德尔（Fidel）在最近的演讲中所说的，"跟着政党，或不要政党"。革命不能等待。

16. 你能详述一下夺取乌拉圭政权的战略吗？

不，我不能给你一个详细的战略。但另一方面，我可以解释一个一般的战略倾向，即使这一倾向会随着环境的改变而得到修正——也就是说，一个被阐明的针对一天、一个月以及一年的一般战略倾向。

17. 你为什么不能给我一个详细的和决定性的战略？

因为一个战略会随着现实情况的变化而发展，而现实的变化独立于我们的意志。例如，理解一个以强大的、有组织的工人运动的存在为基础的战略就不同于理解这一运动在哪里被破坏的战略。

18. 你的组织的一般战略倾向建基于何种现状之上？

让我们举出最为重要的环境：

我们相信，危机远未被克服，相反日益加深。国家正在挣扎，而一项通过增加出口带动发展的资本主义计划即便得到实施，能产生的结果也十分有限，而且还要等上一些年头。也就是说，在这项计划见效之前的这些年，人们将不得不勒紧裤腰带。而5亿美元的外债也使得一个人无法期望再从国外获得大量的贷款，从而在那些衰落的领域中重建生活标准。这是一个具体的现实：在未来几年将会出现经济的匮乏以及人民的不满。

对于我们的战略而言，第二个基本要素就是乌拉圭工人之间的高度团结。虽然或许由于其成分，或许由于其领袖，所有这些工会都没有高度的战斗性，但实际上，所有基本的政府服务机构（services）（银行、工业、商业）都被组织在一起，单单这一点就是一个巨大的积极因素，而且，这在美洲尚无先例。政府服务机构瘫痪的可能性已经并且能够为起义创造出相当令人关注的情况，例如，攻击一个强有力的政府和攻击一个被罢工拖成半瘫痪的政府就不是一回事。

另一个必须要被考虑的战略因素是一个消极因素，地形。在我们的领地上，并不存在一个无懈可击的位置可以作为长期的游击活动中心，虽然在农村有很多地方难以深入。另外，我们拥有一个建筑区面积超过300平方千米的大城市，从而允许我们发展城市斗争。这就是说，我们不能照搬那些可以在山区或丛林中建立并巩固其游击活动中心的国家的战略。相反，我们的现实与美洲大部分国家的现实都不相同，我们必须发展出一个符合我们现实的自主战略。

萨尔瓦多、地峡与革命[*]

罗克·道尔顿

罗克·道尔顿（Roque Dalton），诗人、作家、萨尔瓦多共产主义战

---

[*] Roque Dalton, "El Salvador, el istmo y la revolución", Tricontinental, (Havana), n. 11, March-April 1969, pp. 9 – 10, 20 – 22.

士，曾在古巴流亡多年。1971 年，他在《批判性思维》（*pensamiento criti-co*）这本杂志上发表了关于萨尔瓦多 1932 年叛乱的目击记录和文件；这场伟大的人民起义的历史重要性由此第一次得到揭示。这篇文章是他在 1969 年作为埃尔·萨尔瓦多共产党的一员（异见人士）而写下的。几年后，道尔顿秘密返回埃尔·萨尔瓦多，同共产党决裂并加入了游击组织。1974 年，罗克·道尔顿被该组织中其他派系的成员暗杀——一次荒唐而又莫名其妙的行动。

这一进程使得埃尔·萨尔瓦多成了一个相当特别的中美洲国家。在世纪之初，从民族的视角来看，民族融合的进程已经完成了。在洪都拉斯，联合水果公司虽然从表面上看并不是一个大型的帝国主义种植园，但是，密集的人口和狭小的区域却加剧了社会问题（由于人民和咖啡寡头政府之间有着密切的联系）的爆炸性。人民斗争很快便导致了人民组织，从而迫使统治阶级不得不在时间和空间两方面集中其镇压行动。总的来说，当地寡头政府的性质，整个国家的帝国主义剥削性质以及当地商业部门的发展使得这里的资本主义发展趋势要比整个地峡其他国家的发展节奏更快。作为中美洲太平洋沿岸的核心，埃尔·萨尔瓦多开始显现为既是中美洲的城市，也是中美洲的郊区［按照从毛泽东到里吉斯·德布雷（Regis Debray）等人的现代革命著作的说法］，从而为其革命斗争带来了一些具体的特点和要求。

1914 年以后，埃尔·萨尔瓦多出现了人民阶级组织，与此同时，还出现了城市、郊区以及乡村手工业者贸易组织。到了 20 世纪，这一组织工作在全国广大的城市和乡村工人阶层中间达到了一个重要的发展阶段。各种组织在多少有些模糊的政治和贸易路线上建立起来（无政府主义、无政府工团主义、改良主义以及马克思主义），与此同时，还有一个先锋队正在早期的工人阶级和农业无产阶级中间缓慢地组织早期的马克思主义分子。

在这次组织浪潮中，埃尔·萨尔瓦多共产党于 1930 年正式成立并开始同共产主义一道开展特派（extraordinary）工作，这些工作是如此非凡以至于仅仅过了两年（在 1931—1932 年间，作为世界经济危机的民族性后果，埃尔·萨尔瓦多的革命形势仍在发展），我们党便要求人民进行武装起义以夺取政权。我们这里的目的不是要讨论历史行为的细节并对其加以分析；而是说尚未被我们国家所熟知的萨尔瓦多1932年起义乃是当代拉美历史上的重要事件之一，也是我们大陆革命所未能吸取的（unstudied）一个教训。总体而言，由于军事上和组织上的错误，起义最终被第一届萨尔瓦多政府所击败，这个政府可以被恰当地称作寡头帝国主义：马克西米里亚诺·马丁内斯（Maximiliano Martínez）的独裁统治。人民遭到屠杀，革命组织也遭到了摧毁。在不到一个月的时间里，受害的工人和农民数量就达到了30000人。几十年来，这场从未被埃尔·萨尔瓦多革命组织所恰当分析的深刻失败，却决定了共产党的组织理念及其与群众的关系（共产党是这个国家最主要的革命组织，虽然它存在着缺点，而且有时还会有不正确的战略和策略）。作为埃尔·萨尔瓦多从事革命武装组织的反面教材，这场失败在事实上导致了我们的人民革命传统和夺权观之间的严重分歧。这些都是主观的结果。客观来说，打败1932年起义的是一个极为有效的寡头帝国主义机构得以建构的物质基础，因为，早在1932年之前，这个机构就已经（既在当地又在全国范围内）面对过制度的捍卫问题，而其对手正是一场为了社会主义革命而发动的革命武装斗争。

自此以后，长期的军事独裁（迄今为止，其间只有人事的变动）便开始了。马丁内斯政府（该政府于1944年被由学生所领导的国家大罢工所推翻，而这次罢工正是一场以失败的军事起义作为开端的起义过程的高潮）之后是残酷的奥斯敏·阿吉雷（Osmín Aguirre）上校所组建的政府［此人曾躲过一系列的武装袭击以及一次来自危地马拉的入侵，这次入侵由学生、专家和年轻的军人所组成，他们到达了阿瓦查潘（Ahuachapán），并在那里被国民警卫队（national guard）和军队所击败］，再之后的政府分别是由萨尔瓦多·卡斯塔尼达·卡斯特罗将军（Salvador Castaneda Castro）、奥斯卡·奥索里奥上校（Oscar Osorio）和约瑟·马里亚·莱姆斯上校（José María Lemus，1956—1960）所组建。在此情况下，反对莱姆斯政府的人民斗争不仅开启了一个新的阶段，同时也为整个国家打开了新的政治可能性，而此时，古巴起义的胜利对整个拉美都具有同样的意义……

　　1962 年以后，群众革命活动开始衰退。政党虽然遭到了严重的打击
（整个工作领域都陷入了背叛、开小差和停顿之中，等等），但仍然能够
恢复到 1966 年、1967 年和 1968 年大罢工期间在工人运动的领导下所达
到的程度。然而，有关武装斗争的新观念已经受到了萨尔瓦多共产主义
分子的严重怀疑（主要是两方面：一方面是那些受衰退所影响的人，另
一方面是实际上与合法罢工和起义运动持相反观点的人，这种相反的观
点对于很多人而言具体表现为危地马拉劳动党与埃尔·萨尔瓦多共产党
在政治路线——和实际结果——方面的差别），这种怀疑已经到了这样一
种程度，以至于一个人可以声称，当前这一问题已经成为保守趋势的最
主要活动，而这种保守趋势则在领导层以及政党的广大基础部门中占据
主导地位。所有这些都反映在政党实际活动的不同方面：结盟政策的倾
向；选票至上主义的政治；在工人运动中落入经济主义和重法主义（le-
galistic）的偏差之中；尤其是，在合法斗争上升至一定水平以后，它的失
败为工会群众提供了一个革命的视角；在政党队伍中出现了空前多的分
裂与不和，并在近些年造成了前所未有的后果；在军事阵线上出现了各
种不足，等等。

　　而在此期间，我们的敌人们都在做些什么呢？1961 年以后，帝国主
义开始更加重视以政治—军事的方式来解决中美洲的革命问题。而由于
危地马拉游击战的爆发所引起的看法甚至加速了这场反革命活动。至于
埃尔·萨尔瓦多，如今，军队已经成为政府的主要工具，而政府的大部
分行政活动又集中于军官团（officer corps）手中。随着中美洲经济一体
化的推进以及该地区共同市场的建立，中美洲的军队也被整合进一个联
合总参（joint general staff）的麾下，并拥有一个共同的行政和规划机构：
中美洲防御委员会。必要之时，整个地区的军事机构都将联合行动，以
反对在各个国家中所出现的游击运动。总结帝国主义近期在这一舞台上
的行动，我们可以说，是美国政府创建并推动着中美洲特种战争体制和
机构的运行。也就是说，在宽泛的意义上，在同当地寡头政府及武装力
量串通好之后，帝国主义已经开始将反中美洲人民的战争加以制度化。
而其收尾工作就是将这一战略付诸实践，例如，使军队同混合企业相互

渗透；把政府官员变成执行这种经济一体化的大型工商业公司或者国家体系的股东、管理人员或者高级官员。

在埃尔·萨尔瓦多，当地寡头政府的狡诈传统及其在同危地马拉人民和游击队的斗争中所积累起来的经验使得军队试图实施帝国主义的计划来组织暴力以反对人民群众。约瑟·阿尔贝托·梅德拉诺上校（Colonel José Alberto Medrano）是国家情报局的协调员，也是一名高级 C. I. A. 特工，他把一个乡村准军事组织的建立看作是民主的国家主义组织（ORDEN），截止到去年底，该组织已经在全国范围内组织起了约 60000 个农民（共分为 4000 个基层组织，每个组织 15 人）进行"反共产主义和反游击"活动。这一组织同军队（步兵、军事警察、坦克护卫兵、飞行兵、伞兵、炮兵、海军，等等）、国民警卫队、乡村警察、国家警察、地方警察等一起构成了一个大型的、协调一致的反民主网络，在革命的道路上，这一网络所发挥的实际阻碍作用是不可忽视的。

这些事实同其他常常被引述的类似事实（我们的领土狭小，人口稠密，没有重峦叠嶂或者其他无法深入的地区，道路四通八达；有一支熟知当地地形的相对庞大的军队；乡村地区缺乏革命基础，在两三个主要的城市中也缺乏集中的革命力量）一起，通过各种方式推动了非革命的无为主义倾向的传播。革命武装斗争出现了特殊困难的事实以及个别的技术和实践问题使得许多人得出结论说革命斗争在这里是不可能的。虽然文件中不会经常如此直截了当地这么说，但只要略加分析便可以从它们的内容中推出这一结论。

只有通过对埃尔·萨尔瓦多武装斗争战略（这一战略要符合我们国家的具体条件）的具体阐释以及通过实际从事这种战略视角所提出的任务，我们才能避免这种无为主义的危险倾向。这种战略视角必须从对我们国家的分析中得出，这种分析并不是孤立的，而是把我们国家视为中美洲地区的一部分，该地区处于这样一个时期，即帝国主义正在对我们施加一种新的、统一的发展，而这种发展却是与我们人民的利益背道而驰的。萨尔瓦多的革命战略必须是一个中美洲的政治—军事战略……

在危地马拉、洪都拉斯、埃尔·萨尔瓦多、尼加拉瓜以及哥斯达黎加，人民斗争的中美洲特征就是确立一个真正的联合体，而这种联合体正是帝国主义敌人在该地区一再提出的,其所采取的形式也是我们所概括了的。最基本的经济单位不再是埃尔·萨尔瓦多、危地马拉,等等,而是组成我们共同市场的全体中美洲国家。为了保卫这种新的经济结构(其结构性危机已经开始变得明显了),帝国主义已经并将继续建立一个控制和镇压中美洲的机构。革命分子们的回应必须同样是在中美洲的层次上。在危地马拉和尼加拉瓜,那些在凯撒·蒙特斯(César Montes)和卡洛斯·丰塞卡(Carlos Fonseca)的领导下从事斗争的人已经开始做出这种回应。萨尔瓦多革命组织不能对这些超凡的、自我牺牲的努力无动于衷,因为这些将会是它们未来的前兆。在我们国家,对于阶级斗争内在特征的过分强调,正如我们党的政治委员会在《切·格瓦拉日记》结尾处所做的那样,与区域化斗争的必要性形成了对比。这种谬论乃是建基于过时的分析之上的……

那些最终能放弃和平主义幻想(我们的敌人一直试图激发我们的这种幻想)的人,那些决心走上人民战争的艰难道路的共产主义志士,他们有责任在他们的最后结论中吸取切·格瓦拉的教训。拉美共产党的领导人逐渐会对他们的政党所参与的革命武装斗争产生一种消极的观点。既没有委内瑞拉、秘鲁、洪都拉斯、尼加拉瓜以及巴西共产党那样的具体活动,也没有阿根廷、哥斯达黎加、厄瓜多尔共产党那样的理论立场,如今的埃尔·萨尔瓦多在这一问题上是不是和当时的巴西共产党(PCB)多少有些相似呢?在拉美共产主义运动中,是否有一条和平主义的路线直到今天仍隐藏在那些支持武装斗争的一系列宣言背后呢?这就是为什么与这些政党的任何讨论都是不可能的,因为,关于武装斗争问题的革命性探讨只能发生在那些走上了武装斗争道路的革命分子中间。

在我们党的情形中,我们觉得这是一个非常严肃的时刻,而且充满了令人不安的选择。毫无疑问,我们党是中美洲最成熟、最强大、最具影响力的革命组织之一,举例来说,我们党的政治立场及组织结构要比洪都拉斯、尼加拉瓜以及哥斯达黎加的政党更为卓越。然而,其保守的习惯仍然决定并限制着其潜在的活动。这些不好的习惯也可能成为导致我党无法成为萨尔瓦多人民斗争先锋的最后障碍,并致使其失去其在中美洲人民反抗他们共同敌人的斗争中注定会有的位置(destined place)。

在我们这里，这种倒退的案例不胜枚举。只有对中美洲的现实加以深入讨论，以一种建设性的和独立的精神加以实施，并发起这些结论所需要的行动，才能避免这种危险。否则，我们的政党只能是教条主义的囚徒（这一点已经在《切·格瓦拉日记》的结尾处得到了反映，虽然只是部分反映），而且我们的政党还会发现它无法沿着我们已经安排的道路走下去：为人民夺取政权，制造并领导革命。在不同的发展水平上，拉美的这一进程还有其他一些例子。人们只有睁开双眼才能看清它们。

左翼革命运动原则宣言[*]

智利左翼革命运动

智利左翼革命运动（MIR）成立于1965年，是社会主义、共产主义以及托洛茨基主义青年运动这几个部分的融合，并在几年之内成长为拉美最大、最具影响力的卡斯特罗主义组织之一。

《原则宣言》在左翼革命运动成立大会上便得到了通过，由此证明了占据优势地位的托洛茨基主义在早期左翼革命运动中的影响力。这种影响力还可以从1965年通过的政党纲领中看出，比如，纲领宣称："左翼革命运动支持社会主义国家抵御侵略。在那些改良主义或修正主义占主导地位的社会主义国家，我们支持的是革命群众，而非官僚领袖，这些官僚领袖扭曲了社会主义建设的进程，也背叛了革命的马克思主义。"

1967年，托洛茨基主义激进分子遭到驱逐，一群来自康塞普西翁（Concepción）的学生领袖［鲍蒂斯塔·冯·肖文（Bautista von Schowen）、卢西亚诺·克鲁斯（Luciano Cruz）和米格尔·恩里克斯（Miguel Enríquez）］取得了该组织的领导权。1967年的《纲领文件》通过了一个新的路线，在重申托洛茨基主义的民主社会主义无产阶级革命理论的同时，也支持德布雷（Debray）关于以乡村游击运动为中心的观点。

---

[*] Revolutionary Left Movement, Declaración de Principios, Santiago, September 1965.

1. 左翼革命运动是寻求民族和社会解放的智利工人阶级和受压迫阶层的马克思—列宁主义先锋队。左翼革命运动将自身看作是智利革命传统的真正继承人，也是智利无产阶级领袖刘易斯·埃米利奥·雷卡瓦伦（Luis Emilio Recabarren）的社会主义道路的继承人。左翼革命运动的目标是推翻资本主义制度，并代之以一个以无产阶级政权机构为首的工农政府，该政府的任务是建设社会主义，并逐步废除政府，直至一个无阶级社会的到来。而摧毁资本主义也就意味着敌对阶级之间的革命性对抗。

2. 左翼革命运动以阶级斗争的历史现实作为其革命活动的基础，这种现实就是：一边是剥削者，以生产和交换资料的私人占有为基础；另一边是被剥削者，他们占据人口的绝大多数并且只拥有劳动力，资产阶级正是从他们身上榨取剩余价值。左翼革命运动承认无产阶级是革命的先锋阶级，无产阶级必须要把农民、知识分子、技术人员以及穷困的中产阶级争取到它的事业中来。左翼革命运动将毫不妥协地同剥削者进行斗争，它将阶级斗争原则视为基础，并坚决拒斥任何缓和这一斗争倾向的战略。

3. 20 世纪是资本主义制度垂死挣扎的世纪。科技的发展并没有用来避免周期性的危机以及数百万人口的失业和贫困，因为，在资本主义制度内部，社会产品被个人所侵吞。作为资本主义的最高阶段，帝国主义除了独裁以外无法为人类提供任何其他视角，战争成了它们克服其周期性危机的最后努力。虽然它在某个时期可能会隐藏起来，但资本主义的独裁政权（它往往通过一个镇压性政府来发挥作用）所说的只是抽象的自由，由于这些矛盾的存在，它将无可避免地走向法西斯主义。

4. 我们这个世纪最显著的特征就是经由革命进程而获得的国际性。每个大陆都已经被历史所震动，阶级之间的势力关系已经变成了对于帝国主义的厌恶。有三分之一的人口（超过 10 亿人）已经脱离了资本主义的轨道而开始建设社会主义。许多落后国家的成功革命已经表明所有的国家都拥有充足的客观条件来实现社会主义革命；没有"成熟"或"不成熟"的无产阶级。民族解放和土地改革的斗争已经通过一个持续的（permanent）、不间断的革命进程而变成了社会革命，由此证明，不推翻资产阶级，就没有民族解放和土地革命的真正可能——民主的任务同社会主义的举措是连在一起的。

殖民地和半殖民地国家的革命尚未解决社会主义的基本问题。只要高度发达的工业国家还没有取得革命的成功，核战争的危险就会存在，无阶级的社会也就不会到来。在一个形式上和平共存的世界中，击败帝国主义的不是对立社会政权之间单单在经济方面的竞争，而是帝国主义堡垒中的社会主义革命。

5. 推翻资本主义制度的客观条件早已成熟。虽然如此，改良主义和修正主义仍会继续背叛无产阶级的利益。这也就是为什么人类的危机会在世界范围内具体化为无产阶级的领导力危机。然而，在近几十年，革命的进程使得传统的左翼政党产生了一种危机，新的革命运动开始成长，并为克服无产阶级的领导力危机打开了新的历史视角。

6. 智利已经成了一个半殖民地国家，资本主义发展缓慢且不均衡。虽然发展落后，但智利并不是一个农业国，而是一个工业和矿业国。在治国无方的150年里，统治阶级没有充分发展农业、矿业和工业，他们把我们最主要的生产资源转交给帝国主义，把我们的民族独立抵押为国际协议和让步，使智利成了一个生活标准最低、婴儿死亡率最高的国家，同时也是一个高度文盲、缺食少住的国家。从19世纪的独立宣言一直到今天，统治阶级的所作所为（trajectory）证实了本地资产阶级及其政党在解决资产阶级民主任务——主要是民族解放、土地改革以及对半封建残余势力的清除——上的无能。因此，我们拒绝任何"阶段主义理论"（stagist theory），这种理论错误地声称在无产阶级夺取政权之前，我们必须首先得等待一个由工业资产阶级领导的资产阶级民主阶段。

我们将同任何鼓吹"进步资产阶级"以及实业阶级合作的幻想的理论进行斗争。我们的主张强调，无产阶级是唯一能够带领农民和赤贫的中产阶级沿着社会主义方向实现"民主"任务的阶级。

7. 智利传统左翼政党的资产阶级领袖们骗取了工人们的期望。他们并没有发起推翻资产阶级的斗争，而只是在阶级合作主义的基础上，将自身局限于对资本主义政权的规划改革方面，他们不顾智利无产阶级的革命传统和群众行动，用那永远不变的选举华尔兹来愚弄工人。此外，他们坚持认为他们可以通过"和平的议会道路"实现社会主义，好像历史上有什么统治阶级曾经自愿放弃过政权似的。

左翼革命运动拒绝"和平道路"理论，因为该理论在政治上解除了无产阶级的武装，而且是不适用的。资产阶级自身不会走上这条道路，他们宁可忍受极权主义的独裁和内战，也不愿和平地放弃政权。我们再次重申这一马克思—列宁主义的原则，即人民武装起义乃是推翻资本主义政权的唯一道路。

8. 面对这一现实，我们担负起了建立左翼革命组织以统一那些激进的革命组织的责任，这些组织超越于任何宗派主义之上，它们愿意迅速而认真地从事智利社会主义革命的准备和组织工作。

左翼革命运动将其自身界定为一个由民主集中制（democratic central-ism）原则所领导的马克思—列宁主义组织。

失败的原因*

米格尔·恩里克斯

米格尔·恩里克斯（Miguel Enríquez, 1944—1974），左翼革命运动的总书记和主要理论家，拉美新一代革命马克思主义者的最著名代表人之一。作为康塞普西翁大学的一名学生，他曾是 1967 年 12 月（与鲍蒂斯塔·冯·肖文和卢西亚诺·克鲁斯一道）取得左翼革命运动领导权的小组成员之一。1974 年 10 月，他在与智利武装警察的一次冲突中不幸牺牲。

本文选自法国托洛茨基主义周刊《红》（Rouge）对米格尔·恩里克斯所做的一次采访，其中论述了人民团结党（UP）政府悲剧经历的得失（balance-sheet），以及他对于抵抗由 1973 年 9 月政变所组建的军事政权的看法，这篇文章也是他生前最后的作品之一。

---

* "Quelle stratégie pour la résistance? Quelle unité? La réponse de Miguel Enríquez", Rouge, 22 March 1974.

在过去的三年中，我们警告过工人和左派要提防改良主义政治会把他们带入的那种灾难，作为一个政党，我们也在群众中尽了最大的努力来避免这场灾难。

当群众为了捍卫他们自身的利益而扩大动员的时候，他们并非就是"极端的左翼分子"。在把人民团结党推上台之后，他们加快了在历史提供给他们的唯一道路上的步伐。阻碍基督教民主党同人民团结党进行联合的不是群众，而是在一个像智利这样欠发达且不独立的国家中的阶级斗争法则。

工人阶级和人民能够把他们自身组成一种社会力量（就像他们把人民团结党推上台那样），但他们只能到达至这样一种程度，即实现其作为一个阶级所要实现的利益。客观而论，在智利这样一个资本主义国家，他们能且只能通过不断冲击统治阶级的利益才能实现这一目标。作为统治阶级的一部分，基督教民主党同样知道这一点。从一开始，统治阶级便努力捍卫资本主义制度，他们同工人的发展进行斗争，并试图摧毁这一阶级所创建的人民团结党政府。

人民群众的前进并没有错，就像历史不可能"出错"那样。但是，被"极端左派"所驱逐的智利民主党（一个资产阶级政党）却并非如此。导致智利出现我们今天所面临的这种灾难的正是改良主义的政策，这种政策有条不紊地侵害、阻挠并最终破坏了那种曾经创建过政府的社会力量以及它的主要力量之源——工人阶级和人民。

我们并不是"没有耐心"或"极端左派"。我们竭尽所能，把领导权交给了工人的历史性长征（historic march），以反抗统治阶级以及遍布于工厂、农场、军营、学校、大学以及武装力量中的资本主义制度。但我们并不能从改良主义者手中获得运动的领导权。这就是我们的弱点和缺点——别无其他。

我们在智利重组群众运动，寻求同整个左派以及所有打算同独裁统治进行斗争的那些部分的团结，从而为推翻独裁统治的长期革命战争做准备，为工人赢得政权，并组建工农政府。

但在智利，这并不是最重要的争论。我们正试图把全部左派都团结起来。然而，接下来所发生的事却成了全世界人民的一个教训。几乎没有哪个时代的灾难能像改良主义政治所引发的那么明显。与此同时，我们还必须回应某些欧洲政党和个人的攻击，而真理则终将战胜那些对于事实的歪曲。

革命协调委员会[*]

1972 年，在左翼革命运动（MIR）、图帕马罗斯（Tupamaros）以及阿根廷革命工人党（PRT）的领导人会议上，米格尔·恩里克斯提议这三个革命小组共同创建一个国际组织——用他的话说就是一个"小齐美尔瓦尔德"（little Zimmerwald）。他的提议得到了采纳，很快，玻利维亚民族解放军（ELN）也加入了这三个小组。在联合得到巩固之后，这四个组织于 1974 年初宣布成立革命协调委员会（JCR）。与拉美团结组织（OLAS）不同，革命协调委员会（直到 1977 年仍在活跃）并不是古巴领导层的首创，尽管它们之间存在着兄弟般的情谊；革命协调委员会的成立表明拉美的格瓦拉主义在同古巴的关系上具有了某种自主性。

这是越南人所走的道路，也是我们的人民所必须要走的道路。美洲由于其特殊性也要走上这条道路。美洲的武装组织可以创建像"协调委员会"那样的机构以使得美帝国主义的镇压任务变得更为困难，从而促进他们自身事业的发展。

——切·格瓦拉：《致三大洲会议的信》

乌拉圭的图帕马罗斯（Tupamaros）、智利的左翼革命运动（MIR）、玻利维亚的民族解放军以及阿根廷的人民解放军（ERP）签署了一份共同宣言，它告诉工人、贫农、城市穷人、学生、知识分子、土著民族以及在我们的故乡拉丁美洲长期遭受剥削的数百万劳动者们，我们决定通

---

* "A los pueblos de América Latina, declaración constitutive de la JCR", *Che Guevara* (organ of the JCR), n. 1, November 1974.

过一个革命协调委员会而联合起来。

这重要的一步乃是一种觉察到的必要性的结果：使我们的人民加入组织地带（organizational terrain）的必要性；团结革命力量以共同面对帝国主义敌人的必要性；更有效地同资产阶级民族主义和改良主义进行政治和意识形态斗争的必要性。

这重要的一步使得"指挥官切·格瓦拉"这个大陆社会主义革命的英雄、象征及先驱的主要战略思想之一得到了具体化。这也是重建我们各民族间友好传统的重要一步，这些民族在过去的一个世纪里像兄弟般并肩作战，共同反抗压迫我们的西班牙殖民者……

我们的纲领

我们之所以团结一致是因为我们知道在拉丁美洲，除了游击战之外，没有其他可行的战略。这种游击战是一个十分复杂的群众斗争过程，包括武装的和非武装的、和平的和暴力的，其中，所有的斗争形式都以武装斗争为轴心而协调发展。游击战的整个过程的胜利发展需要在革命无产阶级的领导下进行全民动员。这场战争的无产阶级领袖已经在一个拥有无产阶级特征的马克思—列宁主义战斗性政党中得到了锻炼，他们能够集中并领导人民斗争的各个方面，而且能够确保一个协调一致的战略领导层以一种单一的、强有力的面貌呈现出来。在无产阶级政党的领导下，我们必须组建一支强有力的军队以构成革命力量的坚强核心；随着这支与群众紧密相连并得到群众支持的军队的日渐壮大，它会变成一个坚不可摧的城墙，在其面前，反动派的一切军事企图都将被粉碎，反革命军队也将被彻底消灭。我们还有必要建立一个广泛的工人和人民阵线以调动所有进步的和革命的民众，如不同的人民党、工会及其他类似组织——一句话，最广泛的群众——他们的斗争同人民军的军事行动以及无产阶级政党的地下政治行动保持一致，并在每一个战略时刻相汇集（converges）。

我们的回应必须明确——除了武装斗争之外别无其他，这是我们分化敌人、让他们不安（agitating）并最终击败敌人的主要因素，也是我们争取胜利的唯一可能。这不是说我们不会利用其他可能的组织和斗争形式：合法的和暗中的、和平的和暴力的、经济的和政治的，只要与每个地区和国家的特殊性相一致，所有这些都可以汇入武装斗争之中而取得最大功效。

斗争的大陆性特征从根本上来说是由一个共同敌人的出现所决定的。北美帝国主义正在发展一项国际战略以阻止拉美的社会主义革命。在那些被强加以法西斯政权的国家，威胁寡头政权稳定的群众运动的兴起绝非偶然。革命分子的大陆战略正是对帝国主义的国际战略的回应。

在这场斗争中，我们必须要走的路并不算短。国际资产阶级正准备以一切必要的手段来遏止任何国家的革命。它拥有可以对抗人民的各种资源。这也就是为什么我们的战争在早期阶段乃是一场消耗战，直到我们能够组建一支比我们的敌人更为强大的人民军。这个过程是缓慢的，但吊诡的是（paradoxically），这也是所有遭到忽视的阶级要达到其战略目标所能走的最近的、成本最小的道路。

尼加拉瓜的桑地诺阵线*

卡洛斯·丰塞卡·阿马多

卡洛斯·丰塞卡·阿马多（Carlos Fonseca Amador, 1936—1976）是在古巴革命的旗帜下成长起来的年青一代马克思主义者中最重要的人物之一。他曾经以学生身份加入亲苏维埃的尼加拉瓜社会党，随后离开该党以寻求更为激进的道路。1959 年，在古巴革命胜利后不久，他成了一名游击队员并在同索莫查（Somoza）国民警卫队的斗争中身负重伤。1962 年，他成了桑地诺民族解放阵线（FSLN）的奠基人之一，该阵线试图接过桑地诺（Sandinista）农民游击战的火炬以反抗北美帝国主义及其在当地的代理人。作为桑地诺民族解放阵线的主要领袖及理论家，卡洛斯·丰塞卡·阿马多在 1976 年被索莫查的军队杀害。

下文节选自 1969 年的一篇文章，其中包含了两个在主流的卡斯特罗

---

* Carlos Fonseca Amador, "Nicaragua hora H", *Tricontinental* (Havana), n. 14, September-October 1969, pp. 32 – 33, 40 – 41. For the complete text, see *Sandinistas Speak* (New York: Pathfinder Press, 1982), pp. 23 – 42.

主义中不常见的重要元素：对过去和现在的传统共产党的明确批判以及对尼加拉瓜革命的民主特征和社会主义特征的清晰阐述。

从 1926 年至 1936 年，尼加拉瓜人民所经历的是他们历史上最为紧张的时期之一。人们为了寻求改变而发起的武装斗争已经造成了超过 20000 人的死亡。起初，它只是反抗北美统治者所强加的保守政府，随后又出现了桑地诺起义，最终以安纳斯塔西奥·索莫查（Anastasio Somoza）反对胡安·B. 撒卡萨（Juan B. Sacasa）的军事政变而结束。

这次斗争的发展并没有出现工业无产阶级。早期的资产阶级背叛了尼加拉瓜人民并将他们出卖给了插手的美国。而在人民斗争的前沿中，革命无产阶级又无法立即取代资产阶级。成为人民英勇先锋的桑地诺起义几乎完全由农民组成，也正是这一点为这场革命运动带来了光荣和悲剧。对于尼加拉瓜人民而言，这场斗争是光荣的，因为最卑下的阶级捍卫了祖国那遭到玷污的荣誉；同时，这也是一场悲剧，因为农民们缺乏任何政治觉悟。一些重要游击纵队的领袖们甚至连大字都不识一个。因此，一旦桑地诺被刺杀，这场运动也就无法再继续下去了。

这场以背叛和挫败而告终的漫长的武装斗争耗尽了人民的元气。以安纳斯塔西奥·索莫查为首的一派获得了对于传统自由党的领导权。索莫查的反对派开始被传统的保守党所支配，在 30 年代，由于人民对于他们被出卖给美国这件事记忆犹新，因此，反对派的政治势力遭到了极大的削弱。

导致反帝国主义斗争中断的另一个重要原因就是"二战"的爆发，它使得世界关注的焦点集中到了欧洲和亚洲。尼加拉瓜人民的传统敌人美帝国主义成了国际反法西斯阵线联盟的一员。在尼加拉瓜，由于缺乏革命领袖，以至于这一事实无法得到正确的解释，而索莫查正好利用这一形势来巩固他的派系统治。

旧马克思主义一派的兴起

许多年来，在反对索莫查政权方面，马克思主义的影响力极其微弱。反索莫查的反对派几乎完全处在保守派（代表资产阶级利益的政治势力）

的控制之下。马克思主义一派之所以如此弱小的一个原因就存在于尼加拉瓜社会党（尼加拉瓜的传统共产主义组织）得以形成的那些条件之中。尼加拉瓜社会党创建于 1944 年 6 月，当时"二战"尚未结束。这段时期正是厄尔·白劳德（Earl Browder）（美国共产党总书记，他主张调解同拉美资产阶级和北美帝国主义之间的关系）的理论的全盛时期。

在那些年里，尼加拉瓜的工人运动主要由手工业者所组成，这为反工人偏差（anti-worker deviations）提供了基础。而且，正像尼加拉瓜社会党煽动性地所声称的那样，社会党的领袖们自身也是手工业而非无产阶级出身。这样的领导层所具有的思想水平是极低的。

多年以来，革命知识分子在尼加拉瓜是个稀有的例外。在美国武装入侵的那些年里，作为最终还是投降了的资产阶级的代表，激进知识分子和自由思想者，由于我们已经解释过的一些原因，并不能取代那些同工人阶级相一致的知识分子。结果，尼加拉瓜的智识运动（intellectual movement）成为了对于一种天主教元素的垄断，甚至在一段时期里公然支持法西斯主义。按这种方式，思想之门仍将无法向革命运动敞开。

尼加拉瓜社会党是在一次会议上成立的，这次会议的目的是宣布支持索莫查政府。这件事是 1944 年 7 月 3 日在马那瓜体育馆（Managua Gymnasium）发生的。严肃而客观地说，我们应当指出，这个严重的错误不单是他们的部分领导人不守信用（bad faith）的结果；我们必须考虑到导致这一后果的原因。面对保守派有关反索莫查运动的领导权问题，马克思主义领袖们并没有保持恰当的冷静；他们并不知道如何区别哪些是反索莫查的反对派的正派表现（decency），哪些是保守派的策略。

一旦索莫查为了自身利益而使用伪马克思主义，他就会对工人运动大肆镇压，由于工人运动得以诞生的环境是如此的舒适，因此，它并不知道如何用恰当的革命坚定性来保卫自身……

桑地诺民族解放阵线认为，在当前及以后的某段时期，尼加拉瓜将会经历这样一个阶段，其中，激进的政治势力会继续获得其自身的特性。因此，在当下，我们必须重点强调我们的主要目标是社会主义革命这一事实，革命的目标是击败美帝国主义及其在当地的代理人、伪装的反对派以及伪装的革命者。在武装行动始终如一的支持下，这一宣传会使得该阵线赢得人民大众的支持，他们会意识到我们正在实施的斗争的深刻性。

为了给革命运动描绘出一个战略轮廓，我们必须考虑到资本主义政党所代表的那种力量，因为这些政党依然在向反对派施加这种影响。我们必须对革命起义可能成为反动势力反对索莫查政权的垫脚石这种危险保持警惕。我们运动的目标具有双重性：一方面是推翻篡夺政权多年的罪恶的叛国贼；另一方面是阻止反对派中的资本主义势力（众所周知，他们受美帝国主义控制）利用游击斗争所取得的形势来攫取政权。根植于广大人民群众之中的革命性政治和军事势力必须在封锁通向资本主义叛徒的道路方面发挥决定性作用。而扎根的深度则取决于消除自由派和保守派在这些地区的影响力的能力。

我们将根据全体人民对旧式党派（old parties）转变及其资产阶级领导层的态度，来决定对之采取的政策。

至于尼加拉瓜社会党的情况，我们可以说，发生在这个政治组织的领导层身上的改变纯粹是形式上的。旧领导层在保守派中间制造出了一些幻想并嚷嚷着要同帝国主义的这些傲慢的代理人一道组建一个政治阵线。而所谓的新领导层正在为他们 1967 年所参加的支持伪反对派（the pseudo-oppositionist）候选人、保守党人费尔南多·阿圭罗（Conservative Fernando Agüero）的选举闹剧进行辩护。同旧领导层一样，所谓的"新领导层"同样不停地谈及武装斗争，但实际上他们的精力都放在了繁琐的墨守成规的工作（legalistic work）上了。

之前的这些陈述与发展某种反索莫查派的一般性联合的可能性并不冲突。但是这种联合必须是与不同的反索莫查倾向中最可靠部分的基础性联合。由于桑地诺民族解放阵线的威望不断提升并且资本主义政党的支持者不断减少，再加上资本主义政党的领导层之间的分裂，从而使得这种联合变得更加有可能了。

桑地诺民族解放阵线知道游击道路的困难。但它并不打算退却。我们知道我们正面对国民警卫队中的一支血腥而反动的武装力量，而且这个残忍的警卫队仍然保留着它的创建者美国海军陆战队所教给他们的那些残忍的手段。轰炸村庄、屠杀儿童、强奸妇女、把农民活活烧死在屋里、对肉体施加酷刑（mutilation）：这些都是在奥古斯托·凯撒·桑地诺领导的游击抵抗时期（1927—1932 年），北美的文明教授们教给国民警卫队的科目。

桑地诺抵抗时期的挫折如今没有再现。时代不同了。当前不再是桑地诺及其游击队战友们同美帝国孤军作战的时代。如今，所有被征服国家的革命志士都在发动或准备发动同美帝的战斗。站在这场战斗顶峰处的便是不屈不挠的越南，其典范的英雄行为就是击退了金发野兽的入侵⋯⋯

我们将满怀信心地践履我们的誓言：

"在奥古斯托·恺撒·桑地诺和欧内斯特·切·格瓦拉的画像面前，在对于尼加拉瓜、拉丁美洲以及全人类的英雄和烈士的记忆面前，在历史面前，我把我的手放在那意味着'自由的故乡或死亡'的红黑旗之上宣誓，我要用手中的武器捍卫国家的荣誉，要为拯救受压迫、受剥削的尼加拉瓜和全世界而战斗。如果我履行这一誓言，尼加拉瓜和所有民族的解放就将是回报；如果我背叛了这一誓言，可耻的死亡和耻辱将会是对我的惩罚。"

尼加拉瓜农民的桑地诺纲领 *

杰米·韦洛克

尼加拉瓜的桑地诺革命成功数周以后，新的土地改革部长杰米·韦洛克（Jaime Wheelock）接受了托洛茨基主义杂志《全球视野》的采访，在采访中，他对国家的土地结构进行了简要的分析，并描述了新政权的纲领。韦洛克曾是桑地诺民族解放阵线中无产阶级倾向的主要领袖之一，该倾向曾提出了尼加拉瓜反帝国主义以及进行社会主义革命的战略。

作为开始，或许你可以对独裁统治下那些年的农业生产结构进行一些描述。

---

* "La reforma agrarian en marcha: El programa sandinista para los campesinos de Nicaragua", Perspectiva Mundial (New York), v. 3, n. 16, September 3, 1979.

从生产技术和生产目的的角度来看，存在着两种基本的类型：一是针对国内市场的基本的谷物生产和季节性的家畜饲养，一是为出口而进行的生产。大多数时候，大部分这种生产都是在那种让工人在大部分时间里都处于失业状态的生产关系下进行的——季节性耕种。同时，这种生产也只打算满足非常少量的地主（即大庄园主）的需求。

30 万曼扎纳①的棉花，15 万曼扎纳的咖啡，20 万只肉牛和奶牛，12 万曼扎纳的甘蔗（sugar）以及烟草和水稻基本上都处于索莫查和皮勒斯（Pelas）家族的控制之下。此外，还有一些国内消费品，一部分资本主义种植园以及一部分贫农和中农，也都是如此。

实际上，有40%—60%的耕地被索莫查家族所控制。如果再加上索莫查主义分子（Somocistas），这个数字可能要上升至70%。大约有 6 万农民只拥有少量的土地，有 10 万农民既是工资劳动者，同时也要在他们自己的土地上劳作。

很明显，很多工人，包括拥有家庭农场的中农，都不得不或曾经不得不加入种植园或在大型农场中参加收割。光收割棉花就需要超过 25 万的农业工人。在繁忙的季节，收割咖啡需要 15 万人，而收割甘蔗也需要 15000 人。这是一个庞大的无产阶级，但却是一个流动的、季节性的无产阶级。

什么正在发生？广泛的资产阶级剥削以及旧寡头政体的有害作为（harmful practices）正迫使小生产者和小农们背井离乡（displacing）。例如，在奇南德加（Chinandega），资本主义的生产已经覆盖了甘蔗、棉花和香蕉的种植，大量的农民被迫离开他们的土地。他们在农村过着悲惨而边缘化的生活，就像在城市边缘的贫民区（marginal barrios）一样。这正是农村正在发生着的事。这令人难以置信：在农村过着边缘化的生活，好像有人把他们从城市挪到那里去似的。但不是，这是一个不同的现象，是一种退化（retrogression）——在陆地上溺水。

相反的现象已经在城市里发生了。一些农民被迫离开他们的土地并搬到城市的边缘地区，建立了边缘贫民区。其他来自奇南德加的农民则几乎都被扔到了海边，从而必须靠捕鱼为生。

---

① 曼扎纳，拉美面积单位，1 曼扎纳 = 1.72 英亩 = 0.696 公顷。——译者注

你们正在采取什么措施来解决这个糟糕的问题？

在尼加拉瓜，我们有不同的农业状况。在北方有贫农，那里没有道路，没有基础设施，虽然有土地，但却很贫瘠。在那里，我们想设计一个方案来扩大农民们的土地所有权，并为他们提供技术援助和基础设施发展。

另外，在马那瓜山谷（Managua Valley）、玛萨雅（Masaya）和卡拉索（Carazo），我们有一个更古老的土著农民社区，随着大庄园的扩张，这种社区也开始衰落（driven down），在农村的中心，还有一种相当强的单一作物经济。在这里，我们想通过把土地给予农民来解决土地问题。无论是在北部还是在这里，我们都准备把土地给予农民。

但在其他地区，如里昂（León）、奇南德加和里瓦斯（Rivas），我们就不希望分配土地。我们准备建立一个大规模的国有企业，从而一方面推动该地区的经济和社会发展，另一方面将其作为深化这一进程的基础。也就是说，在某些情况下，我们想用土地来解决贫穷、没有土地的农民的问题；在另一些情况中，我们准备通过这种方式来解决农业工人的问题，即把他吸纳到生产中来，给他提供常年稳定的工作以及诸多的社会和经济利益。在当地的社区中，我们会把土地分给当地的人民，但给的是集体而非个体生产者——这对于提高生产和他们的生活标准而言已经足够了。

你们打算以何种方式来管理这种类型的国有企业？

关于社会和经济发展的问题我之前已经解释过了。我们打算建立一个大规模的国有企业，其中，工人可以参与管理并拥有基本的决定权。但是每个企业的生产的重要部分应当有助于这些工人和整个地区的社会发展、教育和健康，等等。

例如，在里瓦斯，有一个大型的制糖厂叫作多洛雷斯（Dolores）。这个工厂的生产水平很高。通过这种生产，我们就有可能解决整个车间（department）缺少医院的问题。工人们也应当知道这些。这也是我们想使工人们逐渐意识到的，这样，他们就会知道，是他们的生产使得里瓦斯整个车间的健康问题得到了解决。我们还将为这些工人提供住宅、教育和识字项目，同时，在社会层面，也使他们融入到生产性的活动之中，使他们能够在企业和整个社会都拥有决定权。

几天前，在《壅》（Barricada）这本杂志上有一篇文章报道说有一些农民，我想应该是在里昂，他们要求用武装来捍卫他们新的处境。你们鼓励民兵的发展吗？

是的。事实上，民兵在战争期间便已经存在了。我们的军队中也有大量的农民。

在反抗索莫查的斗争和起义中，农民扮演的是什么角色？

在尼加拉瓜，多年来，农民都是直接参加争取民主、自由和进步的斗争的。

这一情况自桑地诺将军那个时代起便一直在延续。在这次民族解放斗争中，从数量上来看，农民乃是最为重要的力量。而且，在这个新的阶段，桑地诺阵线在山区发展的第一个核心就是得到了农民的支持，农民已经成了遭受压迫最为严重的社会群体。

索莫查在 1975—1976 年和 1977 年对北部农民发起的野蛮镇压和袭击就是一个案例（这样的例子还有很多）。像巴里亚尔（Barial）、索发那（Sofana）以及波卡·德·卢鲁（Boca de Lulu）这样的城镇完全被摧毁。巴里亚尔已经不存在了。成千上万的农民死在了索莫查主义帮派手中。但农民们仍旧积极、爱国并充满斗志。

因此，我们对于农民负有重大责任。而且，农民也是这场革命的发动机和最初受益人。当然，他们还会继续发挥作用以巩固革命的果实。

土著人民与革命*

危地马拉贫民军

20 世纪 60 年代以危地马拉的长期游击斗争的失败而告终，主要的队

---

* EGP of Guatemala, *Manifiesto Internacional*, October 1979, pp. 27 – 29, 35 – 36.

伍像"革命武装势力"（FAR）和"6·13革命运动"（MR-13）纷纷被摧毁，其主要领袖 [图西奥斯·里马（Turcios Lima）和约恩·索萨（Yon Sosa）] 也战死沙场。1973年，这些组织的幸存者联合起来组建了EGP，即危地马拉贫民军，其在短短几年之内便成为这个国家最主要的革命组织。其他的政治—军事组织都紧随其后，包括重组后的"革命武装势力"和"武装人民革命组织"（ORPA）。这三个武装组织随后又同一个传统的共产党——危地马拉劳动党（PGT）一起组建了"统一协调委员会"（United Coordinator）。与此相似，在"全国工会联合委员会"（CENUS）和"反压迫民主阵线"（其中包括了一些由农民、教师、学生以及其他人所组建的主要的工会和组织）的领导下，一个人民动员的过程不仅得到了发展，而且与政治—军事组织过去和现在都在为之而奋斗的目标团结在一起。

下文选自危地马拉贫民军在1979年10月的宣言中与危地马拉土著问题有关的内容。"革命武装势力"的领袖理查多·拉米雷斯（Ricardo Ramírez）在他那本重要的著作《危地马拉阵线来信》中已经对60年代革命进程中土著民问题的重要性作出了强调。危地马拉贫民军再次谈到了这一主题并指出了以一种革命性的社会主义方案来解决这一问题的必要性。

民族国家问题与革命

危地马拉在结构上和地缘政治上同其他中美洲国家并没有什么不同，但它仍然有一种特性使得它同其他中美洲国家相区别。在不改变社会进程以及阶级和革命斗争的基本动力的条件下，这种因素所引入的一种不同元素（element）对于我们国家的革命转型而言同样也是一种额外的需求。

这就是国家民族问题。危地马拉人口的大多数（60%）属于22个土著少数民族，这些少数民族一起构成了大部分的危地马拉人，也是我们祖国的主要主人。

这60%的危地马拉人自殖民时期一直到今天都处于被边缘化、被歧视和被压迫的地位。而压迫和剥削最为严重的地方也集中在这里，因为他们贡献了最为廉价的劳动力并形成了半无产阶级的最主要部分。

在有些地区，他们被赶到最为偏僻、荒凉和贫穷的地区，因此，他们既得不到国家政权和统治阶级的有利服务，也遭遇不到其劣质服务。而且交流、联系的问题以及经济的、社会的、文化的交流问题同样十分严重。

在这样的条件下，我们很难说危地马拉有什么完整的民族性。危地马拉土著居民的压迫者，无论是过去的还是现在的，都错误地相信通过奴役、剥削和边缘化就能够摧毁玛雅—基切（Maya-Quiché）民族的反抗精神，让他们的社会和文化特性适时地消失，并最终被这一制度所吸收和摧毁。这是一个深刻而致命的错误。这些条件已经积累并加强了土著居民的身份（identity）；他们的无声反抗已经达到了这样一种程度，即，其作为一种政治因素不仅已经到了无法忽视的级别，而且它已经成为能够左右我们国家未来的决定性因素。

在一个生产和发展的制度是由阶级剥削以及种族和文化压迫的法律所决定的国家，危地马拉的少数民族是无法通过自由地领导和组织他们自身的文化发展或者享有他们的合法权利来参与对国家的领导以及对社会和政治特征的铸造（configuring）的。

这就是为什么在危地马拉社会或者在其政权中，任何局部的改变都无法消除这些差异，而正是这些差异使得大多数危地马拉人成了一个被征服的群体。历史已经证明资本主义不能解决这些问题，因为阶级统治的动力导致资本主义会把民族压迫纳入其行动（operation）之中。在一个被划分为剥削阶级和被剥削阶级的社会中，被压迫的民族是不可能得到真正和完全的解放的。

只有在消除了剥削和阶级分化的社会主义社会，危地马拉的土著居民们才能在组成民族和文化共同体的同时而不丧失其特性，因为，将危地马拉民族各部分统一起来的是共同利益，而非一个群体对其他群体的统治。危地马拉人民共同体绝不会向不公平的命运低头，相反，他们会在一个相互交流、相互作用、相互影响的机制（mechanism）中同呼吸、共命运。只有在这些条件下，我们才能够称得上是危地马拉民族。此外，这种社会规则（imperative）同阶级斗争一道构成了危地马拉革命的必要

动力······

● 如果结构和体制的变革不能反映工人阶级以及其他危地马拉人民的基本需要和具体的历史利益，那么危地马拉便没有取得革命的胜利。

● 如果民族文化压迫没有终止，土著民族不能同梅斯提索①人一道获得广泛而充分的经济、政治和社会权利，民族和谐与平等无法建立，那么，危地马拉的革命便没有成功。

● 在当前的国际形势下，我们国家的历史的和社会经济的发展（这种发展既有过时的特征，也有现代的特征）在我们的革命的、民主的和社会主义的这三个无法拆散的任务之间建立了一种不可分割的相互关联。危地马拉革命将会参与到这一全球性问题之中。这也是危地马拉革命内容的起源。

● 危地马拉地缘政治的位置以及社会主义阵营在当代的发展程度解释并决定了这样一种事实，即危地马拉革命的胜利打开了从资本主义走向社会主义的一个必要过渡阶段，只要作为一种全球化制度的社会主义尚未获得有利于其自身的决定性力量，那么这一过渡阶段就会一直持续下去。

● 清除我们对于帝国主义的依附并建立一个人民革命政权乃是这一过渡阶段的最初基础。

革命民主政府纲领**

埃尔·萨尔瓦多群众革命协调委员会

1979—1980 年间，埃尔·萨尔瓦多的阶级对抗变得强烈而尖锐；1979 年 10 月 15 日政变之后，罗梅罗（Romero）将军的军事政权被一个平民军事团体所取代，但这并没有终止革命前的危机。1980 年初，主要的人民组织——三个游击组织，法拉本多·马蒂人民解放军（EPL）、民

---

① mestizo，梅斯提索，尤指拉丁民族与印第安族的混血儿。——译者注

** Plataforma programatica del Gobierno Democratico Revolucionario, El Salvador, February 1980, in Combate (Sweden), n. 55–56, March-April 1980, pp. 5–7.

族抵抗、人民革命军（ERP），以及共产党——变得更为密切了。同年2月，群众阵线与这些组织（BPR，FAPU，LP－28，UDN），其中还包括主要的工会（工人的、农民的以及学生的协会），达成了一项协议。根据这项协议建立了"群众革命协调委员会"（The Revolutionary Coordinator of the Masses），下文是其纲领中最重要的部分，它委婉地提出了突破资产阶级政府及其军事机构以及清除资本主义的动力。

我们国家的经济和社会结构已经确保了少部分寡头会不成比例地（disproportionate）富有并使我们的人民遭受美帝国主义的剥削，而这一结构正面临着一个深刻且无可化解的危机。

在这场危机中，军事独裁同样发现其自身作为捍卫寡头政治和北美帝国主义利益的整个法律秩序和意识形态，已经压迫并征服萨尔瓦多人民长达半个世纪之久。这些统治阶级的等级已经分裂，那些尝试克服这种危机的法西斯主义者和改良主义者也都失败了，他们成了自身矛盾的牺牲品，并受到人民运动那坚定而英勇行为的困扰。甚至北美帝国主义（他们代表的是这些反人民计划的利益）越来越无耻的干涉也无法逆转这一失败。

革命组织对于萨尔瓦多人民的利益和愿望的忠诚使得它们在广大的劳动者和中产阶级中间的根基得到了极大的巩固和深化。如今，革命运动由于其群众基础而变得坚不可摧，它是萨尔瓦多人民的唯一选择，人民不会停止或者绕开他们建设一个自由家园的努力，也只有在这样的家园中，他们才能够实现他们最重要的愿望。

统治危机中的经济和政治危机，一方面使得人民运动的力量成为我们国家中决定性的政治势力；另一方面则开启了一种革命进程并确立了人民夺取政权的条件。

如今，我们的社会（到目前为止，仍受制于不公、背叛和掠夺）的革命性转变乃是一个可能的、近在眼前的现实。只有通过这种方式，我们的人民才能取得并保护那些他们曾被拒绝给予的自由和民主权利。只有革命才能解决土地问题，才能创造有利于我们人口中绝大多数成员（他们代表着农民群众和农业工人们的利益）的物质和精神条件，而这些人如今正陷于痛苦、文化落后以及边缘化之中。这场革命将为我们国家赢得真正的政治独立，让萨尔瓦多人民有权自由决定他们的命运并获得真正的经济独立。

这就是为什么我们的革命是人民的、民主的和反寡头政治的，也是为什么我们要争取有效的、真正的民族独立。只有一场革命的胜利才能终结罪恶的压迫并让我们的人民有望得到他们如今尚未享有的那种和平——一种建立在自由、社会正义和民族独立基础之上的稳定的和平。

正在进行的革命不是，也不可能是一批阴谋家们的作为。相反，它是全体人民——也即，工人、农民、一般的中产阶级、所有忠诚的民主人士、爱国志士和个人——努力奋斗的结果。

萨尔瓦多人民的最自觉、最有组织性的队伍越来越多，也越来越团结。这种战斗精神，这种思想意识、性情和组织的水平，这种为人民的胜利而自愿牺牲的承诺，使得工人和农民之间的联合被证明为确保解放运动严肃而坚固的最强根基，而这场运动所团结的革命和民主势力，乃是萨尔瓦多人民在长期的奋斗中所创建的两大潮流，同时，这也是全体人民团结一致的一种表现。

革命的决定性任务（革命的所有任务和目标的完成都建基于其上）乃是夺取政权并建立一个能带领人民建设新社会的革命民主政府。

革命的任务和目标

埃尔·萨尔瓦多革命的任务和目标如下：

1. 击败寡头政府和美帝国主义的反动军事独裁，他们已经强加并违背萨尔瓦多人民的意志长达五十年之久。要摧毁其罪恶的政治军事机器并在团结革命和民主势力、人民军队以及萨尔瓦多人民的基础上建立一个革命民主政府。

2. 终结大地主和大资本家的权力，终结他们在政治、经济以及社会各个方面的统治。

3. 彻底清算我们国家同美帝国主义之间的政治、经济和军事依赖。

4. 确保全体人民的权利和民主自由，尤其是最缺乏它们的工人群体。

5. 通过建立集体企业与合作企业，对基本生产资料的国有化，以及对那些如今被寡头政治和美国所垄断的产品——大地主所控制的土地；生产和分配电力资源的公司；石油冶炼；在工业、商业、服务业、对外贸易、银行等领域进行独裁的企业以及大型的运输公司——的分配，从而将这些东西转移到人民手中。所有这些都不应当影响国民经济的不同分支中的小型和中等私有企业，这些企业是应当得到鼓励和充分支持的。

6. 提升人民的物质和文化生活水平。

7. 创建我们国家的新军队，其基础将是革命期间所建的人民军——当前军队中的那些健康的、爱国的以及有价值的元素可以被吸收进来。

8. 鼓励那些在各个领域、处于各种水平并以各种形式呈现的人民组织，从而保证积极的、创造性的和民主的人民组织能够进入革命进程之中，并在它们和政府之间建立最为密切的联系。

9. 根据这样的原则来调整我们国家的对外政策和国际关系：各个国家之间应保持独立、自主、团结、和平共处、权利平等以及相互尊重。

10. 确保我们的人民的和平、自由与幸福，并通过以上方式维持社会进步。

只有在这个平台上实现这些措施，才能解决我们国家那深刻的结构性危机和政治危机，从而有利于萨尔瓦多人民，这也是人民和民主势力所一致认同的观点。

只有寡头政治、北美帝国主义和那些为反对爱国主义的利益而服务的人，才会反对同阴谋对抗而产生的这些改变。自 1979 年 10 月 15 日以来，政府中的不同政党和部门都徒劳地尝试着去实施我们所提议的诸多措施，而不是先摧毁旧的反动派和压迫政权，并建立一个真正革命的人民政权。这种经验已经清楚地证实了，只有同所有民主势力一道结成统一的革命运动，才能将这种改变的努力变成现实。

胜利解放的历史性时刻正在来临，为了这一胜利，萨尔瓦多人民不惜抛头颅洒热血。对此，没有什么事或什么人能够阻挡。

为了革命和民主势力的团结！

向着革命民主政府的胜利前进！

群众革命协调委员会　人民革命执行委员会（BPR）：

胡安·查康（Juan Chacón），总书记

胡里奥·弗洛雷斯（Julio Flores），组织秘书

统一人民行动阵线（FAPU）国家协调委员会：

赫克托·雷西诺斯（Héctor Recinos）

约瑟·拿破仑·罗德里格斯·鲁伊斯（José Napoleón Rodríguez Ruiz）

2·28 人民联盟国家政治委员会：

莱昂西奥·皮钦特（Leoncio Pichinte）

国家民主联盟（UDN）民族调解委员会：

曼纽尔·弗兰克（Manuel Franco）

圣萨尔瓦多，埃尔·萨尔瓦多，中美洲

1980 年 2 月 23 日

社会主义论述文献节选

委内瑞拉的社会主义[*]

特奥多罗·佩特科夫

1968 年，苏联对捷克斯洛伐克的入侵导致欧洲共产党（意大利、西班牙、英国、法国）开始远离苏联的领导。在拉美，委内瑞拉政党是为数不多的遇到这种危机的政党之一，它导致大量的领袖和激进分子同苏联决裂并在 1971 年建立了一个独立的政党，MAS（"转向社会主义"）。

委内瑞拉共产党（PCV）最著名的领袖之一特奥多罗·佩特科夫（Teodoro Petkoff）在 1970 年 7 月出版了一本书，刚好赶在这次分裂发生之前。这里所节选的部分乃是对其政党传统政治强有力的自我批判，同时，他还试图对所谓的民族资产阶级这一富有争议且至关重要的问题进行一种马克思主义的分析。

关于革命性质的讨论正变得相当复杂，因为它遇到了我们理论构想（formulations）中一个被奉若神明的神话：民族资产阶级的存在。

几十年来，拉美共产党一直认为我们可以指望一部分拉美资产阶级（以民族资产阶级这一模棱两可的名字命名）会参与到民族解放斗争之

---

[*] Teodoro Petkoff, Socialismo para Venezuela（Caracas：Ed. Fuentes, 1972），pp. 89 – 90, 96 – 99.

中。就我们的情况而言，这一方案假定委内瑞拉资产阶级中有某个部分并没有同帝国主义建立直接的联系，并且，商品的输入给他们带来了巨大的竞争压力，帝国主义经济和本地大资产阶级的力量使他们遭到了毁灭，在这种情况下，他们拥有一种反帝国主义的潜力，而正是这一点使得我们可以为了民族解放而与他们在一个宏大的、拥有众多阶级的阵线之中进行合作。因此，我们的政党在其整个成熟期（也即从 40 年代开始）的政党政治中都倾向于同民族资产阶级建立这样一个联盟。为了这个目的，我们的政党纲领对这个"民族"资产阶级做出了重大让步，包括一个根本性的让步：对这个国家的革命性转变的目标加以限制以使其朝向一个资产阶级民主阶段；一旦帝国主义统治破产，国内市场由于土地改革而扩大，也仍然要为"民族"资产阶级提供发展的前景。土地革命和反帝国主义革命的理论仅仅成了朝向"民族"资产阶级这一政治路径的浓缩（distillation）。

准确来说，这是右翼政治的"理论"根基之一，并在某段时期得到了政党领导层的实施，其中就包括 1958 年推翻佩雷斯·吉梅内斯（Pérez Jiménez）后那至关重要的几年。虽然我们一直宣称在这个假定的联盟中保持"无产阶级领导权"，但实际上——由于我们在意识形态上比群众更弱——政治的发展使我们发现我们总是跟在资产阶级后面，尤其是那些非民族的部分，而他们又自然而然地支配着"民族"资产阶级。当我们在后文中审视革命阶段问题的时候会再次回到这一问题上来……

这个"民族"资产阶级完全理解它是作为剥削阶级而得以幸存，也就是说，作为社会的一部分，它需要通过剥削工人劳动来获得财富，并且同我们新殖民（neo-colonial）状态的持续以及帝国主义—资本主义—寡头政治这种复杂的政治和经济政权的维系之间有着不可分割的联系。

无论"民族"资产阶级同这种复杂的依附性之间的周期性对立会冲突到何种程度，他们所提出的解决方案从来都不是建议推翻这种新殖民条约（pact）或者改变现状。而维特现状的一个不变前提是允许某些发言人为资产阶级偶尔表达其作为所谓的民族主义者的"厚颜无耻"（audacity）。

同样，"民族"资产阶级也完全明白，作为社会统治阶级的一部分——虽然只是较小的一个合作者（partner），但也仍然是一个合作者——它的幸存与当前委内瑞拉政府的存在之间有着不可分割的联系。它可能会为了获得更好的地位而奋斗，但绝不会提议打破这种新殖民结构。

更为严重的是，"民族"资产阶级思想意识的发展倾向明确背离了民族主义，甚至更加迅速地朝向了一种"去民族化"（denationalization）。这个社会阶级，像整个资产阶级一样，很容易受到那些不断歌颂帝国主义和资本主义的传播媒介的影响。美国的存在，它所拥有的那种巨大的能力，即能够给那些因其社会处境而使得他们愿意接受资本主义论点的头脑留下深刻的印象；世界革命的威胁；古巴的例子（它清楚地表明，结束依附关系同对资本主义的清算之间有着密切的联系）；最后，帝国主义有关思想意识的行动［这种主观因素同它仅仅是客观因素的一种反映之间有着很大的差距，它带有令人恐惧的安逸（fearsome ease），并有可能变成一种错误的思想意识］：所有这些都有利于"民族"资产阶级的"去民族化"。

很明显，这种所谓的民族资产阶级并没有革命的潜力（第三国会的论点），或者并不像我们之前所不厌其烦地宣称的那样容易保持中立（同一理论的替代版本）。它是一个矛盾的社会部分，在某段时期，当群众运动并不威胁既定秩序时，它能够允许自身保持某种程度的"放肆"（impudence），但当它不得不在做出改变和保持现状之间做出选择时，它将会一如既往地反对革命运动。

这一社会阶层和帝国主义之间的冲突正在被而且应当被挑起并加以支持。革命分子不能推脱这种彰显民族主义的任务，无论它在何处发生，它都有助于加强委内瑞拉人民的民族主义意识。这些冲突在战术上不能被低估。但在战略上——也即从政党的、适用于整个历史时期的总纲领的角度，从发起革命的历史性联盟的角度，而不仅仅是从政治变革的角度——我们不应当继续把这些被"民族"资产阶级明确拒绝的冲突视为一种破坏性的潜能，不能继续把"民族"资产阶级的这些品质和德性要么视为革命分子，视为"同盟，无论它多么渺小和微弱"，要么视为"可能会保持中立的一部分"。

争取或中立这一部分的尝试为我们的纲领和总政治路线假定了一个特殊的内容，以至于为了达到这一目标，我们实行了必要的让步。这可能会减少纲领的革命性内容，隐藏我们所推动的革命性转变的社会主义特征，保持资产阶级民主的幻想，并在我们国家独立发展资本主义道路的可能性的基础上刺激右翼倾向——如果帝国主义统治被打破的话——与此同时，又不把这种决裂同整个国家的社会经济模式的革命性重组（这会限制资本主义的发展并为社会主义的发展开辟道路）联系在一起。更为严重的是，这种观念会影响政党政治并使其远离群众。

减少我们纲领和活动的革命内容，意味着限制我们要坚决赢得那些社会阶层支持的可能性，而这些阶层乃是主要的阶级力量，是我们的革命进程所必须依赖的基础。我们坚定不移地寻求同民族资产阶级（我们从未能将其具体化为任何阶级阵线或者特殊活动）的这种"伟大联盟"，而这有可能就是限制我们吸引工人阶级和其他穷人阶层的原因之一。为了不至于"吓唬"到"民族"资产阶级，为了去"打开［一个联盟的］视角"，去"中立"他们，我们极力隐藏运动的革命特征并减少其社会主义的内容，以至于我们远离了那些我们有望赢得的阶层，并使得我们的事业完全向新殖民意识形态的影响开放。到目前为止，"民族资产阶级行动"（Operation National Bourgeoisie）既没有让我们赢得这种资产阶级，也没有让我们赢得工人阶级。

智利的社会主义之路 *

萨尔瓦多·阿连德

智利社会党常常会采取比共产党更为激进的立场，其党员也常常更多地受到古巴革命的影响。萨尔瓦多·阿连德（Salvador Allende，智利社会党的长期领导人以及人民联合政府时期的智利总统，于 1973 年 9 月政

---

* Salvador Allende, "La vía chilena hacia el socialismo", Message to Congress, May 21, 1971, in *La vía chilena hacia el socialismo* (Madrid: Ed. Fundamentos, 1971), pp. 28 – 32. For the full text, see Allende, *Chile's Road to Socialism* (Middlesex: Penguin Books, 1973).

变期间被军队暗杀）的这次演讲更多的是代表政党中的温和派。这次演讲为社会的社会主义转变提出了相当激进的计划，同时，它也对通过一个和平的、宪政的道路以使智利走向社会主义的可能性抱有幻想。它见证了这样一个男人的慷慨和局限，他对人民鞠躬尽瘁，他手握武器，为理想死而后已。

智利资本主义的倒台

1917 年的俄罗斯与如今的智利在处境上非常不同。然而，它们所面临的历史性挑战却十分相似。

俄罗斯在 1917 年所做的决定对于当代历史产生了无与伦比的影响。那项决定认为，落后的欧洲地区能够跑到先进的欧洲地区的前面去，第一个社会主义革命并不必然在工业强国（powers）的中心地带发生。他们接受挑战并确立了社会主义社会的组建形式之一，即无产阶级专政。

如今，没有人会怀疑人口大国能够通过这种方式避免落后并上升至当代文明的高度。苏联和中国在这方面是最具说服力的。

同当时的俄国一样，智利发现它必须要寻求一种新的方法来建立一个社会主义社会——我们自己的革命道路，多元主义道路（pluralist road），虽然是马克思主义经典著作所期望的，但此前从未被具体化。这些社会思想家们假定，率先走上这条道路的将会是更为发达的国家，可能是意大利或法国，因为它们拥有强大的马克思主义工人政党。

然而，历史再一次允许我们告别过去并创造新的社会模式，这种模式并不是在理论上更容易预见，而是在条件更有利于其成功的地方得到了发展。如今，智利将成为世界上第一个建立通向社会主义社会的第二种模式的国家。

这一挑战所激发的浓厚兴趣超出了我们的国界。每个人都知道或者感觉到，此时此刻，新一轮的历史正在上演，以至于我们智利人也都意识到了自己的任务。我们中有些人，或许只是少部分人，仅仅看到其中包含的困难。而我们大多数人则正在寻找成功面对它们的方法。于我而言，我所关心的，是我们将有足够的精力和能力把这一成就发扬光大，从而建成第一个以民主、多元、自由为模型的社会主义社会。

怀疑论者和悲观论者（catastrophe-mongers）会说这是不可能的。他们会说，一个为统治阶级提供了如此之好的服务的国会，是不可能将其自身变成智利人民的国会的。

他们还强调说，武装力量和国家警察到目前为止仍然是支撑那个我们想要推翻的制度秩序的基础，它们不会支持在我们国家建立社会主义这一人民意志的决定的。这些人忽视了武装力量和国家警察的爱国意识、它们的职业传统以及它们对于公民统治的服从。按照施耐德将军（General Schneider）的话来说，武装力量作为"国家的一个必不可少的代表性部分以及政府的一个基础，既服务于永恒的利益，也服务于暂时的利益，从而抵消了那些在法治之下统治政治生活的周期性变化"。

诸位国会议员，就我个人而言，我宣布，由于这个制度建基于人民选举，因此，它在本质上并不拒绝自我更新从而成为一个真正的人民国会。而且，我向你们保证，智利的武装力量和国家警察，将忠于它们不干涉政治进程的职责和传统，并会成为与人民意志相一致的社会秩序的中坚力量。人民的意志将按照宪法的规定得到表达，而这种宪法对于所有人来说都将是一个更为公正、更为人性、更为仁慈的（generous）秩序，尤其是对于那些直到现在仍然倾力奉献却一无所有的工人而言，更是如此。

我们所遭遇的困难并不在这里，而是在那些等待着我们去实现的极为复杂的任务之中：把通向社会主义的政治道路加以制度化——要做到这一点，首先要从我们当下的现实出发，即从一个被落后和贫穷（由于依附和欠发达所致）所折磨的社会出发——从而与那些导致这种落后的因素相决裂，与此同时，也要建立一个能够为集体带来繁荣的新的社会经济结构。

我们过去可以，现在仍然可以从我们统治阶级的对外依附、对内剥削中找到我们落后的原因。他们通过与外国利益的联合以及对工人阶级劳动剩余价值的掠夺而变得富足，却让工人们仅仅占有绝对的最少必需品来维持他们的劳动能力。

我们的首要任务就是打破这一令人窒息的结构，它所生产的只是一种畸形的发展。但是我们必须以这样一种方式来建立一种新的经济，即在"继往"的同时又不失连续性；也就是说，要尽可能保持我们设法去发展的生产能力和技术能力，尽管我们一直处于欠发达之中；要避免那些因看到他们原有的（archaic）特权被废除而人为造成的危机。

除了这些基本的问题之外，还有一个挑战似乎是我们这个时代的本质性问题：我们如何恢复对于人类，尤其是对于青年人的一种使命感（这种使命感让我们充满了一种新的生活乐趣，并给予我们存在的尊严）？除了被这种要去实现伟大的、非个人性任务（如，克服到目前为止已经被特权阶层和无产者阶层之间的区分所贬低了的人类自身的条件）的高尚努力所鼓舞之外，似乎别无他法。

如今，没有人能想象遥远的未来问题的解决办法，在那样一个未来，所有的民族都将达到这样一种水平，即他们的物质需要得到了极大的满足，人类的文化遗产也得到了继承。但此时此刻，在拉美的智利，我们拥有这种可能并且有责任释放我们的创造性活力，尤其是我们那些年轻人的活力，以此承担那些会把我们推向比我们过去所能达到的更远的地方的使命。

这就是我们的希望：建立一个克服了贫富之别的世界——就我们的情况而言，就是建立一个在经济领域中，不再是所有人反对所有人的社会，在这样的社会中，对于专业优势的追求变得毫无意义，那里也没有使得强者剥削弱者的那种对他人命运的漠不关心。

还没有哪个时代的人民会像如今我们的人民这样如此需要对他们自己及其重建世界、重建新生活的能力抱有信心。

这是一个前所未有的时代，现有的物质手段可以实现过去最为崇高的（exalted）乌托邦。只有贪婪、恐惧以及陈腐的制度传统的重负阻碍着我们实现这一目标。克服这些便意味着站在我们时代和全人类都获得解放的时代之间。这也是号召人类重建自身的唯一方式，这不是过去奴役和剥削的产物，而是对实现他们最崇高的潜能的自觉。这是社会主义的理想。

共产党论述文献节选

大陆革命[*]

罗德尼·阿里斯门迪

　　罗德尼·阿里斯门迪（Rodney Arismendi），乌拉圭共产党总书记，前国会议员，出版过一些政治和哲学著作［包括《苏维埃正义保卫世界：莫斯科审判》（1938）；《阿亚·德·拉·托雷与马克思主义哲学》(1946)；《共产党与知识分子》（1948）］，是前苏维埃马克思主义潮流中最聪明、最有文化的代表人物之一。

　　与其他共产党领袖（如阿根廷和巴西的领袖）不同，阿里斯门迪曾与古巴领导层有过合作，并在拉美团结组织的会议上作为卡斯特罗主义与共产党之间的协调人而起到了重要作用。

　　下文选自1961年发表于苏维埃杂志《共产主义》上的一篇文章，该文试图将古巴经验及其结果纳入拉美共产党传统理论的语境之中。

革命理论证实了其解决拉美紧迫问题的能力

　　理解拉美古巴革命重要性需要考虑的第二个要素就是，它头一次彻底地实现了那些成熟而根本性的任务。这些任务旨在使我们的社会发展置于大陆一般革命和各民族具体革命之前。在那之前，拉美各民族的斗

---

　　[*] Rodney Arismendi, *Problemas de una revolución continental* (Montevideo: Ed. Pueblos Unidos, n. d.), pp. 20 – 22, 50 – 54.

争尚不能突破帝国主义的束缚以及大地主和大资本家政权统治。①

资产阶级革命在一些国家确实已经发生了——帝国主义时代的墨西哥革命和"二战"之后的玻利维亚革命——但却只进行了一半；这也是民族资产阶级的矛盾性和二重性的另一个证据，它也表明民族资产阶级根本无法在拉美用一种意义深远的方式领导民主斗争以实现民族解放。

相反，古巴革命则迅速实现了总体的反帝国主义民主革命任务，并且为向更高级社会形式的过渡奠定了物质基础。②

由于这些原因，如今的古巴成了"拉美共产主义和工人党宣言"的化身。1960年8月，在哈瓦那召开的那次会议曾正确地指出，"我们所有那些怀有爱国情怀与民主愿望的人民，我们的财富被美帝国主义及其帮凶、大庄园主以及反民族的大资本家所侵占，我们的主权也受到北美对外政策的左右"③。

在这种意义上，古巴革命乃是反帝国主义革命和土地革命的典型。但是，正如古巴人自己所指出的那样，就支撑这场革命的阶级势力以及它所使用的激进方式而言，这场革命乃是一场"先进的人民革命"。客观而论，那些对实现这些历史任务感兴趣的社会阶级乃是工人、农民、城市中产阶级和民族资产阶级。但是革命的动力，那些将革命向前推进的势力，则主要是工人、贫农以及城市小资产阶级中的激进部分。④

---

① 独立战争（1810—1830）将伊比利亚美洲（Iberian-American）从西班牙和葡萄牙的统治之下解放了出来，赢得了政治独立，但却普遍留下了资产阶级民主革命这一尚未解决的根本性问题。

② 古巴革命没收了北美帝国主义价值十亿美元的公司并将其国有化；没收了独裁统治的支持者以及革命敌人的财产并将其国有化；实施了彻底的土地革命，摧毁了大庄园，将土地分给了农民和农业工人，对那些经济上不宜分配的土地进行了国有化，并在社会主义阵营的慷慨援助下，开始了一项针对工业发展和农业多样化的广泛计划；采纳了一些有利于工人的物质和文化利益的重要措施；摧毁了旧有的军事机构和政府官僚体制，并开始在武装人民、有组织的起义军以及工农民兵的基础上组建新的革命政权。在国际关系上，新的古巴革命政府采取了一种独立而和平的对外政策，成为北美帝国主义难以和解的对手，并开放了同社会主义阵营以及所有热爱和平和反殖民主义的民族的友好关系。

③ Reprinted in *Estudios*（theoretical and political journal edited by the Executive Committee of the Communist Party of Uruguay），n. 17，1960.

④ Blas Roca，"Report to Eighth National Assembly of the Popular Socialist Party"，*Estudios*，n. 17，1960.

这种情形无疑是古巴革命的一个特性。但是，工会的先进性及其方向的特殊性削弱了它对所有拉美革命的影响。尽管，这些革命的发展节奏确实存在差异，但它们的根本问题和一般任务却是相同的。在做出这种陈述的时候我们注意到，我们所指的是革命的内容以及革命最一般的经验。这里并没有给小资产阶级的极端主义留下余地，这种极端主义是从客观条件中抽象而来的，它把古巴革命分子所采用的这种或那种斗争形式视作唯一的方法。

认为整个大陆的表钟都会在同一时刻敲响，乃是一种误解。这会误导我们走向一种不恰当的图式论（schematism），或者犯下跳跃阶段这种幼稚的错误。但我们觉得，仅就古巴革命的存在而言便已经扭转了历史的步伐。它打开了新的缺口（wounds），把所有的斗争都推向了一个更高的水平（plane）。因此，忽视古巴革命对于南美大陆的整体状况、群众经验、不同阶级和社会阶层以及对他们共同努力的方向，以及所有这些矛盾的爆炸性（explosiveness）所带来的质的改变的做法将会是非常短视的。

古巴革命所带来的群众行动的浪潮已经证实了所有这一切。在过去的一年半里，我们这些国家围绕古巴所上演的观念之战，或直接或间接地与这场革命行动所激起的争论有关。帝国主义、大庄园主以及大资本家正利用新闻出版和电视广播大肆诽谤古巴革命。工人、学生、农民、知识分子以及民族资产阶级中的先进部分则通过最为多样而积极的斗争形式，使一股热情洋溢的团结之风（a passionate gust of solidarity）充盈在（inundating）街道、工厂和教室之中。

我们为什么谈及大陆革命

当我们谈及整个大陆形势的质的改变的时候，我们想到的恰恰就是我们这个时代拉美革命的基本团结（essential unity），就是作为这种团结的一个表现的古巴革命，以及作为一种因素并在这种团结背后起作用的，甚至成为这种团结中的一个调节性元素的古巴革命。

古巴革命分子的一个优点就是他们用大陆的语言（terms）来表达他们的革命观。这种革命观不能通过美帝国主义和卖国的统治阶级所赋予它的那种煽动性观念来加以理解；他们一边对古巴革命政府的"输出革命"加以谴责，一边又组织对古巴的入侵，但革命不是能够出口或进口的！

几乎所有 19 世纪的解放者对于革命的大陆特征都有着十分清楚的认识。"我们是一个共和国的民族"，西蒙·玻利瓦尔说道。从那以后，很多事都发生了变化，我们的愿望并不能撤销（undo）历史的所作所为。从地理位置的分布上来看，如果我们把岛屿以及法国、荷兰和英国的殖民地也计算在内的话，我们大陆上就有二十多个共和国。但这种差异以及时不时的分裂（就像列宁在其关于帝国主义的笔记上所警告过的那样），已经成为理解拉美革命的团结特征和国际特征的一个障碍。

有时，同小资产阶级空想家们（这些空想家对当前拉美团结或联盟说三道四）（babble）进行斗争的需要导致我们忽视了拉美革命进程中有关基本团结的那些积极的，而不仅仅是推测性的观念。统治阶级，甚至美帝国主义最无耻的代理人都是用民族主义来挑动一个国家同另一个国家相斗的，并以此促成反对共同阵线的观念。在 19 世纪，英国便同那些独立的领导人展开类似的外交，而美帝国主义也打算在中美洲和南美洲推行这种方式。

只有无产阶级的国际主义逻辑才能实际解决那些由拉美革命的团结和多样性所引发的问题。这也就是为什么我们相信我们能够而且必须谈及一场拉美革命，而且，拉美革命也不会使古巴、巴西、阿根廷以及智利革命的特殊道路、节奏和时机等变得毫无意义。

调和主义大资产阶级的社会哲学与纲领

北美政府的首要政治目标就是：首先，将旧的统治阶级、大庄园主以及反民族的大资产阶级的利益同其自身利益系在一起。而与此同时，它虽不情愿却必须面对新的情形，即在许多拉美国家，调和主义（conciliationist）大资产阶级的作用已经得到了增加。这些人在阿根廷、乌拉圭、智利、巴西和哥伦比亚的主要政治党派中都占据了重要位置。委内瑞拉总统贝当古（Betancourt）以及中美洲的一些政治家们所追随的是拉美大资产阶级这一阶层的社会政治哲学。这些在经济上十分强大的资产阶级同帝国主义垄断虽然没有直接的关联，但又确实存在着某些联系；于是，尽管常常存在摩擦，他们也宁愿选择同美帝国主义进行协商以损害人民和国家。他们的客观地位是由他们同大庄园主中涉及资本主义方向的那些部分的联系所决定的，是由他们在社会经济结构中的特权地位所决定的，是由他们同无产阶级的斗争历史和严重程度所决定的。

至于其对外政策的倾向，大资产阶级的调和主义立场在它无法解决同美国之间频繁出现的差异和持续的尖锐争执中就已经得到了表达，它虽然主张这种虚构化的泛美洲主义（Pan-Americanism），但它并没有同美洲国家组织（O. A. S.）相决裂——也就是说，它仍处于美国的国际战略语境之中。在国内，其经济纲领和宣传中包含有"发展"资本主义和追求工业化但却不打破大庄园主的生产关系这种观念——以损害工人群众这种最痛苦的方式来发展资本主义。这样，它就陷入了明显的矛盾之中：一方面要反对国内市场中的帝国主义垄断，另一方面又要借用外国资本的"援助"来升级工业化；它既希望扩大国内市场但又想避免以激进的方式解决土地问题；它不时地推动同社会主义国家的贸易，而一旦美帝国主义与资产阶级叛徒（the sellout bourgeoisie）指责其参与共产主义的活动时，它又开始颤抖（尽管它占据优势）。在乌拉圭，我们说这种大资产阶级是"心在华盛顿，但钱包却在蒙德维的亚（Montevideo）"。

调和主义大资产阶级这些矛盾态度的物质基础必须在相当重要但又相当畸形的资本主义发展进程中（这正是我们这些国家的特征）才能找到。

资产阶级这部分重要的社会政治思想在所谓的"发展"理论有其思想根源，当前这种理论对民族资产阶级和小资产阶级都产生了影响。这个理论是里约热内卢"社会科学研究中心"所组织的一个社会学研讨班（seminar）的主题，它取代了"欠发达国家"这种混乱的表达而成为对那些依附性国家结构的科学定义。众所周知，欠发达乃是资本主义发展不均衡的结果，是整个大陆资产阶级民主革命挫败（这种挫败是由于帝国主义殖民体系的形成而导致的）的结果，是世界上大部分地区维持前资本主义关系的结果。"发展"理论避免将这些国家的结构界定为由于帝国主义和大庄园主的存在而导致的结果，它促进了人均国民生产总值的提升这一目标，并把这看作是生产力的一个简单的量的发展，而且这种发展还不必打破旧的生产关系。由此，它推论出半个真理（half-truth），即更多可用的"投资资本"乃是一个紧迫的必需品；这种必需品可以来自国外，也可以从"更大的生产力"（通过掠夺农民并加强对工人的剥削而实现）中获得，也可以通过避免在社会立法、文化以及公共健康等方面的"多余花销"而获得。

"发展"理论一方面反映出资本主义发展的趋势，另一方面则反映出其缺乏为了民族独立而同帝国主义做坚决斗争，为了深刻的民主转型而同大庄园主做坚决斗争的意志。这种思维的著名代表及其对拉美革命这一基本话题的典型姿态是由巴西总统库比契克（Kubitschek）以"泛美洲行动"（Operation Pan-America）来回应反尼克松游行时所给出的。乌拉圭的部分好战主义分子、阿根廷和智利的激进党、哥伦比亚的自由党、委内瑞拉的贝当古（Betancourt）以及墨西哥官方政党中的许多"超级革命分子"（super revolutionaries）和其他中南美洲的政治家们，基本上也都是沿习着这相同的路线。

他们的基本战略就是让华盛顿援助拉美，并通过证明美洲大陆对美国国际战略的重要性来抵御"共产主义威胁"。① 但他们忽视了这样一个事实，即我们同美国半个世纪以来的关系已经证明了佩罗格鲁洛（Perogrullo）早就明白的东西——你不能从榆树上摘梨，也别指望从砖头里挤油。

作为"泛美洲行动"的一个结果，同时也由于民族主义潮流的发展，美国不得不组织21国委员会，但这种会议已经在灾难、抱怨以及同美帝国主义的调情（flirtation）中召开了三次。第三次会议是在波哥大举行

---

① "对共产党人来说，这种情形［拉美的经济状况］乃是他们采取行动的一片沃土。没有任何民主政府能够抵挡住一种长期的经济危机。如果美国希望维持它的民主政府，它就必须首先为支持它们的经济出力。"［选自巴西的斯密特（Schmidt）在布宜诺斯艾利斯举行的21国委员会上的演讲］来自哥伦比亚的图贝·阿亚拉（Turbay Ayala）在波哥大召开的21国委员会第三次会议上重复了这一观点："当我们要求美国对她的拉美兄弟采取一种新的态度的时候，我们仅仅是在邀请他们对我们的努力加以补充，以避免不可控制的情形发生，而这些情形很有可能会危及我们的制度结构，从而对我们所有人都不利。"我们还可以收集到很多类似的言论，它们之间只存在着国籍上或者风格上的轻微差别。

的，第二次则是在哥斯达黎加，在那里，拉美的领袖们（其中就有调和主义大资产阶级的代表）同意签署一份反对古巴的宣言，而这份宣言的基础就是赫托（Herter）承诺美国会给他们集体贷款。

在21国委员会的这次最后会议期间，美国再一次愚弄了南方政府的期望，经华盛顿国会批准，美国给他们提供了……5亿美元的贷款让他们去分。

古巴代表 R. 博蒂（R. Botti）以这种方式来判定这次会议的结果：

实际上，美国现在提出的就是一个虚构的（invented）机制，它想通过这个机制来平息古巴革命在工人群众中所唤起的那种激进的希望……还有，"另一方面"，它也希望"把人民的注意力从独立、自足发展经济这样一个根本性的问题上移开。"

拉美未来发展的主要路线如今仍争论不休

大地主和大资产阶级叛徒（sellout）同意向古巴发起进攻，调和主义大资产阶级则用革命的幽灵来同美帝国主义进行政治交易（horse trade），他们荒谬地期望这会使得美帝国主义停止掠夺拉美，并转而支援它的发展。

10月29日，美洲国家组织在华盛顿创建了一个新的"协调美洲各国发展计划和研究高层委员会"。该委员会成员包括美洲国家组织主席 J. 莫拉（J. Mora），美洲开发银行行长费利佩·赫雷拉（Filipe Herrera），以及联合国拉美经济委员会（CEPAL）的 R. 普雷比施（R. Prebisch）。哥伦比亚大使桑斯·德·桑塔马里拉（Sans de Santamaría）在发言中说道："在努力实现经济发展的问题上，拉美处在改革与革命之间的赛跑中。"①

实际上，这一声明确实揭示了关于拉美未来之争的基础。暂且抛开措辞及其多少有些似是而非的政治包装不谈，这一争论的阶级内容与基本纲领在此便得到了显示。除了大庄园主和大资产阶级叛徒（他们的历史利益同帝国主义，以及充满危机的、陈旧的社会经济结构的最糟糕特征有着内在的联系）以外，关于拉美未来的斗争正是在调和主义的大资

---

① *El Pais*，Montevideo，November 1，1960.

产阶级的"发展"战略与民主革命和民族解放的纲领之间展开的。

这场斗争涉及全部社会和政治生活，并具体化为尖锐而复杂的阶级斗争，而且还或明或暗地体现为意识形态领域的对峙。在有关土地问题的假设性纲领中，这场争论已经进入到了反帝国主义斗争的层面。在这一方面，这场斗争已经超出了列宁在他那个时代所分析的资产阶级发展的两条经典道路。如今，以资产阶级的方式对大庄园所做的缓慢转型遇上了一条土地改革的激进革命路线。只有无产阶级能够坚定地主张第二条道路，将民族革命和土地革命这两个目标结合起来，维持一个稳固的工农联盟基础，从而确保关于民族解放的民主革命的胜利。

《共产主义工人政党宣言》对此有着十分到位的表述：

> 工人阶级和农民的联盟是取得并捍卫民族独立、实现深刻的民主转型以及确保社会进步的最重要力量。这个联盟必须成为一个广泛民族阵线的基础。民族资产阶级在解放斗争中的参与度在很大程度上取决于这一联盟的力量及其坚固程度。

建立民主民族（DEMOCRATIC NATIONAL）阵线的一些方法

拉美人民正在建立这种民主民族阵线（democratic national），它是能实现历史判决（verdict）的社会力量。这种阵线的先锋就是无产阶级及其基础——工农联盟，聚集在他们周围的，是伟大的中产阶级群众以及民族资产阶级中的先进部分。为了实现他们的战略目标，这些社会力量必须赢得或者让民族资产阶级中的更大部分保持中立，并在所有同美帝国主义和统治阶级叛徒（the sellout ruling classes）存在矛盾的范围内获得支持。

根据不同国家政治的特殊性（它们的结构和发展也是不均衡的）所建立的这个阵线正遍布整个拉美。

群众至上（THE MASSES ABOVE ALL）

群众的领导作用，他们的集体经验以及他们参与社会政治舞台的热情构成了当前各种势力之间关系的明显特征之一。即便是一些消极的插曲（episodes）也证明了这一点：例如，煽动性幻想在不同国家所引发的重要选举变化。但近来发生的更多事件也同样证实了这一事实。

美帝国主义在冷战期间所强加的独裁统治的没落并非宫廷政变或幕后交易（back-room deals）的结果。在这场竞争中出现了第三种存在：人民群众和无产阶级。这一点千真万确，即使在那些由统治阶级掌控局面的事例中，如哥伦比亚，情况也是如此。那些推翻最残暴的独裁统治的群众所面对的不仅仅是这些暴君，还有隐藏在王权背后的力量——美帝国主义和反民族的统治阶级。

那些参与斗争并改变拉美政治面貌的人是无产阶级、农民、学生、城市中产阶级以及民族资产阶级中的进步势力。

人民联合政府*

路易斯·科尔瓦兰

1970年11月，萨尔瓦多·阿连德在选举中获胜并建立了人民联合政府，之后不久，路易斯·科尔瓦兰（Luis Corvalán）便在《世界马克思主义评论》（苏联共产党人所办的一份国际杂志）上发表了一篇文章，从而促使智利共产党转向（oriented）为期三年的以阿连德政府的基本战略为轴心（axes）的发展。这一战略以两个基本概念为基础：与基督教民主党合作统治的可能性以及武装力量对宪政体制的忠诚性。

路易斯·科尔瓦兰在1973年9月政变之后便遭到逮捕，并在一个军事集中营里被关押了四年。

选举结束后三个月，暨人民联合政府就职典礼结束后一个月，不同势力之间的关系就变得有利于新政权了。虽然基督教民主党是在野党，

---

* Luis Corvalán, "Chile, el pueblo al poder", *Revista Internacional*, n. 12, December 1970, in L. Corvalán, *Camino de Victoria* (Santiago: Ed. De Homenaje al cincuentenario del PCCh, September 1971), pp. 424 – 426. The full text of the article is in "Chile: The People Take Over", *World Marxist Review*, v. 13, n. 12, December 1970, pp. 5 – 12.

但它并没有同政府作对；大多数人发现他们愿意支持政府的一些计划和措施的。与此同样重要，甚至更为重要的是，那些给他们的候选人投票的人民群众正在同左翼政党建立密切的联系（closing ranks with）。甚至他们中曾经给亚历山德里（Alessandri）投过票的那部分人似乎也都对左翼政党抱着一种积极的态度。

这些事件为巩固和扩大所有反帝国主义以及反寡头政治的各种势力之间的联合打开了可能。

由于智利革命的这种本性、人民众中各个阶级和部分的利益以及孤立反动派并挫败他们的煽动性计谋的需要，阻止了国外的干涉、扛住了帝国主义的压力，并在全国范围内为政府寻得了支持。因此，人民团结应当而且必须得到进一步发展，并且真正成为一种战无不胜的力量。这就是我们当前所必须解决的主要问题。

作为智利的总统，萨尔瓦多·阿连德认为，他的选举并非个人的胜利，而是人民的胜利。

这是一场围绕着一个深刻的革命转型纲领而组织起来的各种社会和政治势力的巨大联盟的胜利。这一纲领预见了那些如今尚处于国外垄断资本和金融寡头控制之下的国家主要自然资源的国有化；预见了私有银行、保险公司、对外贸易、零售垄断、战略工业垄断以及那些决定了国家经济和社会发展的活动的国有化。它同样包括以一种更深入、更一致的方式对由基督教民主党政府所开启的土地改革的进一步推进。

在人民联合政府的统治之下，经济将会被划分为三个部分：社会财产部分由那些如今被国家所拥有以及那些将会被没收的企业所构成；私人部分由手工业者、小型和中等规模的店主（merchants）、农民和商人（businessmen）组成；混合部分则由那些商人以及国有和私有资本共同组成……

至于武装力量，人民团结联盟（the Popular Unity bloc）会通过"由军事科学的贡献所提供的技术训练"来确保他们的民族性和职业定位，而这项训练也会使得他们能够在"为国家的经济发展做出贡献"的同时又不损害他们的基本工作，即捍卫国家的主权以及与此功能相关的事务。在此基础上，纲领声称，"确保武装力量拥有必要的物质和技术手段，建立一个公正、民主的报酬、晋升和退休金体制以确保现役军官、退役军官以及部队军人在他们服役期间和退役后的经济安全，并依据个人条件（qualifications）而保障所有人都拥有现实的晋升机会，乃是十分必要的"。

正如阿连德总统反复申明的那样，人民团结党并不是在同武装力量或者它的任何部分的斗争中获得政权的。与此同时，武装力量也在选举的竞争中保持了中立。一旦人民赢得了胜利，他们就会在国会批准后不久正式承认这一事实。

当然，我们不能忽视武装力量得以形成的条件，尤其是近几十年他们在五角大楼（Pentagon）的影响下所接受的教育和训练。但这并不证明他们就是帝国主义和统治阶级的顺奴。他们的职业精神以及他们对一个符合宪法的政府的尊重才是主要的。而且，陆军和海军是在独立战争期间创建的。三军（the three branches）战士们和退役的军官们往往拥有适中的社会背景，几乎所有的军官都来自中产阶级。政治寡头和最富有的资产阶级让他们的子女对军旅生涯产生兴趣的历史由来已久。我们尤其应当考虑到，没有任何制度能够不受社会动荡的影响，能够免于移世（move the rest of the world）之风的吹蚀，能够对数百万人民生活在最残暴的痛苦之下的剧目（drama）抱以事不关己或漠不关心的态度。

多米尼加军队中很大一部分人在美国入侵他们的领土时的所作所为，以及秘鲁军政府的进步性，都表明我们不必以教条主义的标准来看待武装力量。

当然，军事体制同样需要改变，但不能把这种改变强加给他们。这种改变必须从内部开始，从他们内部成员的信念中发展出来。

剩下的，都交给时间。

总之，政府及其体制的特点问题以及工人阶级的作用问题都需要以上所有这些实际的解决方案。这就是我们在不断保卫（而非削弱）人民团结以及新政府的凝聚力和功能的基础上所寻找的东西。当然，这不是一朝一夕之间就能发生的。但是，国家领导力量的本性允许我们声明，政府的阶级构成及其定位将会产生一种根本性的变化，而且这种变化会蔓延至整个体制。新的立宪政府必须是一个人民政府。

革命史学文献节选

拉丁美洲：封建主义还是资本主义?[*]

路易斯·维塔勒

智利历史学家路易斯·维塔勒（Luis Vitale），1927 年生于阿根廷，是《智利历史的马克思主义解释》一书的作者。他于 1966 年写下了下面这篇文章，从而引发了一场关于拉美社会形态的重要争论。维塔勒的理论起点是，拉美并非 19 世纪欧洲的复制品，它也不会遵循与欧洲社会同样的历史阶段。这一争论具有十分重要的政治内涵，维塔勒在他的结论中也承认这一点。

作为"左翼革命运动"（MIR）的前任领袖和一名托洛茨基主义激进分子，维塔勒在 1973 年政变后遭到逮捕，并在一个集中营里被关押了三年。

III

改良主义者的第三个论点主张，生于殖民地的封建贵族领导了反抗西班牙的独立斗争。我们说，西班牙征服美洲是为了将其纳入一个新的资本主义生产体系，而非复制欧洲的封建体系（cycle）。这一"特征"（imprint）不仅在社会阶级的发展中产生了影响，而且引发了 19 世纪早期的美洲革命事业。西班牙的殖民统治创造了一个本土的资产阶级，其

---

[*] Luis Vitale, "América Latina, feudal o capitalista?" *Estrategia* (Santiago), 1966.

发展开始同帝国的利益相矛盾，并最终导致了拉美的解放。

从本土资产阶级诞生之日起，拉美的发展便从属于其作为殖民地这种地位。其经济天生畸形，而且服务于殖民国家大都市的利益。拉美作为原材料生产地这一特征从殖民时期便已经开始。其自主工业的发展——它与土地改革一道构成了建立国内市场的一个基本条件——受到西班牙的严格限制。殖民地承担着双重的功能：原料输出地和成品输入地。

西班牙垄断了殖民地的进出口贸易，当地的生产商不可能在其他市场上获得更好的报价，也买不到更便宜的产品。为了安抚对这种垄断的抗议，波旁国王在 1778 年实施了一个新的改良主义政策，即开放 33 个港口供美洲进行贸易。一个贸易的相对鼎盛期提高了当地资产阶级的期望。波旁王朝的让步而非降低（lessening）殖民地不满的做法大大刺激了当地的地主、矿产主和商人的野心（aspirations）。查尔斯三世的开明部长们（Charles III's liberal ministers）所力促的改革表明，西班牙早在 1810 年之前便已经失去它的殖民地了。

殖民经济产生了一个生产原材料的资产阶级。殖民（colonization）的资本主义本性决定了拉丁美洲的资产阶级乃直接诞生于殖民地，而非经过欧洲周期才得以产生。但是，考虑到其作为依赖性原材料供应者这一条件，这种资产阶级并没有获得一种现代性面貌。它并不是工业资产阶级，而是一个生产和出口原材料的资产阶级。它的利益并非源自国内市场的发展，而是通过将其产品投放到欧洲市场来获利。

富裕的殖民地居民得到了高贵的头衔，确立了必需的地产和其他封建主义遗迹，这一事实导致自由主义者和改良主义者犯了这样一种社会学上的错误，即将社会阶层的这一特征概括为一种封建贵族制。而事实上，这些封建体制只是形式上的，这个社会阶级的外在方面乃是建基于一个形成中的国际资本主义市场的无情律法之上的。即使他们那高贵的头衔也是需要财富的，而这些财富，本质上仍是殖民地居民从他们的资产阶级活动中，而非靠沐浴在封建贵族的蓝色血液中而获得的。

其他社会阶级的存在证明了殖民地并没有按照封建的方式在发展。

那些被历史学家们低估了作用的小资产阶级，乃是由公职人员、零售商、小农、房地产领班（estate foremen）、小实业家、杂货店主、屠夫、军官、律师等构成的。在中产阶级中，这种结构并不是封建主义的特征。手工业者〔他们打算推翻公司的中世纪制度（medieval regime）〕的存在，以及矿井中、田地里、种植园中、建筑工地上梅斯提索（mestizo）雇用劳动的发展，这些都表明，资本主义道路虽然尚处于发端和萌芽时期，但它已经随着殖民地的出现而到来。

IV

改良主义者的第四个论点声称，封建贵族在19—20世纪对拉美国家的统治阻碍了资本主义的发展和民族资产阶级的兴起。他们的结论是，这些国家尚未完成资本主义发展的阶段，而这是"进步资产阶级"必须要完成的一项任务。

相反，我们相信，我们的国家已经被领导，只不过不是被封建贵族所领导，而是被在本质上属于原材料生产者的资产阶级所领导。这种资产阶级在19世纪时还没有兴趣发展国内市场和民族工业，因为他们基本的收益来源乃是出口贸易。在中止了早期的工业发展计划〔这些计划是由1810年最初的革命一代中最先进一派所勾勒的（outlined）〕之后，地主和商人——他们效忠于英法以便获得引进国外商品的许可，从而使他们的原材料能够卖上好价钱——便成了早期的本土手工行业（artisanal industry）的掘墓人。自由贸易有利于那些拥有权力的本土资产阶级出口商，但其对于区域性的小作坊（the small regional workshops）而言则意味着毁灭，这些小作坊曾在"独立战争"期间向爱国军队供应必需品，它们也正是在那个时候发展至顶峰。这一社会阶级从表面上看并没有发展工业的兴趣，以至于它们被视为具有封建特征。虽然大地主（gamonales）对雇用工人的剥削确实保留了某些封建主义的痕迹〔比如玻利维亚的彭加吉（pongaje）〕，但其生产体系却并非封建的，而是资本主义的，因为，其产品注定是要投放到国外市场的。

独立后几十年来，对于那些仍然由土著社区所掌控的财产的暴力掠夺加速了土地的原始积累过程。大型的庄园（latifundios）制度（由于其规模和落后状况，因而常常同封建主义相混淆）也因此得到了进一步加强。到了19世纪后半叶，现代大庄园——土地资本主义（其受制于高度工业化的国家对原材料日益增长的需求）发展过程的成果——其基础便已经得到了奠定。在拉美，由于工业生产和国内市场的发展，资本主义农业并没有得到发展，就像工业革命时期的欧洲，只不过前者与世界市场的需求是直接相关的。

对于某些经济学家来说，资本主义的发展以及资产阶级的社会重要性仅仅与工厂机械化或者先进工业相关：也就是说，没有工业，也就不可能有资本主义或者资产阶级。这种标准有助于衡量一个国家是否比另一个国家更为先进，但如果将其运用至殖民地或者半殖民地国家的话，则只会造成混乱。这些国家并没有先进的工业，但它们在农业、畜牧业等方面确实具有一种资本主义的生产方式，和一个被价值、剩余价值以及利率等规律所统治的社会阶级——国家地主资产阶级和矿业资产阶级。在19世纪中叶左右，这个阶级将最现代化的交通工具——铁路，引进拉美，并开始通过银行系统资助农业、牧业、制糖业以及铸造业。智利的铜矿和硝石矿的产量也达到了一个很高的水平。阿根廷的地主通过引进新技术而提高了他们牲畜的出口量，而土地资本主义也开始达到新的高度。古巴地主资产阶级成了世界上最大的蔗糖生产商，正像玻利维亚人在锡产业方面的成就那样。我们大陆的出口种类在一个世纪之前就已经乘上了资本主义而非封建制的快马（pony）了。拉美的落后并不是由一个从未存在过的封建体系所造成的，而是由其作为一个依赖于世界市场的原材料供应者的角色所造成的。在各阶级的关系中（过去和现在都）存在着一些土著社区和半封建残余，这确实是事实。但这些欠发达的因素却与最现代的、最先进的技术共同存在。在小型的家庭生产和可怜的手工作坊旁边出现的是大型的资本主义企业。根据里昂·托洛茨基［他用"综合"（combined）这一名称补充了马克思和列宁的不平等发展理论］的敏锐判断，这些就是不平等的综合发展（combined development）的特有标志，它概括了落后国家的特征。

19世纪末，资本主义开创了一个新的阶段——帝国主义，并决定了（sealed）拉美的命运。国外金融资本的注入使我们这些依附性国家变成了半殖民地国家。民族资产阶级手中的原材料在很大程度上先是落入欧洲人之手，随后又落入美帝国主义之手。智利的铜、玻利维亚的锡以及中美洲的种植业等的投降（surrender）历史尽人皆知，这也是为什么我们不打算讨论这种半殖民化现象。我们确实希望看看工业，因为修正主义者（revisionists）对于工业资产阶级的累进性（progressivity）以及它的民族特征和反帝国主义特征给予了高度重视。

拉美工业资产阶级自诞生之日起便同地主和帝国主义有着直接的联系，它不像欧洲资产阶级那样，是在一个以自由贸易和竞争资本主义为特征的时代同地主贵族的斗争中产生的。19世纪末，帝国主义不仅用产品淹没了我们的市场，而且从一开始就控制了在我们国家所建立的主要工业的大部分股份。两次世界大战期间，由于工业制成品进口困难，我们的工业有了一个相对的发展。在独裁资本主义阶段，这一过程出现在了轻工业部门（纺织业、制鞋业等）。

改良主义者相信，帝国主义和这种工业生产的发展之间存在着一个巨大的矛盾。事实上，在帝国主义的控制下，工业的发展已经出现，而且具有更大的依赖性，因为轻工业必须从国外垄断部门购买机器。而机器的进口恰恰是国家具有半殖民地特征的一个条件。在落后国家，轻工业的发展符合帝国主义的利益，尤其是北美帝国主义，因为它为北美重工业的发展建立了一个新的市场。当"进步联盟"（Alliance for Progress）赞颂"土地改革"时，它的一个目标就是发展拉美的轻工业（其结果就是增加农民的购买力），而这也就意味着对机器的更大需求以及北美生产资料销量的增加。联盟的这一目标已经被华尔街发言人无耻地加以推动。修正主义者声称，在落后的国家，帝国主义和工业发展也是相容的，但他们似乎忽视了一点，即对于现代的大型垄断组织而言，最重要的不是消费品（衣服、鞋、食物、洗衣机，等等）的出口，而是其重工业产品（耐用商品）的销量。按照列宁的说法，帝国主义——资本以生产资料的形式出口——已经取代了（succeeded）对商品出口感兴趣的旧资本主义。最后，拉美的工业资产阶级已经站在了帝国主义时代的高度而同国外垄断资本建立了密切的联系，如今它要比从前更加依赖对大都市所生产的机器的进口。

本地资产阶级自诞生之日起便同其他统治阶级结合在一起。民族工业的肮脏资本来自地主或矿场主的投资。当实业家们得到土地后，便将其变成大庄园。在拉美，国外金融资本同地主以及工业资产阶级（这部分正变得日益垄断）之间存在着密切的联系。

总之，封建贵族已经统治了拉美各国这一说法并非事实。实际上，出口原材料的资产阶级——这受制于我们大陆的落后状况——也对政权产生了影响。帝国主义阶段便意味着将这些原材料转移到国外金融资本手中。我们稚嫩的（teething）工业资产阶级仍然保持着对帝国主义的依附，因为它在历史上未能发展出重工业，而这在当前的文明阶段乃是一个国家发展的基本条件。拉美的落后并非封建主义的产物，而是因为对于一个处在帝国主义时代的半殖民地大陆来说，其资产阶级穷尽了发展的所有可能性。因此，像修正主义者那样认为我们需要一个由"进步资产阶级"来完成的实际的资本主义发展阶段，乃是错误的。

V

我们现在来讨论改良主义者的最后一个论点，即所有这些修正主义者所提出的伪历史劳动（pseudo-historical labor）的目标："人民政党应当支持进步资产阶级反对封建贵族，通过民族解放阵线来实现资产阶级民主任务。"

修正主义者的这条政治策略是以分阶段革命理论为基础的。在他们看来，由于拉美受封建寡头政治的统治，因此，我们必须先进行反封建革命（由进步资产阶级领导），以实现尚未出现的资本主义发展阶段。这个伪造出来用以为一个错误的政治策略加以辩护的历史图式（historical schema）对于现实没有任何用处。拉美并不是 18 世纪欧洲的一个机械复制品，当时欧洲的新兴资产阶级不得不推翻封建主义以发起整个资产阶级民主革命。我们大陆并没有经历过古典的旧世界阶段，而是从原始的土著社区直接进入了由西班牙殖民统治所引入的早期资本主义阶段。从西班牙治下独立后，拉美并非由想象中的封建寡头政治所统治，而是由生产原材料的资产阶级所统治，这一点是由我们大陆的落后状况（因为它依附于世界资本主义市场）所决定的。

历史已经表明，这一资产阶级不能实现这些民主任务。统治阶级的综合（combined）特征决定了民族资产阶级，包括其中的工业部分，都不能也不想去实施一场土地革命，因为所有这些阶级都同土地所有权有关。这样一来，坚持认为工业资产阶级（他们在战后的拉美享有大量的权力）正在领导土地革命斗争，即使说不上是罪恶的，也是虚假的。工业资产阶级对金融资本的依赖程度同样使得它无法同帝国主义相决裂。这一资产阶级可能会与那些把产品引进来同当地轻工业相竞争的国外企业产生某些冲突，但是这种竞争绝不会超出利用软弱的关税壁垒的范围。一个靠帝国主义而存在的阶级是不可能被要求去切腹自尽（hara-kiri）的，原因仅仅在于，任何阶级都不会违背自己的利益。因此，土地改革以及对帝国主义的驱逐只能通过对抗工业资产阶级的方式来实现。正像休伯曼（Huberman）和斯威齐（Sweezy）所正确指出的那样："虽然存在着利益的冲突和短暂的结盟，但是，假定'民族资产阶级''封建地主''买办资产阶级'和'帝国主义分子'之间存在着根本的冲突，……无论如何，都在很大程度上是个神话。"为了理解民族资产阶级和帝国主义之间的关系，我们只能运用几何学上的同一性原则，而非等式。帝国主义和民族资产阶级并非完全相同。二者之间的摩擦在国外金融资本、地主和工业资产阶级相联合的环境中也会出现。因此，他们的对抗乃是次要的，这些阶级在斗争中团结起来以对抗共同的敌人：无产阶级和农民。同庇隆（Perón）、瓦格斯（Vargas）、古拉特（Goulart）、帕斯·埃斯登索罗（Paz Estenssoro）等政府一样，波拿巴主义政府的政策从未打算同帝国主义相决裂，它只是通过对帝国主义加以勒索从而在划分国家利益方面获得更为有利的协议。

改良主义者幻想"进步"资产阶级有能力领导土地改革、民族独立和工业发展这一民主阶段，但这种幻想已经被历史经验一扫而空。俄罗斯、中国、古巴等革命事业已经证明，革命乃是一个单一的、持续的、连续的过程。正像托洛茨基在1905年时所预期的那样，并不是先有一个资产阶级领导的或者与资产阶级联合领导的民主阶段，然后才有社会主义阶段。如果菲德尔·卡斯特罗和切·格瓦拉当年停止反帝国主义和土地斗争，并使得民族资产阶级毫发无损，那么教堂的钟声将会为古巴革命的死亡而鸣，就像阿本兹的危地马拉（Arbenz's Guatemala）那样。要么革命向前发展，没收剥削者；要么资产阶级为人民准备一场反革命大屠杀，就像印度尼西亚所发生的那样，为了苏加诺（Sukarno）的"进步"资产阶级政府，有10万共产党人遭到了谋杀。半殖民地国家的现代历史已经表明，只有无产阶级（连同农民和其他穷人组织）才能通过社会革命来确保土地改革和帝国主义的毁灭。建立在工农武装政权机构之上的革命政府能实现资产阶级无法完成的民主任务，以及社会主义多样性的任务，就像俄罗斯、中国以及古巴经验所证明的那样。落后国家的革命不能百分之百立即实现其社会主义目标这一事实并不意味着资产阶级仍然扮演着一种进步的角色。

和平道路的策略是由分阶段革命理论所决定的。修正主义者向可敬的资产阶级助产士（midwife）保证，反封建革命将会无痛分娩。否则，这位女士怎么会同那些环眼暴珠的（bug-eyed）狂热（violence）游击队员（这些游击队员并不具有良好的举止，也不遵守君子协议，他们可能会跳过约定的阶段，从而不仅剥夺帝国主义和"封建寡头统治"，而且同样会剥夺它们在当地的代言人，即"进步"实业家）一起加入一个共同的阵线呢？

拉美的新生代是从古巴革命的熔炉中产生的，他们拒绝被分阶段革命的旧模式（schemas）所迷惑，无论是将其称为民主的、反封建的、土地的、民族的，或是反帝国主义的。人们知道，只有一条路能够打败我们几个世纪以来的宿敌，改变我们大陆的落后状态：人民武装起义，建立社会主义。

对于那些声称我们国家的工人阶级和农民尚不成熟的理论家（他们处在无与伦比的、懦弱的退却之中）来说，历史已经为他们写下了最后的墓志铭：第一个社会革命发生在世界上最落后的国家之一，第二个、第三个、第四个以及第五个也会同样如此。

墨西哥：被中断的革命*

阿道夫·吉利

阿道夫·吉利（Adolfo Gilly）是阿根廷托洛茨基主义者，他写过一些论古巴经济的著作，是北美杂志《每月评论》的合作者，曾在墨西哥居住多年。1966年4月，他因为参与"颠覆阴谋"而被捕，并被监禁了6年。在墨西哥勒卡姆贝里（Lecumberri）监狱期间，他写下了《被中断的革命》，并于1971年出版；这本书取得了巨大的成功，也在墨西哥左翼人士中间引发了大量讨论。这本书主要是根据托洛茨基的"不断"革命理论来研究墨西哥1910—1920年革命。

下面节选的两篇文章都同农民的革命作用相关：1914年12月，潘乔·维拉（Pancho Villa）的北方师团（Division）和埃米利亚诺·萨帕塔（Emiliano Zapata）的南方解放军，以及南墨西哥莫雷洛斯州（Morelos State）的萨帕塔主义农民公社占领了墨西哥城。

1914年12月的墨西哥城

综合来说，整个国家所发生的情况就是，农民军占领了首都，农民战争已经达到了顶峰，旧的寡头政府已经永远失去了其政权和大部分财产。这种事情在拉美国家从来没有发生过，以后很多年也不会再发生。但是，新兴资产阶级的代表尚未掌握政权。不仅如此，他们还不得不在农民武装的打击之下做出让步，放弃国家的政治中心，首都，以及权力的物质象征，民族宫（被萨帕塔的军队所占领）。

现实中，没有人在执政。因为，寡头政府失去的政权还不够多，而资产阶级还没有力量来维持政权；但必须有人来接管它。农民领袖并没有对其加以接管。他们只是使其"处于监管中"（in custody）（就像他们

---

* Adolfo Gilly, *La revolución interrumpida*, *Mexico*, 1910 – 1920：*una Guerra campesina por la tierra y el poder*（Mexico City：Ed. El Caballito, 1977），pp. 139 – 141, 151 – 152, 236 – 237.

在民族宫里所做的那样），然后将其移交给全国代表大会的小资产阶级领袖（the petty-bourgeois leaders of the Convention）。要使用政权，就要有一个纲领。而纲领的运用又需要一个政治战略。实施战略则需要一个政党。农民没有这些，他们在此之前也不可能有这些。

作为一种独立的政治力量的无产阶级并不存在。维拉的军队中有无产者，尤其是矿工和铁路工人，但他们只是独立的个体，而不是一种阶级力量或者势力（tendency）。农民军中还有大量的农业工人。但没有任何势力或者个体领袖能够扮演或者承担无产阶级的角色（position）。无政府主义者［马贡主义分子（the Magonistas）］并不是一个独立的组织，而只是早期工会领导层中所弥漫的一种小资产阶级趋势。他们既是工会领袖，又是一种政治潮流，在这种双重身份下，无论是在当时还是在此之前，也无论是在哪里，墨西哥无政府工团主义领袖的倾向（inclination）始终未变：同资产阶级政权合作并卷入（entangled with）其中，而非冒险将赌注下在前途未卜的农民武装身上。此外，他们也没有给农民提供什么纲领。因为，马贡主义路线，除了被无政府工团主义工会领袖们的官僚棱镜过滤过之外，从来都不是一个阶级纲领，也同现实的阶级斗争没有任何关联（不管它们是真的存在过或者只是无政府主义的想象）。

首都的工人和手工业者对农民军则投以同情的眼光。当农民军进入墨西哥城的时候，他们用许多自发的方式表达了他们的阶级团结、友爱和友谊。但这些情感并没有在建立一个工农联盟上发挥作用，因为没有一个纲领和一些政策能够将这个联盟表达出来，也没有一个机构能够将这些纲领和政策实现出来。早期的工会及其领袖们也没有这些；农民领袖不理解，也无法理解这个联盟需要什么，他们在武装群众那激进而革命的冲动以及天真的小资产阶级幻想（即关于"良法"和"善良而明智之人"的幻想，他们幻想他们和农民群众都不会被抛弃，尽管他们对于这些自命不凡的绅士们怀有一种自然的阶级不信任）之间举棋不定。事实上，先前的经验无法根除这些幻想；只有一个独立的无产阶级轴心（axis）的出现才能够做到这一点，因为他们习惯了（fed）农民在资产阶级社会中所处的那种首鼠两端（intermediary）处境，也习惯了这样一个国内和国际轴心的缺席。

在国内并不存在一个无产阶级的领导层或者中心，世界上也没有哪个工人政府能够为墨西哥革命提供指导，并成为令其瞩目的焦点（center of attraction）或者支点。何况，世界革命在很长一段时间里一直处于最低点。

在这最后时刻对墨西哥革命进行的国际封锁不仅确证了这些因素，而且它还有助于衡量墨西哥农民的历史功绩。这些农民不知道，1914年12月，当他们使自己成为墨西哥城的主人并承担起代表整个国家的群众的任务之时，他们达到了世界革命的巅峰。此外，他们天真但坚决地尝试着把历史和他们自身的勇气所放置在他们肩上的重任向前推进。

农民军占领墨西哥城乃是整个墨西哥革命中最出色而动人的一幕，如今，群众力量的一种早熟的、暴力的、系统的表达已经在整个国家留下了印记；这个印记是铸就墨西哥农民自豪与尊严的一个历史基础，它历经失败、背叛与责难的淬炼而弥坚。在群众的历史意识中，它是通往工人起义、夺取政权和社会革命的桥梁……

这种强大的革命推力表明，农民们试图通过在其所占领的首都组建他们自己的政府，而不是仅仅通过在农村维持战争的方式，来使他们在政治上独立于资产阶级政府。但是，农民政权往往是通过小资产阶级而得到调节的，由于它从来没有变成一个无产阶级政权，因而它只能是一个悬在半空的（suspended in air）资产阶级政权，并与卡兰萨（Carranza）真正的资产阶级政府相矛盾。但从根本上来说，它更与支持其反对卡兰萨的起义农民基础相矛盾。这也就是为什么它最终扮演了反对农民领袖的卡兰萨政府的代理人角色的原因。

多年后，马丁·路易斯·古斯曼（Martín Luis Guzman）这个记录了立宪主义优柔寡断行为的编年史作家（the chronicler of constitutionalist in-decision），用他全部的洞察力和玩世不恭（lucidity and cynicism），以这样的方式将这件事记录在《鹰和蛇》（*The Eagle and the Serpent*）这本书中：

> 欧拉利奥（Eulalio）并不是三岁的小孩，他将这一情况准确地记录了下来，我们在其中找到了我们自己。三周或四周的掌权（或者不管它是什么）时间已经足以强化他最初的观点，即除了赢得时

间并找到摆脱维拉而又不落入卡兰萨之手的方法之外，没有什么事可以很快完成。但是，等待即意味着自卫——保护自己远离更近的危险，即维拉和萨帕塔——这就是为什么我们不得不去实施一个可能是能想象出来的最不相称的政策：帮助我们公开的敌人——卡兰萨主义分子，去战胜我们的官方支持者——维拉主义者和萨帕塔主义者，从而使我们从巨大的压力（更近的力量使我们受制于这种压力）中获得一丝解脱。

全国代表大会的政府已经在首都得以建立，并得到了统治着国家最大、最重要部分的军队的支持，这在本质上表明，革命的动力需要一个能够以政治的方式来表达农民群众力量的机构；虽然他们不能创建这样一个机构，但他们的革命决心已经超出并抛弃了资产阶级政权的局限。因此，全国代表大会不能变成一个权力机构——当古斯曼谈起他的"掌权（或者不管它是什么）"时，他本人也承认这一点——而只是同一部分激进的小资产阶级建立的一个不稳定的、有冲突的联盟。它只是一种"预备立宪会议"（pre-Constituent Assembly），同任何立宪会议或诸如此类的会议一样，它提出了两个问题，但却不能回答它们：这个国家将去向何方？由谁来领导它前进？与第二个问题相比（这个问题的答案显然就是，由决定国家方向的人来领导），它更难回答第一个问题，因为它缺乏的不是语言，而是物质力量：纲领、组织和武器。这样的局势不能持续很久，也确实没有持续太久。

政府自身就充分反映了这种矛盾。它是一种异质组合，没有自身的阶级基础，对群众也没有信心；相反，它对群众怀有敌意，因为他们把它视为囚徒。实际上，政府中最清醒的分子有同奥布雷贡（Obregón）进行谈判的想法，他们想通过他和卡兰萨来利用农民政权。在这种谈判中，要想成为对话者，他们就必须证明他们控制着这个政权；但他们不能只表明他们在秘密从事破坏活动而实际上却什么也没有控制。政府其他成员的观点非常不稳定而且十分暧昧；他们只是赶上了革命高潮的冒险家或无辜者。作为一个组织，他们是由小资产阶级机会主义分子、傻瓜、冒险家、犹豫不决之人和寄生虫，或者（在最好的情况下）孤苦无依之人（lost souls），所组成的一个集体。不像历史上其他"农民政党"的领袖那样，他们的农民武装基础控制了整个国家——他们不仅仅是选民——并且拥有自己的领导层，尤其是萨帕塔主义分子，他们在政治上十分果断，并对小资产阶级的领袖们表现出一种深刻的、全副武装的（armed）不信任；正是这些手段（weapons）使得小资产阶级的领袖们没法耍花招（maneuvers）。（他们之间的）这种矛盾必然会在短期内爆发。

这些小资产阶级甚至不愿意对土地改革法做出指示，因为，这将会给予农民群众（rank-and-file）一个反资产阶级的基础，从这个基础出发，农民们就会反对他们或者向他们施压，因此，这些小资产阶级的存在本身就是一种障碍。他们讨厌、看不起又害怕维拉和萨帕塔。他们的存在、他们的手段、他们的行为以及他们的不作为，在维拉主义和萨帕塔主义的农民与无产阶级之间建立了一个小资产阶级的障碍——这一点在另一方面被无政府工团主义工会领袖所完成，他们看到了同奥布雷贡，而非同维拉或萨帕塔合作的前景（careers）。他们麻痹且背叛了所有的人。最腐败的人生活在资产阶级所抛弃的奢华环境中；而最愚蠢的人则生活在幻想中（in the clouds）。除了作为一种独立政治力量的无产阶级的缺席而农民又无法扮演这一角色之外，没有人能代表任何东西。

换句话说，他们代表了两种欠缺，而负负并没有得正。

但如果立宪主义者的政府就是所有这一切的话，那么，它得以创建这一事实就表达了一些比构成它的个体更加深刻、更加持久的东西。它同样意味着，通过由维拉所代表的军事组织和军事集中以及由萨帕塔所代表的政治上的不妥协，农民群众也能够做出最大的（supreme）努力而与资产阶级相决裂，而这种能力在之前的农民战争史中并不为人所知；在这些条件下，他们自身就构成了一种独立的民族力量，并将小资产阶级中的一部分争取过来，而且能够对其他部分——立宪主义中的激进倾向和雅各宾倾向，其中，农民的重要性将会在革命期间以一种政治的方式得到最长久的表达——产生强有力的影响，虽然这种影响是有条件的和暂时的。

这种最大的努力虽然注定要失败，但却是无产阶级革命取得胜利的时代即将来临的先兆，它开启了三年以后的俄国革命，亦即是农民终将作为一个群体从资产阶级视角中脱离出来并赢得社会主义革命的一个标志。

农民战争和墨西哥革命出现在两个具有世界历史意义的时代之交。它的主角，墨西哥农民，试图用手边无用的小资产阶级工具来建立自己的民族政权，它是工人和农民政府的历史先驱——以同样的方式，但是在不同的语境中，我们可以说，在理论层面，空想社会主义者乃是马克思主义（一种有关社会主义和无产阶级革命的科学理论）的先驱。

莫雷洛斯公社

自 1915 年 1 月从墨西哥城撤退以后，农民革命［其在霍奇米尔科（Xochimilco）的联合以及 1914 年 12 月在占领首都时的联合都是很脆弱的］再次分裂为两个部分，北部和南部——这次是确定无疑的。与早些时候不同，那时的两个部分在群众斗争上升浪潮的作用下，都朝着统一和征服这个国家及其权力中心的方向前进，而如今的撤退所采取的形式却是彼此撤回他们原来的地区，这种行为的结果除了先采取防御性斗争，随后再进行游击战之外，没有其他前途。

然而，就像在任何农民战争（其在定义上就是零散的，而且没有一个单独的中心）中一样，撤退的节奏和形式往往具有不同的特征。1915年，卡兰萨主义分子，像我们所看到的那样，集中他们所有的军事努力来对抗维拉的军队。也就是说，他们专注于击败农民革命的决定性军事力量，而这种力量同时又潜在地代表着另一种（alternative）资产阶级。在费利佩·安杰利斯（Felipe Ángeles），这种资产阶级得到了一部分农民的支持，而卡兰萨主义的资产阶级政府则得到了部分城市小资产阶级、无产阶级甚至农民的支持。在此期间，反对萨帕塔主义分子的军事斗争基本上属于应付性的局部行动（holding action）；它也不希望击败他们，而只是防止他们进一步扩张。

这是一个可行的目标，因为它与莫雷洛斯运动的特征相一致，这场运动同它的土地和区域拴在一起，甚至它的军队也是这样组织起来的。

卡兰萨主义分子以及他们的军事首领奥布雷贡之所以避免双线作战，不仅仅是因为他们的军事实力较弱。他们在社会方面也同样相当软弱；

农民革命的骚动仍在继续，而这种潮流也只是刚刚才开始转变。有些迹象表明了这一点，但并不确定。没有人，即使是奥布雷贡和他的波拿巴主义政治直觉也不能确定，胜利会在不远的将来到来。"作战部队"（the Army of Operations）仍然是一种季节性的力量，单独来看，它并不弱于这两支农民军中的任何一个，当然也不比它们更强。另外，奥布雷贡也明白，他必须实施一次对抗维拉的实质性军事战争，军队对军队，虽然这更像是以军事的方式同萨帕塔（他已经在他的领地内根深蒂固）进行的一场社会战争。奥布雷贡并不是靠武器赢得了这场战争，而是通过政治行动来收集战后成果的方式而取胜的。

由于所有这些原因，当奥布雷贡领导的小资产阶级民主军队进入战场同维拉的农民军进行战斗之时，南方的群众在军事活动方面得到了一个相对喘息的机会，他们感觉自己成了莫雷洛斯州的主人，因此发展了他们自己的农民民主。

这是墨西哥革命中最具历史意义、最为出色的插曲之一，尽管它也是最少为人知的插曲之一。① 莫雷洛斯农民把他们自己的意图应用于"阿亚拉计划"（Ayala Plan）。这样一来，他们便给予它以实质的内容：对大庄园进行革命清算。但是，由于大庄园及其经济中心，制糖厂，乃是莫雷洛斯的资本主义存在形式，因此，他们便清算了该地区主要的资本主义中心。他们应用了更为古老的、前资本主义的、公社农民的观念；在20世纪的第二个十年，他们采用了一种反资本主义的方式，将这些观念变成了法律。结果就是，在没有任何补偿的情况下，对这些制糖厂加以没收和国有化，并通过农民军事领袖而把它们置于农民的控制之下。在那些农民和工人最终暂时建立了他们自己的直接控制的（direct）政府的地方，墨西哥革命往往具有一种经验上的反资本主义特征。这就是为什么我们会在资产阶级作家和分阶段革命论的理论家中间发现有关这一重要革命插曲的无声协定（a conspiracy of silence）。但是，没有哪种无声协

---

① 北美历史学家约翰·沃马克（John Womack）在仔细研究了档案，尤其是萨帕塔主义分子的那些档案的基础上，将这段时期的历史详细记录在他的研究成果《萨帕塔和墨西哥革命》（New York：Vintage，1968）一书中。尽管这本书也是本文所述事实的主要来源，但我的解释同沃马克的解释有所不同。

定或对历史的扭曲能够抹去留在群众集体意识中的东西,这些东西乃是群众通过自己的革命经验而得来的。这也是革命上升时期在每一个新的阶段都会重现的东西,因为,对于经验和意识的征服可能会在整个时期处于隐藏状态并在暗地里存在,但它们绝不会消失。

武装斗争、1911 年之后对土地的划分、对封建军队的军事胜利、击败迪亚兹(Díaz)、马德罗(Madero)以及许尔塔(Huerta)的资产阶级政府、占领国家首都——这次长达四年的斗争高涨期——给予莫雷洛斯农民一个伟大的历史性保证,即他们能够为自己的安全和信心作主。这也是他们应用到他们自己领土上的东西。

在那时,革命浪潮的结束以及 1914 年 12 月以后一场全国范围内撤退的开始刚好与地方革命的持续升温相一致。民族冲动破灭了,但它在各个地方得到了延续——虽然这并不会持续太久。但是,那些根据他们自己的观念开始重建莫雷洛斯社会的农民和农场工人并不知道这一点,甚至都没有怀疑这一点。

这种不均衡乃是农民革命的一个典型现象。它的经验主义、局限性或者民族斗争观的缺乏,改变了被不同地区所分解(decomposes)了的革命时机。在莫雷洛斯,那些受农民(他们在萨帕塔主义军队中以及在该地区城镇中被组织起来)的力量和愿望所支持的农民领袖,通过一个他们无法控制的民族政府,实现了他们作为一种民族力量早就想去做的事。他们在地方上就是这么做的,他们熟悉那里的地形和那里的人民,无论是在社会上、组织上、政治上还是军事上,他们都觉得自己是安全的。他们的权力来源于比他们所能认识到的更为深刻的农民革命,因为这种权力的根扎在古代集体的共同传统之中,以及传统社会的结构之中,而这些传统和结构一直都是农民进行斗争和抵抗的法宝。

托洛茨基主义文献节选

民兵组织还是游击运动?[*]

雨果·布兰科

雨果·布兰科（Hugo Blanco），农学家，"左翼革命阵线"（FIR，秘鲁的一个托洛茨基主义组织）创始人，1934 年生于库斯科（Cuzco）。布兰科所领导的农民运动是 20 世纪 60 年代最重要的农民运动之一；1961—1963 年，在领导"孔本西翁和拉瑞斯山谷农民联合会"（the Peasant Federation of the Convención and Lares Valleys）期间，他帮助组织了罢工、土地占有（land occupations）和工会民兵。他于 1963 年被捕并被监禁了 8年。下面这封信是他 1964 年在监狱中写的，他在这封信中总结了（a balance sheet）他的经验并分析了农民革命斗争中政党和工会之间以及民兵组织和游击运动之间的关系。

1970 年大赦之后，布兰科便投身于秘鲁的其他斗争之中，并多次遭到驱逐。1978 年，他成为参加立宪会议的秘鲁工农学阵线（FOCEP, Peruvian Workers', Peasants', and Students' Front）的一名候选人，并在选举中得到了全国第三的票数。如今，他是"马里亚特吉主义统一党"（United Mariateguista Party）的一员和领袖。

---

[*] Hugo Blanco, "A propos des guérillas et des milices", *Quatrième Internationale*, n. 24, March 1965, pp. 45 – 47.

古巴、中国以及其他地区的经验最初都具有这样的特征，即缺乏战斗性的群众组织。在此之前，这种组织一直都被视为［从事武装斗争的］必要前提条件之一。武装组织没法在一开始就赢得大众的信任，这是很正常的；也正是这一点才赋予它一种流动性（nomadic）特征。但是，当武装组织成功赢得群众的信任和支持的时候，它便没有了这种流动性，转而开始在一个固定的地方立足。在这些条件下，游击组织成了人民斗争的中心，成了它的战争（polarizing）核心和组织核心，成了它的先锋队。因此，它是处在几乎不存在的群众运动的边缘的一个有准备的、有组织的群体，而这个群众运动正是游击组织（它本身也是从这些群众中产生的）号召和策动的。

在秘鲁，已经有一些组织将广大人民群众联结起来了。在这些组织存在的地方，几乎没有人置身事外。

而根本的问题在于：你是否认为在农村存在着双重权力的情况？如果你认为这种情况确实存在，那么你就必须选择民兵组织。如果你不这么认为，那么你必须做出有利于游击队的决断。

1962年4月以后，我发现我和我的同志们分开了，起义的阴影仍然浮现在我的脑海，在那种情形的压力之下，我编辑了一份题为《起义前的解放区》的报告。在评价这种情况时，虽然这份报告肯定包含了一些错误，但其标题却揭示出双重权力如何发展的轨迹。你们同样熟知我写的那些有关农民工会的文字。当然向一个左翼革命阵线的成员指出这些东西似乎是毫无必要的，正如你们所说，它们是"农民觉醒中的意识因素"。但如果我这么做了，那是因为，你们有关发起武装斗争的观点，在我看来却似乎是你们缺乏知识和脱离左翼革命阵线队伍工作的结果。

如果武装斗争能够从那些像中国和古巴那样如此与众不同的情形中发起，那么，很明显，每一个斗争都必须在最开始的时候就同其他斗争相区别。这就是"辩证过程"。

正如你们所说，游击组织必须"赢得农民的同情"。

民兵组织是农民崛起的产物。一旦人民群众认识到了武装斗争的必要性，他们就会建立民兵组织。它们由农民所创建，因此，在壮大之初，它们就获得了农民的信任和支持。别忘了，农民已经决定去建立防御委员会了；他们意识到他们需要这些委员会而且知道他们必须建立这些委员会。

你们说，"这里的群众运动是以武装夺权斗争的某种萌芽形式来团结自身"，而我则更愿意说，"这里的群众运动已经达到了武装斗争的阶段"（即使它在一开始并不会有意识地承认这一目标）。

你们会问，"何种组织注定要去准备并展开武装斗争：是农民工会还是政党？"为了帮助我们回答这一问题，我会反过来问：谁会在库斯科领导占有土地的革命？工会？还是政党？是谁取得了俄国政权？是苏联人还是俄共？在这三种情况中，答案都是：政党。政党通过群众组织进行武装斗争。而在类似的情形中，我们则是通过农民工会。他们已经表明他们同意这一点。万事俱备，只欠东风。

"在革命战争的艺术和科学中，这种形式的斗争已被训练有素和纪律严明的组织实践过。因此，工会既不能组织也无法领导武装斗争。"准确来说，这些组织就是由政党所领导的革命工会防御委员会。

我并不否认政党的巨大作用。相反，我承认，在 1962 年，我们的最大不足就是缺乏政党，而我们的所有弱点也都来源于此。

政党有责任在农民工会中建立基层组织（cells）；如果我们希望以最好的（best possible）方式来领导武装斗争的话，那么这一点就显得尤为必要。我们应当善于我们的经验学习。当时如果存在一个组织良好的政党经验而言，这是一个，最起码在孔本西翁和拉瑞斯，我们会得到更好的结果。并从消极的变化（negative variety）。

但我们同样应当从自身经验看到积极的一面中学习。这就是为什么尽管我们存在诸如缺少政党、政治不够明确（clarity）、技术知识欠缺等等不足，但我和（我的同志们）仍然能够比其他组织存在更长时间。我把其中的原由归之于我们的组织产生于农民工会，并得到了它的养育和支持。

我们的经验中有一些教训可能会被游击队称作"第二阶段"。一个人会认识那个地方的人和住在那里的三个工人领袖、工运分子，或者至少会认识那些已经被逐出这个地方的人，就像在科查潘帕（Quochapampa）、梅塞达（Mesada）等地所发生的那样。这样一来，几乎整个城镇都被组织起来了。他们不仅在经济上支持武装组织，保护他们，给他们通风报信，提供食物，而且他们还会做得更多：当时机成熟时，他们会实施破坏活动，甚至发动群众展开武装斗争。如果这种斗争在起义之前发生的话，那么它肯定是偶然的，但它应该不缺少发生的机会。这不是说我们必须在任何情况下都去推动这种活动，虽然我们偶尔不得不如此。我想告诉你们的是，实际情况是怎样的以及它们在将来会怎样。我必须指出，我们已经拥有了大量可供借鉴的经验，我们再也不应当浪费我们的力量。在乔普马约（Chaupimayo）的那段困难时期，所有的工会都轮流承担警卫任务。由于缺乏一个政党，工会所掌握的丰富信息都未能得到充分的利用。

与"游击战第二阶段"相似，所有这些条件都为一个武装组织提供了一种好的可能性，使之能在有利地区扎根下来。如果某个民兵长期持续地追捕（tenacious manhunt）因而造成了问题，那么他就不得不转移到有工会的其他地区。

民兵组织进行斗争的一个基本条件就是要有一个是以其发展广阔的领域。在该地区会存在很多民兵组织——每个工会都有一个自己的组织。否则，在此情形下这些民兵组织就会在实际上呈现出游击运动的特点，而它们也会受到敌人也会集中攻击。这就是发生在我们身上的事；尽管我们并不是典型的"第一阶段"的游击运动。我们也不会再像我们在乔普马约时所做的那样，去吸引敌人的集中力量。

至于游击策略，我同意我们必须教他们组建自我防御委员会。教他们不应再诉诸于经验主义，因为先锋政党确实有其存在的理由。在游击战领域中，我们应当利用所有那些适合我们战略的知识。

如今，一个至关重要的问题是：也许招募游击队员比招募民兵更容易些？

大部分农民宁死也不愿放弃他们的土地和生活方式。因而他们赞同"土地或死亡"的标语。这就是为什么一个游击战士一旦离开家乡，不到斗争结束绝不回来。另外，民兵则留在家乡，致力于他的工作，当他不得不战斗的时候，他就去战斗。假如有100个农民要去参加斗争，其中有99个会选择当民兵，而只有1个愿意做游击队员。我不想在这里讨论细节，但你们可以相信我——我有过这种经验。曼科二世（Manco II）曾经将库斯科包围起来，准备发动袭击，但他的部队抛弃了他，因为当时到了耕种的季节，也许是收获的季节；我记不太清楚了。

但是，组织游击运动并没有什么错。它们可以由那些愿意加入的人来组建，并对协助民兵组织。但是，秘鲁武装斗争的基本组织是政党所领导的民兵工会。

我们会利用秘鲁社会现实的所有特性。事到如今，我们勿须再从头开始。

你们说，"左翼革命阵线应当发起武装斗争夺取政权"！很好，古巴农民运动已经快马驱驰实现了这一目标。他们最先拿起武器跃然马上。而我们虽然也在上马，却缺乏武器。既然如此我们为什么不把双脚踏立于地面之上？

我相信，如果我的回答没有成功地将你们说服，那么你们同大众激进分子之间的关系将会说服你们。而且越快越好。

土地或死亡！我们终将胜利！

阿雷基帕（Arequipa）中心监狱

1964 年 4 月 7 日

论墨西哥革命[*]

革命工人党

1968 年运动期间，墨西哥第一个国际主义共产主义小组（GCI）核心在国际罢工委员会内部出现。经过一番分裂与融合，这个组织后来成了革命工人党（PRT），即第四国际的墨西哥分支。1981 年，革命工人党作为一个政党获得了有条件性的注册（conditionally registered）；最近，它

---

[*] Tesis del PRT sobre la Revolución Mexicana（*pasada y futuro*），*Folletos Bandera Socialista*，n. 36，September 1976，pp. 16 – 18，31 – 35.

成了拉美最重要的第四国际主义组织。

在成立大会期间（1976年），革命工人党批准了一个文件，该文件既是对作为有1910年至1968年间拉美革命运动一部分的墨西哥阶级斗争发展的历史性分析，同时也成了引导未来墨西哥社会主义革命的一个纲领。

革命政权：墨西哥波拿巴主义

宪政主义民主的失败，血淋淋地呈现在维纳斯迪亚诺·卡兰萨（Venustiano Carranza）的死刑之中。这也是一系列快速的连续性事件的结果：1919年发生在阿瓜·普列塔（Agua Prieta）的将军叛乱；索诺拉派（the Sonora team）开始当权，阿道夫·德·拉·胡尔塔（Adolfo de la Huerta）就任临时总统；终于奥布雷贡的平民主义运动——为了在1920年的大选中获得选票，他穿越了整个共和国，并于当年上台执政——由此标志着"墨西哥革命政权"的诞生。如今，该政权已经维持了将近60年的稳定。

奥布雷贡政权的内在基础在于军队、警察，以及通过工会和土地联盟对工农群众的控制。从表面上看，它煞费苦心地寻求并幸运地得到了美国的承认。这一政权的长寿基础也在于这一事实，即它在内部的轴心（axes）之间部分地取得了相互平衡。该政权由推动索诺拉派上台的反革命运动所建，它具备一个半殖民地国家的波拿巴主义政权的所拥有的生命特征。

波拿巴主义（与古代的君主政治相对的一种政府形式）常常以一种萌芽形态存在于所有的资产阶级政府中。正如弗里德里希·恩格斯所说："不管你喜不喜欢，如今所有的政府都变得越发波拿巴主义化。"在资本主义衰落时代的资本主义社会中资产阶级和无产阶级的基本矛盾并没有以政府支持一方（法西斯主义）或另一方（社会主义）的方式得到最终解决。在这种意义上，此种形式的统治要比之前的统治更能得到辩护。在资本主义的上升阶段，阶级调和可能会经由议会民主而产生。而一旦阶级张力的恶化把整个社会都带入危险之中的时候，这种调和就变得比以往任何时候都更加困难。资产阶级必须诉诸另一种统治形式来确保其主导地位。这就是立足于官僚军事机构基础上的波拿巴主义，这种机构将自己抬高为对立阶级之间表面上的仲裁者，并把自己确立为祖国的救世主，而其化身就是国家元首。

波拿巴主义从一开始就承担着这种仲裁者的角色；随后这一角色又被其作为帝国主义和革命群众之间的调停者这种独特地位所加强。这一因素既决定了其从革命中所继承来的"反帝国主义"角色，同时也决定了其可能具有的人民特征——实际上是平民主义的、操纵的和专横的特征。

在墨西哥，波拿巴主义同样是半殖民地国家后革命情形下的一个产物，这一点又使其比那些仅仅是民主主义（democracy）、法西斯主义或社会主义之间的过渡政权要更具稳定性。虽然有人认为很难有哪个过渡政权能够像墨西哥波拿巴主义那样稳定和持久，但他们忘了，政治界说（definitions）并不能衡量他们所定义的过程的持续时间。波拿巴主义形式的政府实际上是由阶级关系所决定的，并且这种关系最终将在政府层面（governmental level）得到表达；其持续时间可能更长也可能更短；更长或更短，可能是过渡性的，也可能不是。

墨西哥资产阶级民主的羸弱，无产阶级的缺席，作为选的革命社会主义。外加一个继承了革命斗争的极富攻击性的农民运动的存在，所有这些都成了保持波拿巴主义稳定性的重锚。由此引发大量斗争以及它们所产生的反帝国主义情感构成了墨西哥政权政策的其他主基。

但是墨西哥的波拿巴主义又是资产阶级性质，它在根本上也是相当反动的。但这并不意味着奥布雷贡在 1920 年会退回到（turn the clock back to）1910 年之前的前革命时期。也不意味着资产阶级会完全认同革命或其制定的所有措施，其中一些措施就难免遭到了民族资产阶级（土地改革影响了大庄园主）或帝国主义（没收石油影响到了北美，尤其是英国的资本家）的断然否绝。

1968：尽头的开端

对于波拿巴主义体系而言，1968 年是其长期运行轨道上的一个历史性的根本转折点：很明显，它开始衰落了。如果说这个体系从阿莱曼（Alemán）时代起就明显开始固化和腐朽（harden and erode），但还能不费力气地通过时间对它的考验的话，那么，到了 1968 年，事情显然变得不同了。

1968 年人民运动在波拿巴主义身上所留下的痕迹仍然存在。对于数百万墨西哥人来说，特拉特洛科（Tlatelolco）乃是一个镇压性的反民主政权破产和臭名昭著的象征。

1968 年的动员，无疑整合了那些即将来临的、能够动摇国家根本的革命动员的特色要素。这些要素就是：

● 它独立于政府。也就是说，自 20 世纪以来，大规模群众运动的领导层第一次没有回应政府的需要或者接受政府中不同派系（自由派、温和派、进步派或反动派）的定位。在我们的人民斗争史上已经出现了一个由群众自我组织和领导的革命机构，国家罢工委员会（CNH）。就是最重要的实例。

● 它的民主特征。群众发现了他们自己的表达渠道，并朝着新的政治和社会形式、新的政治和社会内容（这些形式和内容预示着未来社会主义的生活）的方向拓宽他们的观念、重新定位他们的展望（vision）（这些在传统上都从属于国家）。

● 它的群众性而非团体性特征。不像瓦勒吉斯摩（Vallejismo）以及许多其他农民运动那样，1968 年的群众抗议与国家最广泛、最深切感受到的（deeply felt）人民利益有关。从这一点来看，它乃是一个革命政治运动，而且这一运动也超出了狭隘的团体利益的界限，尽管它的起因（origins）是由于学生以及左翼政党并不占主导地位这样一种事实。

1968 年动乱并没有在特拉特洛科结束。从那以后，它的影响遍布全国。如今，它的重要性最明显地体现在其对工人运动内部的影响上。自 1971 年以来，工会起义的发展起起伏伏，而这就是它所推动的主要进程之一。从那以后，农民运动经历了一次复兴，并且自墨西哥革命时代以来首次取得了一个独立的进程。

1968 年，墨西哥安全卷入了现代国际革命浪潮之中。伴随着法国此起彼伏的运动以及捷克斯洛伐克的反官僚抗议运动，英勇的越南斗争，

1968 年的学生和群众运动汇入了世界革命的新高潮中，并推动它从广度
和深度上迅速向全球蔓延。

1968 年，墨西哥第二次（社会主义和民主）革命迅速接近全面爆发
的临界点，这无疑强化和推动世界革命的进程，使其达到了空前的高度。

墨西哥第二次社会主义民主革命透视

墨西哥永久革命

正在孕育中的墨西哥第二次革命的主要目标就是完成 20 世纪第一次
墨西哥革命遗留的那些任务。

墨西哥是一个半殖民地国家，只部分实现了工业化，它受制于一种
不均衡。这表现为一这种参差不齐的综合发展是以一个农业（agrarian）
占主导地位的经济结构为背景的，而且，这种结构日益被帝国主义资本
所控制。这个国家在净 20 世纪再次见证一场持续性革命的爆发——这场
革命是劳苦大众为了获得他们的民主权利而进行的斗争。而为了获得这
些权利，他们只能跟"民族的"和国外的资本家以及他们的波拿巴主义
政府进行殊死斗争。民主革命同反资本主义革命的目标和方法的动态结
合乃是第二次墨西哥革命的本质特征。这将是一场社会主义民主革命，
因为这场革命的刺激因素和最初目标就是反抗政权的压迫和反独裁专活。
但它不会仅仅停留在一种自由资产阶级改革的层面：它将不得不把阻碍
墨西哥民主发展的资本主义连根拔除。它会是一场民主革命，因为墨西
哥人民将运用他们被否定了几个世纪的权利；它也是一场社会主义革命，
因为劳动人民有望在资本主义体系中追求自由和民主的自决（self-deter-
mination）；最后，它还是一场无产阶级革命，因为它是在工人阶级的领
导和带领下的一场革命性的群众动员，它击败和粉碎它的首要敌人，即
资产阶级及其帝国主义同盟。

第二次墨西哥革命超越了 1920 年以来由波拿巴主义统治所标示的反
革命主张，从而与萨帕塔和维拉所领导的第一次墨西哥革命所未能实现
的目标再次联系了起来。第一次革命未能达到的那种主观的、政治的和
自觉的水平，已经在实践中和阶级斗争中得到了客观的实现，即对资本
家地主加以清算并正视他们的重生。当然实现这样的任务会变得更加艰

巨：在原有政权的废墟上，消除专制派窃取由人民群众经由最激烈的阶级斗争而赢得的革命胜利的一切可能，从而建立一个真正的、以工农民主机构为基础的革命政府。

1910—1917 年所缺乏的主观条件，即一个革命的马克思主义政党和一个意识到其社会主义利益的工人阶级，如今已经被锻造出来了。这些条件将确保墨西哥人民第二次大规模的转型和斗争浪潮的革命性胜利。这些因素终将导致对生产资料、商业资料和交易资料的没收和国有化，从而为社会主义经济建设的开创，以及被墨西哥人民视为具有基本优先性的民主计划的创立奠定了基础。作为社会主义最为自觉、最具牺牲精神的力量，墨西哥工人阶级将在这一过程中扮演重要角色。

在农村，社会主义革命将为所有农民带来他们想要的私有财产，诚实而公正地给予他们贷款和农机方面的帮助，这些都是波拿巴主义政府一直许诺但从未兑付。与此同时，革命也不再隐藏它的目标：在使用高级技术和最多样化的资源从而使生产力的发展达到资产阶级土地改革所无法想象的水平之上，创立一种新的集体企业制度。但集体化并不是强迫的。在这方面，斯大林主义的失败将不会重演，相反，在马克思和恩格斯的传统下，一个自觉自愿地说服个体小农场主的程序将得到落实，从而真正向他们展示集体农业在各方面更大的优势。

墨西哥社会主义革命将会是国际主义的。它会支持拉美人民的斗争并向他们伸出各种援助和团结之手。通过国际马克思主义革命组织，它还会支持其他大陆的无产阶级革命斗争：亚非人民以一种动态的持续革命方式所进行的反帝国主义的殖民地革命斗争，是官僚主义政权中工人和劳动群众的政治革命，是美国、西欧、日本以及其他帝国主义国家中工人阶级的无产阶级斗争。

第二次墨西哥社会主义民主革命将恢复并实践起源于马克思和恩格斯并由列宁、托洛茨基、罗莎·卢森堡以及欧内斯特·切·格瓦拉所加以继承和丰富了的共产主义原则——它是我们这个时代，为了人类社会的解放（反抗帝国主义剥削和斯大林主义官僚篡权者）、为了在全人类中开创团结和社会主义友爱而奋斗的革命共产主义的最高表达。

"新趋势"文献节选

我们的社会主义[*]

巴西工人党

下述这份文件于 1990 年 5 月在巴西工人党（PT）第七次全国会议上获到通过。作为工人党各种趋势公开争论的结果，它在这次会议上以达成广泛共识的方式得到通过。它在所谓实际存在的（really existing）社会主义出现历史性崩溃的时刻，重申了工人党有关社会主义目标的承诺。虽然受到一种反资本主义的马克思主义传统的启发，但它表达了一种多元主义的政治文化，并期待一种自由民主的社会主义。它是 20 世纪末在拉美左翼中间所形成的有关"新思维"（new thinking）的最重要、最丰富的文件之一。

该决议提议重申我们有关资本主义制度的判断，巩固我们党所积累的有关社会主义方案（socialist alternative）的看法，指出哪些事物对于社会主义事业构成了基本的历史性挑战和意识形态挑战，同时建议在工人党内和巴西社会上进行一次具体如何超越这些挑战的广泛讨论。

1. 工人党的建立带有激进的民主目标。我们唤起了对军事独裁和资产阶级压迫的斗争，并要求无论是在街头巷尾还是在工作场所都要尊重政治自由和社会权利。我们开始对保守的过渡加以谴责，并开始为人

---

* *O socialismo petista*, Seventh National Conference of the PT, May 1990.

民主权打基础。在工人党存在的这十年里，它一直都是争取巴西社会民主化的斗争先锋：反对审查制度、争取罢工的权利、争取表达自由和抗议权、争取大赦、争取多党民主、争取自主的立宪会议、争取自由直选。我们成了一个伟大的群众政党，我们谴责国家权力对市民权利的剥夺、谴责国家机器对工会的束缚、谴责工会税。已经有很多同志在争取民主的工人斗争中献出了自己的生命：桑托·迪亚斯（Santo Dias）、威尔逊·皮涅鲁（Wilson Pinheiro）、马加里达·阿尔维斯（Margarida Alves）、乔西摩神甫（Father Josimo）、奇科·门德斯（Chico Mendes）以及许多其他人。实际上，我们的政党计划准确来说就是让巴西实现名副其实的民主，因为，民主对于工人党而言具有一种战略价值。对于我们而言，它既是手段也是目的，它是转型的工具，也是有待实现的目标。我们已经通过亲身体验认识到，资产阶级并没有给予民主以真实的历史承诺。占统治地位的精英和民主之间的关联纯粹是策略性的：当民主道路实际上（pragmatically）适合他们的时候，他们就会选择这条道路。实际上，民主首先是为了工人和人民群众的利益。如今，在深化其物质和政治收益方面，民主也是必不可少的。对于推翻我们生活于其中的、不公的压迫社会而言，这一点乃是根本性的。如果将来要制定一个在性质上更为优越的民主以确保社会上大多数人能实际统治我们正为之而奋斗的社会主义社会的话，这种民主也是决定性的。

2. 然而，工人党的民主呼吁（calling）超出了其所捍卫和仍在捍卫的政治口号的范围。其内部组织同样表达了我们的自由主义（libertarian）承诺。它反映了领导阶层和大众激进分子在不断更新承诺以使得工人党自身能成为一个自由参与式群体：它是我们打算在这个国家开辟的另一个更大的自由参与式群体的先例。与传统政党甚至许多左翼组织的庞大单一性（monolithism）和垂直性（verticality）相反，工人党试图将内在民主实践成社会生活中以及政治权力使用的一种不可或缺的必需品。工人党及其社会基础以及作为一个整体的市民社会之间的关系也同样如此。虽然工人党通过工会和人民运动的力量而得以诞生，并同它们保持了强有力的情感纽带、利益纽带和对话纽带，而且力图为它们提供政治上的领导，但工人党在原则上拒绝对工会和人民运动的自主权加以限制，也拒绝把它们视作客户终端或传送带（clients or transmission belts）。

3. 工人党的另一个与生俱来的民主维度就是在其意识形态上的文化多元主义。我们实际上是那种在我们的多样性中得到了统一的自由主义文化的一个综合。不同的民主革命思潮——社会基督教、各种各样的马克思主义、非马克思主义的社会主义、民主激进主义、革命行动的世俗（secular）理论，等等——共同创建了工人党，并将该党视为它们具体的、或多或少制度化了的社会主体性的一种表现。工人党的意识形态并没有单方面地表达任何这些来源。工人党并没有一种"官方"哲学。不同的理论形态存在于辩证的张力之中，在具体的政治工作方面也并不缺乏动态的综合。把这些不同的自由主义政治文化［并不是所有这些文化都在文本上得到了整理（codified）］联结在一起的是一个鼓励我们去终结所有剥削和压迫的有关新社会的共同计划。

4. 这种对于民主的基本承诺同样令我们反对资本主义，以同样的方式，我们既然选择了反资本主义，也就明确决定了我们争取民主的斗争。对于我们这个作为政党的组织（其拥有关于政府和权力的备选设计）而言，最强有力的刺激之一就是我们发现了（对于大多数工人党成员来说，这种发现是实践上的，而非理论上的）资本主义的结构性反常（perversity）。这曾经是并且仍然是对数百万人民所遭受的不必要苦难（作为资本主义野蛮行径的一种逻辑后果）的一种义愤回应。具体的历史经验——换句话说，就是在国内和国际生活中，"巴西奇迹"和许许多多其他悲惨事例的负面教训——教导我们，无论资本主义的物质力量是什么，它的使命就是不公和排外（exclusive），因而，它自然反对对社会财富进行友好划分，而这却是任何真正民主的前提。

正是这种资本主义的压迫导致了超过三分之一的人类陷入了绝对的悲惨境遇。它正将新的奴隶制形式强加到拉丁美洲头上（近年来，拉丁美洲的人均收入已经下降了6.5个百分点），从而迫使许多国家回到了二十年前的水平。正是这种在根本上以人剥削人和对人类生活的残酷商业化为基础的资本主义制度，需要为可恶的反民主、反人权的罪恶行径（从希特勒的火葬场到最近南美洲的种族灭绝，更不用说我们那令人悲痛的、著名的酷刑室）负责。巴西资本主义及其掠夺动力要为数百万人的饥饿、无知、边缘化以及盛行于国内生活各个方面的暴力负责。正是资本主义维持并深化了巴西社会不平等的客观基础。

由于这些个原因，工人党的创始文献（founding documents）——其宣言和基本纲领——已经主张，推翻资本主义对于实现巴西生活的充分民主乃是必不可少的。虽然我们的主要文献并没有深化这种社会主义方案的内部轮廓，但工人党的历史目标从其诞生之日起便是社会主义的。随后十年艰苦而充满激情的社会斗争只不过印证了工人党的反资本主义选择，并强化了我们关于这种转型的承诺。

5. 这种反帝国主义信念乃是巴西社会苦难遭遇的产物，它也使我们对社会民主的宣传更加具有比判性（critical）。因为如今的社会民主潮流并没有呈现出对资本主义进行历史性超越的真正视角。这些潮流错误地认为，通过政府和国家制度（尤其是议会），无须调动底层群众，便能够实现社会主义。它们曾经相信国家机器的中立性，相信资本主义效率的兼容性，相信它们能和平地过渡到另一种经济逻辑和社会逻辑。但最后（In time），它们甚至不再相信能通过议会过渡到社会主义的可能性，并且不仅抛弃了议会道路，进而抛弃了社会主义本身。在世界范围内与这些群众思潮进行一次批判性对话对于工人的斗争而言当然是有用的。但这种对话的思想计划与工人党的反资本主义信念或者解放目标并不一致。

6. 同时，我们对于民主的战略性承诺——工人党的民主身份——使我们否认了所谓"实际存在的社会主义"的假定模式。我们从未忽视过这一术语的谬误。保守派媒体用这一术语来促进它们与那些起而反抗资本主义统治的一切历史计划的意识形态斗争。而它的诋毁者则认为，无论社会主义何时实现，它肯定无可避免地与进步和自由的理念相悖。这是一种我们曾激烈批判过的反动观点。说到这，"实际存在的社会主义"这种表达，就其抽象的普遍性而言，确实没有考虑到民族特性、不同的革命进程、不同的经济和政治环境，等等。它将不同社会的转型经验（它们的特点和结果都是异质的）等而视之，并怀疑（discrediting）历史的征服［这些征服肯定不会与那些实现（obtained）它的人毫不相关］。在这些自称社会主义的经验中，有一些是源自人民革命，而其他的则是通过击败纳粹德国以及通过苏军对这些国家的占领（这导致了欧洲政治版图的重新划分以及由苏联控制的所谓社会主义阵营的诞生）而得以诞生。因此，在一些国内进程中，群众获得了对于国民生活进程的一种不光彩（dishonorable）的影响。但就其为尼加拉瓜人民确保了一种空前的政治平等和公民平等的意义上，桑地诺主义经验应当得到一个单独的评估和积极的评价。

工人党支持工人和人民为了他们的解放而进行的斗争，并承担着捍卫真正革命进程的任务，但工人党保持着完全的政治独立，而且会充分运用其批判权。这就是为什么工人党自成立以来，便把大多数"实际存在的社会主义"经验视为与我们的社会主义解放计划相矛盾的一种理论和实践——因为它们严重缺乏民主，或是在政治上、经济上缺乏，或是在社会上缺乏；政权被一个政党所垄断，即便其在形式上是多党制；政党和国家互利共生（symbiosis）；特权阶层或等级（caste）的官僚主义统治；基层缺乏民主，也没有真正代表性的制度；对意识形态上和文化上的多元主义实行或明或暗的压制；通过一种垂直的、独裁主义的以及无效率的计划方式对生产加以管理。所有这些都否定了工人党的社会主义本质。

我们根据国际层面的革命斗争和不同的社会主义经验而做出的这种对其历史进程的批判虽然是前后一致的，但却是有限的。工人党是巴西第一个支持波兰团结工会（Polish Solidarity）民主斗争的政党，尽管我们之间并没有任何其他意识形态上的亲和力。我们已经同所有这些攻击进行了斗争，即对那些针对"实际存在的社会主义"国家中的工会权利以及政治的、宗教的和其他的自由而发起的攻击。基于同样的理由，我们也会为巴西的公共自由而斗争。我们谴责对数百名巴西乡村工人的蓄意暗杀行为，并以同样的愤慨谴责发生在布加勒斯特（Bucharest）的反人类罪行。对于工人党而言，社会主义要么是激进民主，要么就不是社会主义。

曾经领导东欧进行改革以反抗极权主义和经济停滞的那些运动，想要对民主政权加以制度化，并推翻那种官僚主义的、过分集中的经济管理体制。这一过程的结果仍保持着开放性，政治和社会争论本身将会决定其构型（contours）。但工人党相信，那些已经发生了的改变和那些在

"实际存在的社会主义" 国家中仍在继续的改变, 具有一种历史性的积极意义, 虽然这一进程此刻尚处在那些支持资本主义倒退的反动潮流的霸权之下。这些运动应当是有价值的, 不仅因为它们自身代表着一种复兴社会主义的计划, 而且因为它们同政治麻痹相决裂, 并公开将各种参与者 (actors) 重新推上 (restore) 政治和社会舞台, 它们推动了民主的胜利, 并为社会主义打开了新的可能视角。这样的社会动员所释放出来的政治能量不会轻易被国际货币基金组织 (IMF) 的药方或资本主义宣传的抽象天堂所驯服。

7. 我们最初的思想装备在政治斗争中得到了丰富, 也在各种国家政党会议中得到了巩固, 它为工人党在整个 80 年代的工作确定了方向, 并确保其实现重要的历史目标。随着我们政治的一般意义——民主与反资本主义——得到了充分的确立, 我们选择逐步建立我们具体的乌托邦: 也即我们正为之奋斗的社会主义社会。我们既想避免意识形态上的抽象, 即传统巴西左派的精英主义攻击, 同时也想避免许多其他政党陈旧不堪的 (frazzled) 实用主义特征。一种纯粹的思想纵然在深度上登峰造极, 可能也没什么用处, 除非它与我们党和社会大众的真实政治文化相一致。而且, 领袖同样也缺乏那些只有耐心的、连续的、民主的群众斗争才能提供的经验。在战略上使得一切社会主义计划的清晰轮廓合法化的东西乃是广大人民群众的、激进的民主革命信念。即便不是必胜主义者 (triumphalist), 我们也能说, 这种以群众的自我教育 (通过公民参与而实现) 为基础的政治教育在整体上是恰当的。

8. 我们承认国际上存在着一种具有民主、人民、社会主义和自由主义特征的力量和运动, 这种特征与工人党的计划相一致, 并且也认同那些我们与之维持这种特权关系 (privileged relations) 的人。如今, 我们正面临着只有通过更大的政治和思想创新才能加以克服的空前挑战。无论是国内还是国际, 我们都正在迈入一个新的历史时期, 这需要工人党和所有社会主义力量进行一种更具冒险精神、更加缜密的理论对话。

随着对巴西经济的预期性 (projected) 调整以及对当前国内资产阶级领导权的重组, 越来越多的有关一般计划的政治争论开始产生, 并带有臭名昭著的意识形态内涵。但无论它仅仅是个经济 "稳定" 问题还是个经济"调整"问题，起作用的都是巴西的战略嵌入（insertion）在国际环境中所具有的特征（要么作为一个经济规划，要么作为一个意识形态规划）。

另外，工人党不仅刺激了巴西社会的行业增长，而且作为一种政治选择赢得了这个国家的信任，在这种意义上，我们的历史选择必须更加明确。许多明显带有危机性的（conjunctural）挑战——如改革政府，或是为土地权的民主化而斗争——实际上都只能在更完善的战略规定下才能得到应对和克服。

同样，如此多的"真实存在的社会主义"经验的失败以及资本主义意识形态的危机性强化——甚至在像我们这样的国家（资本主义最尖锐、最具破坏性的矛盾的一个牺牲品），情况也同样如此——都需要那些能从伦理和历史上重启社会主义民主视角的、更新的批判性理论努力。

9. 但什么是社会主义？我们耗费如此多的努力所建造的是何种社会，何种国家？它的生产结构应当如何组织，又建立在何种政治结构之上？威权主义的狡黠幽灵如何在实践政治的层面上得以驱除？强调这一历史任务的重要性同在理论上和实践上回答这些问题一样，是没有用的。这一任务的完成不能单靠工人党，而是必须让我们这个社会中所有可用的自由主义能量都参与进来，并利用在其他领域中所实现的类似努力。

在这些问题中，有一部分我们可以根据我们自己的活动和反思的经验做出回答。辩证来看，这些回答或是从我们正努力反抗的那些支配形式中产生，或是我们在斗争中所得到的战略观的结果。第五次国家会议已经指出了这一道路：为了抑制资本主义并开始建设一个社会主义社会，一种激进的政治变革乃是必要的。工人们必须把他们自己变成公民社会和国家中的支配阶级。我们社会主义规划的其他方面所面对的是开放性挑战，如果我们声称能够立即对这些挑战给予回答，那将是冒失而不当的。克服这些挑战可能需要意想不到的政治想象力和政治创造性，并且不仅要用我们的意识形态选择来证成，而且要用那些受压迫群众对于一种有尊严的生活的具体渴望来证成。

10. 工人党并没有把社会主义设想为通过资本主义的经济法则便必然会产生的一种不可避免的未来。对于我们而言，社会主义乃是一种人类规划，没有那些受剥削和受压迫人民的自觉斗争，社会主义的实现乃是不可想象的。因此，只有在我们如此设想的意义上，或者更确切地说，只有当这种规划成为了那些能够发展出一种有效的自由主义意识和运动的受压迫群众的理想和必需品之时，这一规划才能获得真正的实现（emancipatory）。同时，恢复政治的伦理维度对于重塑社会主义和人道主义之间的团结而言乃是一个必要条件。

11. 我们正在努力建设的新社会在巴西丰富的历史传统和人民斗争中找到了具体灵感。它应当以人类的团结原则以及能解决共同问题的所有人的才能之和为基础。它力图把自己看作一个集体民主的主体，从而并不否定一种丰富而可欲的个性。虽然它向公民保证了基本的权利，但它仍热心于捍卫差异的权利，如政治上的、宗教上的、文化上的，或行为举止上的，等等。多元主义和自组织（不仅仅是得到了允许）作为权力、思想和意志官僚化的解药，应当在社会生活的各个方面得到奖励。虽然肯定民族认同和民族独立，但它会拒绝任何帝国的野心并为开创世界各族人民之间的合作关系而努力。就像我们如今帮助古巴、格林纳达（Grenada）以及许多其他国家抵御北美帝国主义的入侵一样，新的社会也会积极支持民族自决并重视那种同各种形式的剥削和压迫做斗争的国际行动。民主的社会主义国际主义将将会是其源源不断的灵感来源。

我们想要的社会主义，从本性上来看，只能与一种有效率的经济民主共存。因此，它应当将生产资料视为社会财产来加以组织。这种社会财产不应当与国家财产相混淆，而应当通过社会民主选择的形式（个体的、合作的、国营的，等等）来加以管理。这种经济民主不仅超越了资本主义市场的反常逻辑，而且也超越了许多所谓的社会主义经济中那令人无法忍受的、专制的国家计划。它的优先考虑和生产目标符合社会意愿，但并不与国家所假定的"战略利益"相一致。它将以一种能够超越其当前异化的（current alienation）新的工作组织来挑战所有的难题——既要提高生产力，又要满足物质需要。这种民主会通过社会控制下的战略计划，像管理每一个生产单位（工厂委员会是一个必要的参照）那样在整个体系中发挥作用。

12. 在政治层面，我们正为之而努力的社会主义不仅会维护那些在资本主义社会中通过艰苦奋斗而赢得的民主权利，同时也会将它们加以扩大和激进化。这些自由对于所有的公民都是有效的，它们唯一的限制就是民主制度本身：意见自由、示威自由、公民和政治的组织自由。确保大众在各个方面参与领导政治进程和经济管理的直接民主手段，应当与代议制民主以及人民协商的作用机制等手段相结合，从而摆脱资本的强制并享有表达集体利益的真正能力。

13. 正在为这种社会主义而奋斗的工人党并没有低估那些为实现这一目标而必须加以克服的理论上和实践上的挑战。它知道它所面对的是理论建构和社会斗争的巨额劳动，但它声称它比以往任何时候都更加愿意同巴西所有的民主和革命力量一道来承担这一重任。

基督教和马克思主义 *

弗雷·贝托

弗雷·贝托（Frei Betto）是巴西多明我会的（Dominican）一名牧师，自从出版了一系列与菲德尔·卡斯特罗有关宗教的讨论之后，他便享誉全世界；这些讨论被翻译成十四种语言并在整个拉美加以刊行。由于帮助过卡洛斯·马里盖拉（Carlos Marighella）所领导的革命运动，弗雷·贝托被军事独裁政府从 1969 年一直囚禁到 1973 年，近年来，弗雷·贝托成了巴西基地社区（Base Communities）的主要顾问之一，同时也是一个重要的解放神学家。他还同新的巴西工会运动（trade union movement）及工人党维持着兄弟般的联系。

弗雷·贝托加入了一个解放神学家小组，这些神学家在他们的工作中会广泛使用马克思主义的方法。这并不意味着一种无批判的态度，而是对作为科学和乌托邦、作为理论和实践的马克思主义的一种主动关注（active interest）。这使得他能够在所有——关于革命承诺的——最具决定性的领域中，为基督徒和马克思主义者之间的融合找到容身之处（locate）。

---

* Frei Betto, Cristianismo e Marxismo（Petropolis：Ed. Vozes, 1986），pp. 35 – 43.

马克思主义首先是关于革命实践的理论。但这并不影响某些马克思主义者希望将其变成一种宗教，该宗教通过一种原教旨主义的（fundamentalist）阅读而将马克思、恩格斯和列宁的著作变成一种新的《圣经》，并在此基础上形成其自己的教义。毕竟，像任何其他理论作品一样，马克思主义不能只是简单地读一读。认识论的方法告诉我们，文本只能从读者的视角来阅读。这些"现实的镜头"决定了对理论的解释。这样一来，马克思的作品就可以通过考茨基的实证主义唯物主义、M. 阿德勒的非康德主义、葛兰西的唯意志论黑格尔主义，或者卢卡奇的客观黑格尔主义、萨特的存在主义、阿尔都塞的结构主义——或者根据毛泽东的农民斗争、古巴的游击运动、何塞·卡洛斯·马里亚特吉的秘鲁现实，或者桑地诺主义人民起义①——等视角来加以阅读。重要的是要把马克思主义理论当作解放受压迫民族的工具，而不是当作图腾或护身符那样来使用。作为无产阶级斗争成果的马克思主义应当一直接受这种斗争本身的检验，因为，只有通过这种方式，它才不至于丧失其革命活力，变成一种学术抽象。②

在这种意义上，马克思主义和马克思主义者就不能忽视基督教作为一种发酵素（leaven）在解放受压迫拉美群众的过程中所起到的新作用。然而，为了理解基督教的革命潜力，马克思主义必须摆脱其客观主义视角的束缚（straightjacket），并承认人的主观性在历史中的作用。这就意味着承认上层建筑的相对自主性，意味着克服经济主义倾向以及社会主义政权中的某种"国家形而上学"。革命实践乃是那些尚未被严格的科学分析所详尽讨论的理论的外推，这些理论中必然还包含着伦理的、象征的以及乌托邦的维度。社会主义国家和意识形态（体现在政党中）所实现的发展并不足以解决人际关系及其社会和政治后果的所有方面。

此外，人类主观性的决定作用和历史唯物主义之间还可能有什么矛盾呢？作为"最后"（"in the last instance"）的决定性因素，经济领域产

---

① Rubem Cesar Fernandes, "Qual a medida da 'ferramenta marxista'?" *Comunicações do Iser*, n. 6, October 1983, pp. 2 – 9.

② Pedro A. Ribeiro de Oliveira, "O marxismo como ferramenta de cristãos", *Comunicações do Iser*, n. 7, December 1983, pp. 2 – 6.

生于生产力和生产关系所形成的一种复合体。正是这些生产关系决定了生产力的特征。说到生产关系，也就是承认，"首先"（"in the first instance"），它就是阶级关系，也即统治阶级（其意识和实践乃是经济领域中的决定因素）的革命战斗精神。相反，否认人类主观性和意向性的重要性并假装把马克思主义还原为一种纯粹的科学理论就是落入一种使历史的前进重新回到绝对普遍理性的控制中去的新黑格尔主义（neo-Hegelianism）。马克思主义理论的丰富性和原创性恰恰是在其与革命实践的关联中得到发现的，而这种实践又动态地证实并回应了那些鼓舞并为这种实践确定方向的理论。没有理论和实践之间的这种辩证关系，马克思主义便很有可能成为一种无论谁控制了权力的杠杆便都可以加以危险地操纵的"正统"学术。

实践的首要地位使得马克思主义者承认他们的宗教观有时就是宗教——也就是说它们是教条的并且脱离了历史实践。在如今的拉美，这种情况将不再发生，1980年12月，古巴共产党第二次代表大会通过了一项决议，该决议声明：

> 在为拉美人民的民族解放和社会正义而进行的斗争中，基督教集团和组织（其中包括天主教神职人员和其他教派成员）进行了大量而主动的合并，比如在尼加拉瓜、埃尔·萨尔瓦多以及其他地方。与此同时，促进基督教各派大联合的（ecumenical）机构和中心（它们果断地组织进步活动并支持革命的基督徒和马克思主义者的那些为了使大陆发生深刻的社会变革而做出的政治承诺和所建立的战斗联盟）也得到了发展。这些都证明，为了一个共同阵线（其对于我们这个半球以及整个世界的结构性转变而言乃是必不可少的）的持续团结而继续努力的可欲性。①

基督教和人民政权之间关系的最大进展发生在如今的尼加拉瓜，在那里，基督徒在历史上第一次主动参加了解放过程。这一事实本身就摧

---

① "O PC Cubano e a religião", *Revista Vozes*, n. 5, June 1982, p. 55.

毁了"宗教是人民的鸦片"这一陈述不证自明的（axiomatic）特征。同样，执政的革命党——桑地诺民族解放阵线——于1980年10月在历史上第一次发布了关于宗教的一个官方公报：

> 一些作家声称，宗教是一种人性异化的机制，它有助于为一个阶级对另一个阶级的剥削加以辩护。的确宗教曾在不同的历史时期为政治统治提供了理论支持，在这种意义上，他们的声称无疑具有一定的历史价值。回想一下传教士在我们国家的原住民遭受统治和殖民化的过程中所起到的作用就够了。然而，我们这些桑地诺主义者认为，我们的经验表明，在信仰的基础上，当基督徒能够回应历史和人民需要的时候，他们的信仰会指引他们走上革命战斗的道路。我们的经验表明，一个人可以同时既成为一个信仰者，也成为一个与之相应的（consequential）革命者，二者之间并没有不可调和的矛盾。①

此外，虚假的事实已经被历史的实践所反驳。在过去的二十年里，基督教在第三世界国家中，尤其是在拉美，作为一种对压迫进行反抗和斗争的表达，已经展示出其自由主义的特征。而且，与学理上的（academic）预测相反，宗教并没有在社会主义的政权中消失。事实上，如今的教会已经成为争取和平的一支重要力量，信仰的人也越来越多。② 当然，他们在教会内外忍受着很多的困难。在教会内部，主教和教士们并不是很清楚他们应如何适应社会主义政权。从外部来看，尤其是在执政党的势力范围之内，某些反宗教的偏见又助长了歧视，从而加强了基督徒和反革命分子之间的联系。

在基督徒中间有一些关于社会主义的禁忌，这是事实。资本主义的宣传在创造一个能引发不安和恐慌的可怕幽灵方面是足够强大的。很多

---

① "Sobre Religião", official communique of the FSLN Directorate, in Frei Betto, *Nicarágua Livre, o Primeiro Passo* (Rio de Janeiro: Civilizaçao Brasileira, 1980), pp. 122 – 128.

② CF. "Document of the Cuban Episcopal Conference on Peace", in *Revista Vozes*, ibid., p. 56.

时候，马克思主义激进分子的宗派主义又会加强这样一种印象，即他们是在一种新信仰的名义下战斗的新十字军，他们会引发极权主义的后果。相比于皮乌斯十二世（Pius XII）时代，如今更难在天主教会的官方文件中见到激烈的反共宣言，而对于社会主义的同情肯定也不多。但却存在着教义上和政治上的缺口：财产的首要社会特征、商品的社会化、使用权高于占有权以及梵蒂冈在政治上的现实主义外交（这种外交正加强着它同几乎所有社会主义国家的联系）。我们可以在一份宗教文件中发现一个罕见的例子，其中主教本人所做的显然是社会主义选择，该文件公布于巴西军事独裁最黑暗的时期，也即教会遭到猛烈攻击的时期。

> 打败资本主义是必要的。它是更大的罪恶、是原罪、是堕落之根源、是给绝大多数人带来众所周知的贫穷、饥饿、疾病和死亡之果的大树。这就是为什么生产资料（工厂、土地、贸易、银行以及信贷来源）的私人所有权必须加以克服……这就是为什么我们想要这样一个世界，那里只有一种民族，没有贫富之别。①

另一份文件虽然用了一种不太流行的语言形式，但表达得更好：

> 阶级社会和资本主义统治的历史进程不可避免地导致了阶级对抗。虽然这一事实每天都变得更加明显，但压迫者并不承认这一对抗；而这种否认又证实了这一事实。受压迫的工人、农民以及许多失业者群体都认识到了这一点并逐渐呈现出一种新的自由主义意识。除了正在发生的生产资料社会化这条漫长而艰苦的道路之外，统治阶级已经没有其他办法来进行自我解救了。这也是这种巨大的历史规划——在全球范围内把当今的社会变成一个新的社会，在这个新社会中，它能够为受压迫者重获他们被剥夺了的人性建立客观条件，能够打开套在他们身上的枷锁，克服阶级对抗，并最终帮他们赢得

---

① *Marginalização de um povo*，Document of the Bishops of the Center-West，May 6，1973，n. 6. 3（SEDOC，v. 6，n. 69，March 1974，col. 1019s）.

自由——的基本原则。①

马克思主义者和基督徒之间所具有的共同元素（archetypes）比我们的哲学所能设想的还要多。其中之一就是在历史的未来中出现的一种人类幸福乌托邦——它在无数抛头颅洒热血的激进分子的实践中成为希望的象征。马克思把这种富足称为自由王国；而基督徒则将其称为上帝的统治。在《资本论》第三卷，马克思写道："自由王国始于受需要和外部压力所决定的劳动所终结的地方；如此，自由王国自然超出了物质生产的范围。"在政治或历史上，没有什么能够确保这一目标的实现，正如基督徒所寻求的拯救并没有历史的解释，而只是上帝的恩赐一样。但在我们存在（being）的最深处，无数基督徒和马克思主义者都共同渴望人类能消除把人分开或隔开的种种障碍和矛盾，也无限希望未来能像一个餐桌，我们所有人亲如兄弟，共享丰盛的面包和欢乐的美酒。能引导我们走向这一目标——抛开偏见，唤起团结——的道路肯定不再是一种理论的探讨，而是对于受压迫者所做出的有关解放斗争的有效承诺。

拉美左翼圣保罗宣言*

大部分拉美左翼运动和组织（包括共产党）的代表于1990年7月在巴西工人党的邀请下齐聚圣保罗（São Paulo）。这次会议通过的宣言表明，大部分左翼已经能够就一些对大陆工人和群众运动的未来具有决定性作用的观点达成一致：对团结的需要、对一种反帝国主义的社会主义转型的渴望、民主和人权的重要性。它所表明的不仅是东欧危机的影响，而且尤其是桑地诺主义经验（虽然桑地诺民族解放阵线未能出席）和工人党的社会主义视角对整个拉美左翼的影响。

---

① "Eu ouvi os clamores de meu povo", Document of the Bishops and Religious Superiors of the Northeast, May 6, 1973, p. 29（SEDOC, v. 6, n. 66, November 1973, col. 628）.

* *Declaracion de São Paulo*, in *Inprecor*（Paris）, n. 6, July 1990, pp. 5 – 6.

在工人党的召集下，我们左翼组织、政党以及拉美和加勒比阵线的四十五个代表得以齐聚巴西圣保罗。

左翼中最多样化的意识形态潮流所参加的这次会议，在参与的广度上乃是空前的，它在实践上重申了它的这样一种渴望，即希望次大陆（subcontinent）上的社会主义和反帝国主义左翼势力能够分享他们的经验，以及对世界形势的分析与总结。据此，我们创建了新的开端，以回应我们的人民和我们左翼的、社会主义的、民主的、大众的以及反帝国主义的理想所共同面临的巨大挑战。

在一场激烈的、真诚的、多元主义的和民主的争论过程中，我们已经解决了我们所面临的一些重大问题。我们分析了世界资本主义体系和帝国主义攻势的形势［它隐藏在一种与我们的国家和人民作对的新自由主义话语（neo-liberal discourse）之中］。我们评估了东欧危机以及强加在那里的、过渡到社会主义的模式。我们回顾了该地区的左翼革命战略以及国际环境摆在我们面前的挑战。我们将继续这些和其他方面的共同努力。

这次会议是识别和靠近这些问题的第一步。我们还会在墨西哥会面，在那里，我们会在我们已经开始了的永久分析中继续联合我们的思想和意志。我们将深入讨论并试着提出在反帝国主义和人民斗争的联合行动中彼此都能接受的建议。我们还将推进摆在大陆左翼面前的有关经济、政治、社会和文化方面的问题的专业对话。

我们已经确定，作为左翼组织，我们都认为，一个正义、自由的主权社会和社会主义只能通过人民的意志（这与它们的历史根源有着密切的联系）来发展和维持其自身。因此，我们宣布了我们的共同意志以更新左翼思想和社会主义，重申了其有助于解放的特征，纠正了错误的观点，克服了所有的官僚主义表达及其所缺乏的真正的社会和大众民主。对于我们而言，我们所渴望的那种自由的、主权的（sovereign）、正义的社会和社会主义只能是能为人民带来最深刻正义的、最真实的民主。因此，我们拒绝了任何企图利用东欧危机来鼓励资本主义复辟、取消社会权利所得，或者培育对那些在自由主义和资本主义中并不存在的美德的幻想的尝试。

从我们屈服于资本主义政权和帝国主义的历史经验中，我们能够得知，我们的人民所遭受的大量盘剥以及最严重的问题都根源于那种制度；他们在那种制度中，或者在我们很多国家都存在的那种受限制的、被控制的，甚至军事化的民主制度中，找不到任何解决的办法。我们的民族所渴望的解决办法必须包括由群众所驱动的深刻转型。

我们这些在圣保罗会晤的政治组织受到了大陆上广大社会、民主和人民势力的兴起和发展的鼓舞，因而我们重申了社会主义的、反帝国主义的和人民的观点与目标。这片大陆所面对的是帝国主义和新自由主义的资本主义以及由此而产生的苦难、落后和反民主的压迫。这种现实表明，左翼和社会主义乃是新兴的必要选择（alternatives）。

我们对绝大多数拉美政府所实施的亲帝国主义（pro-imperialist）、新自由主义政策及其悲剧性结果的分析，和对布什总统近来所提出的用以指导美国、拉美以及加勒比地区之间支配关系的"美洲一体化"提议的回顾，都再次加强了我们的这一信念，即这样做绝不会带来任何积极后果。

美国总统最近的提议乃是一个众所周知的食谱，即通过加糖而使食物变得更为可口。该提议意味着通过对战略性的和盈利的（profitable）公共企业的私有化来交换由美国支付的一个可笑数额（1 亿美元），从而清算我们的民族遗产（patrimony）。他所寻求的是对致命的"经济适应政策"（这些政策已经导致拉美人民的生活质量退化到了空前的水平）的长久应用，从而换取我们对帝国政府官方外债的极小的、有条件的降低。将美国政府提供给拉美的官方债务仅仅减少 70 亿美元，对于外债已经上升至 4300 亿美元（如果我们把商业银行和多边组织的贷款也算进来的话）的拉美而言不说明任何问题。此外，许诺给那些实施新自由主义改革的国家的 1 亿美元津贴也仅仅占了拉美在 1989 年送往海外的 250 亿美元的利息、本金以及外国资本利润汇回（repatriation of profits）的 0.5%。布什计划的目的是彻底打开我们的国民经济，以便与帝国主义经济机构进行操纵性的不平等竞争，从而使我们完全服从于其领导权，并通过将我们的生产经济结构整合进一个由北美利益集团所控制和组织的商业自由贸易区来摧毁我们的生产经济结构——而他们则维持着关于对外贸易的严格的限制性法律。

因此，这些建议都与我们当地经济和社会发展的真正利益相悖，是对于我们主权的恶化性（compound）限制，也是对于我们民主权利的限制和监督。实际上，他们的目的就是阻止我们拉美朝着满足我们最重要需求的方向进行自主整合。

我们知道该帝国的真正面孔，就是我们在它对古巴和尼加拉瓜的桑地诺革命的无情封锁和新的侵略中，在其对埃尔·萨尔瓦多的公开入侵和军事支持中，在北美对巴拿马的入侵和军事占领中，在其已经实施的使南美安第斯山脉地区军事化（以与毒品恐怖主义做斗争为借口）的计划和步骤中，所看到的。

因此，我们重申与古巴社会主义革命（它坚决捍卫其主权和所得）的团结，与桑地诺人民革命［它正在抵抗那种想拆解其战利品（dismantle its conquests）的尝试，并正在重组其势力］的团结，与埃尔·萨尔瓦多民主势力、人民势力以及革命势力（它正在力促以一种非军事化的政治途径来解决战争问题）的团结，与巴拿马人民（他们遭到了北美帝国主义的入侵和占领，我们要求其立即撤军）的团结，与安第斯山脉各民族（他们所面对的是帝国主义的驻军）的团结。

与在帝国主义控制之下进行整合的建议相反，我们也为大陆的团结与整合奠定了新的概念基础。这需要重新确认拉美及拉美各国的主权和自决，需要恢复我们的文化和历史身份，需要能促使我们的人民走向国际主义团结的那种推动力。它需要捍卫我们拉美的遗产，结束次大陆资本的外流（flight）和输出，并且团结一致，直面那些难以偿还的债务长鞭，采取那些为了大多数人的利益、能够与致使数百万拉美人民生活于其中的那种痛苦做斗争的经济政策。最后，它还需要对人权的重要性、对民主和人民主权（作为战略价值）做出一个主动的承诺，从而号召左翼势力、社会主义者和进步分子来面对那种需要不断更新他们的思想和行动的挑战。

在这种意义上，如今的我们正在更新的左翼和社会主义计划，更新我们关于赢得面包、美好的东西和幸福的承诺，更新我们为了人民而去获得经济和政治主权的事业，更新以团结为基础的社会价值的至上性

（primacy）。我们宣布，我们对人民充满信心，他们一旦被动员起来，被组织起来，并产生自觉意识，他们就会创建、赢得并捍卫一种将会实现正义、民主和真正自由的政权。

我们既向所犯下的错误学习，也向所获得的胜利学习。我们对真理和我们的民族事业保持着一种坚定的承诺，我们带着这一承诺前进！当然，也同拉美和加勒比地区的其他左翼组织一道前进！我们终将用为实现交流的新努力（new efforts at interchange）和团结行动（这些乃是一个自由、正义、拥有主权的拉丁美洲的基础）来填充那个我们正打开的空间。

出席代表及签字：

阿根廷：朝向社会主义运动（MAS），共产党，人民民主党（PDP），不妥协党（PI, Intransigent Party），人民不妥协党（PIP），庇隆主义基地党（PPB），人民社会主义党（PSP），"来自下层"运动（Movement "From Below"），广泛解放阵线—左翼联盟（FAL-IU），工人党（PT）。个人：内斯特·韦森特（Nestor Vicente）

玻利维亚：爱国集会轴心（ECP），自由玻利维亚运动（MBL）

巴西：工人党，巴西共产党，巴西人共产党，巴西社会党，民主劳动党（PDL）。个人：弗雷·贝托（Frei Betto），雅各布·葛仁铎（Jacob Gorender），若昂·赫尔曼（João Hermann），卢西亚诺·科迪诺（Luciano Coutinho），圣保罗市长路易萨·埃伦迪纳（Luiza Erundina）

智利：人民统一行动运动（MAPU），左翼革命运动（MIR），共产党。个人：马塔·哈奈克（Marta Harnecker）

哥伦比亚：共产党，马克思主义—列宁主义共产党（PCML），M-19

古巴：共产党

厄瓜多尔：厄瓜多尔社会党

埃尔·萨尔瓦多：法拉本多·马蒂民族解放阵线（FMLN）

墨西哥：民主革命党（PRD），革命工人党（PRT），人民社会

党（PPS）

秘鲁：左翼联盟（IU），朝向社会主义运动，马里亚特吉主义统一党（PUM），工人党，人民民主联盟（UDP）

巴拉圭：人民民主党，工人党

多米尼加共和国：共产党

乌拉圭：广泛阵线（FA），共产党，阿蒂加斯主义源泉（Verti-ente Artiguista），阿蒂加斯主义与团结（Artiguism and Unity），争取人民胜利党（PVP），社会党，独立民主左派（IDI），图帕马罗斯民族解放运动，社会工人党，人民潮流（CP），3·26运动，革命工人党（POR）

委内瑞拉：朝向社会主义运动，激进事业（Causa R）

后　记

　　这本《拉美马克思主义文献选集（1909—1990）》是由法国当代著名马克思主义哲学家、社会学家，现任法国国家科学研究中心（CNRS）荣誉主任，法国高等社会科学研究院（EHESS）教授 M. 罗伊（Michael Löwy，1938— ）编纂而成的。该书原名为《1909 年至今的拉美马克思主义》（Marxism in Latin America from 1909 to the Present），但事实上它只是一本拉美马克思主义思潮的代表性文献节选集，所节选的文献皆是第一手资料或原始文献，时间跨度是 1909—1990 年。鉴于此，我们在翻译中将该书名更改为《拉美马克思主义文献选集（1909 - 1990）》。这样，书名跟内容更为匹配，更显得名副其实。另外，考虑到本书编纂者 M. 罗伊教授所撰写的导言不属于拉美马克思主义思潮的第一手文献，且我们撰写的序言已经涵盖了导言内容，因此决定删去导言不再翻译。

　　该书所节选的拉美马克思主义思潮的代表性文献，时间跨度大，代表性强，内容丰富，种类繁多。作为第一手资料或原始文献，既有理论家的著述，又有革命家的演说，也有政党和各种政治组织的纲领、文件、宣言，还有军队和武装组织的告示、电报、任命状等等，五花八门，不一而足。虽然每篇文献节选的篇幅都不长，但所谓观一叶而知秋，整本文献选集也把拉美马克思主思潮的传播、发展、演变，及其实践探索历程的大致轨迹和思想谱系较为完整而又原汁原味地呈现了出来。因此，这本文献选集对于了解和研究拉美马克思主义思潮、左翼思潮，以及拉美社会主义革命运动、左翼武装运动等等方面的内容皆极具参考价值。

　　当然，该书所节选的文献不仅时间跨度长，内容丰富，种类繁多，而且语言也非常复杂，其中还夹杂着诸如西班牙语、葡萄牙语、法语等多国语言，以及盖丘亚语等多种拉美土著语言，这些特点皆给我们的翻译带来了诸多困难。再加上我们翻译水平和能力有限，致使该书的翻译一再耽搁，历经 4 年，三易其稿，才勉强完成。即便如此，最终译稿还有诸多不足和差强人意的地方，也许还有不少错译、漏译之处。

本书能顺利购买到外文版权、拿到书号、顺利出版，得益于中国社会科学出版社工作人员的辛劳付出，特别是喻苗老师的大力襄助，以及浙江师范大学马克思主义学院的慷慨资助。在此，我们对该书作者、编纂者，以及曾为此书出版做出贡献的各单位，所有人表示诚挚的感谢！

译　者
2020 年 7 月 19 日